교실에서 한 발짝 앞으로!
미래 수업 가이드

독서와 함께하는 STEAM 교육, 노벨 엔지니어링

교실에서 한 발짝 앞으로! 미래 수업 가이드

초판 1쇄   2021년   5월 21일
 2판 1쇄   2022년 12월 19일

지은이 송해남, 김태령, 서정원, 강소아
감수   전수진
발행인 최홍석

발행처 (주)프리렉
출판신고 2000년 3월 7일   제 13-634호
주소 경기도 부천시 원미구 길주로 77번길 19 세진프라자 201호
전화 032-326-7282(代)   팩스 032-326-5866
URL www.freelec.co.kr

편집 박영주
표지디자인 황인옥
본문디자인 박경옥

ISBN 978-89-6540-296-1

교실에서 한 발짝 앞으로!

미래수업가이드

독서와
함께하는
STEAM 교육,
노벨
엔지니어링

송해남
김태령
서정원
강소아
지음

전수진
감수

프리렉

PART

I

손잡고 가꾸는 지구촌

PART

III

변화하는 미래, 4차 산업혁명

06 똑 소리 나는 인공지능 활용교육   236

프롤로그

선생님,
STEAM 수업 또 언제 해요?

우리 반 학생이 물었습니다. STEAM 수업을 적용하면 늘 듣는 말입니다. 교과서에 없는 것을 하다 보니 아이들이 재미있어하고, 직접 문제를 해결해 보면서 또 다른 STEAM 수업을 해 보고 싶다는 마음이 드는 거지요. 사실 STEAM 수업을 적용하는 것은 교육과정 재구성, 진도의 압박, 시간적 부담 등 교사 입장에서 많이 힘든 일입니다. 하지만 수업에 참여하는 학생들이 즐거워하는 모습을 볼 때면 STEAM 수업을 준비하던 어려움은 씻은 듯 사라진답니다. 프로그래밍과 디버깅 과정에 진지하게 참여하는 모습이나, 자신이 만든 프로그램을 친구들에게 공유하고 문제를 해결하기 위해 센서를 어떻게 사용할지 계획하는 모습에서 STEAM 수업을 통해 학생들의 미래를 바꿀 수 있다고 생각하게 되었습니다.

우리도 모르는 새 정보사회는 이미 우리 주위로 다가와 있습니다. 일상생활에서도 인공지능AI 기반의 플랫폼이 적용되고 있고, 이와 관련된 교육을 초등학교에서 도입하고 있지요. 거기다 갑작스레 교육 환경을 바꾸어 놓은 코로나19까지……. 플립러닝, 블렌디드 러닝, 인공지능 교육, 프로젝트

학습 등 새로운 교육 방법이 학교에 적용되고 아이들이 알아야 할 지식들은 넘쳐나고 있습니다. 하지만 학교 현장은 어떤가요? 정말 미래 지향적인 수업을 하고 있나요?

선생님이라는 직업을 갖기 위해서는 학생들을 가르치기 위한 교육학적 이론, 교과에 대한 지식, 전문적인 수업 기술 등을 알고 있어야 합니다. 필자가 어렸을 때 선생님을 바라보면서 컴퓨터를 잘해야 한다고 생각한 적은 없습니다. 하지만 필자가 선생님인 지금, 컴퓨터로 수업 영상을 만들고 온라인으로 수업을 할 수 있는 능력은 필수적인 것이 되어 버렸지요. 즉 직접적으로 첨단 기술이나 산업과 관련되지 않은 직업이라도 미래에는 기술을 활용할 수 있는 역량이 꼭 필요할 겁니다. 그 역량을 길러 주기 위해서 교육현장에서는 어떤 고민을 해야 할까요?

아이들에게 중요한 것은 국어, 수학, 사회 등의 단편적인 교과 지식보다 이를 활용하여 문제를 해결하는 경험입니다. 이는 개별 교과가 필요 없다는 말이 아니며 거창하고 대단한 수업이 필요하다는 뜻도 아닙니다. 우리 아이들에게는 미래 지향적인 관점에서 문제를 해결하는 경험이 필요합니다. 인공지능의 원리를 초등학교 교실에서 완벽하게 구현할 수는 없습니다. 하지만 학생들이 그 원리를 이해하고 간단한 체험을 해 볼 수 있다면, 그리고 원리를 바탕으로 문제를 해결하는 경험을 가진다면, 이야기는 달라집니다. 그런 경험이 있는 학생과 그렇지 않은 학생은 문제를 대하는 태도, 기술을 활용하려는 마음가짐에서 차이가 나타날 수밖에 없습니다. 더 나아가 학생들의 진로나 직업 선택 과정에도 영향을 줄 수 있지요.

이러한 이유로 학교 현장에서 STEAM 수업이 활성화되어야 한다고 생각합니다. 하지만 현실적으로 STEAM 수업을 적용하기 어려운 이유를 잘 알고 있기에 이 책에서는 가장 적용성이 높은 수업 모델을 소개하려고 합니다. '노벨 엔지니어링'이라는 수업 모델을 통해 STEAM 수업의 방향을 제시하고 싶습니다. 현직 교사들이 직접 적용해 본 수업 사례를 소개하며, 학생들을 위한 미래형 수업에 대한 화두를 던지고자 합니다. 총 5개의 파트, 10개의 장으로 구성된 수업 사례들을 통해 학생들에게 문제를 해결하는 경험이 얼마나 중요한지 확인할 수 있습니다. 이 책을 계기로 많은 선생님이 학생들을 위한 미래 지향적 수업의 필요성과 STEAM 수업의 가능성을 느끼길 바랍니다.

노벨 엔지니어링으로 만나는
STEAM 수업

0.1　노벨 엔지니어링이란?

노벨 엔지니어링 Novel Engineering**은 독서와 공학을 융합한 수업 방식으로, 간단하게 말하면 책을 읽고 책 속 문제 상황을 파악하여 해결책을 직접 설계해 보고 이야기를 다시 써 보는 과정**을 말한다.[1] 2015 개정 교육과정에서는 창의 융합형 인재 양성을 목적으로 두고 있고, 이를 '인문학적 상상력과 과학기술적 창조력을 갖추고 바른 인성을 겸비해 새로운 지식을 창조하고 다양한 지식을 융합할 줄 아는 사람'으로 정의하고 있다. 창의 융합형 인재 양성을 위한 인문학적 상상력과 과학기술적 창조력을 계발하기 위한 한 학기 한 권 읽기(이하 온책읽기)와 SW교육을 각각 강조하고 있는데, 이 **온책읽기와 SW교육을 융합하여 적용할 수 있는 수업 모델**이 바로 노벨 엔지니어링이다.

노벨 엔지니어링은 미국 텁스Tufts 대학 부설 CEEOCenter for Engineering Education and Outreach에서 개발하여 적용해 온 수업 모델이다.[2] '어린이가 즐겁게 공학 디자인 수업에 참여할 방법이 없을까?' 생각하다가 문학 작품의 등장인물이 공학 디자인 설계를 요구하는 고객이 되는 것이 어떨지 연구하게 된 것이 그 시작이다. 노벨 엔지니어링의 수업 단계는 다음과 같다.

①책 읽기　②문제 인식　③해결책 설계　④창작물 만들기
⑤피드백　⑥업그레이드　⑦이야기 바꿔 쓰기

<그림 0-1> 융합 수업 모델로서의 노벨 엔지니어링 모델
(출처: 홍기천, 융합수업 모델로서의 노벨 엔지니어링, 2019.)

하지만 여러 연구에서 5단계, 8단계로 상황에 맞게 축소, 발전시켜 사용하
기도 한다. 이 책에서는 5~7단계를 묶어서 통합적으로 운영한 수업을 소
개한다.

1단계 책 읽기	수업의 주제가 되는 책을 읽는 단계이다. 독서교육의 일환으로 다양한 활동을 하며 학생들이 등장인물이 처한 상황에 공감할 수 있도록 도와주어야 한다. 이때 책 내용이 너무 길고 어려워서 학생들이 완독을 하다 지치는 일이 없도록 해야 한다. 내용이 긴 소설이라면 문제 상황의 일부를 발췌해서 수업에 활용해도 좋다.
2단계 문제 인식	토론이나 브레인스토밍 등의 문제를 정교화할 수 있는 활동을 통해 책 속의 문제 상황을 찾아내는 단계이다. 학생들이 찾아낸 문제 상황으로부터 다음 수업이 이루어져야 하니 아주 중요한 단계에 해당한다. 이때 다양한 온책읽기 활동 및 디자인 사고를 활용하여 등장인물이 겪는 어려움과 문제 상황을 비판적으로 인식할 수 있도록 도와주어야 한다.

3단계
해결책 설계

학생들은 문제 상황에서 공학적으로 해결할 수 있는 문제를 식별하여 어떻게 해결할지 결정한다. 등장인물을 공학 디자인의 고객으로 생각하고, 그들이 가진 문제를 해결하기 위한 방법을 설계한다. 이때 실현 가능한 부분인지, 직접 구현할 수 있는지 고민하는 과정도 해결책 설계의 일부분으로 포함된다. 이렇게 등장인물에게 필요한 해결책이 무엇일지 그 범위를 파악하여 해결책을 설계하는 것은 책의 맥락과 상황을 전체적으로 이해하고 있을 때 가능하다. 일반적인 공학 수업과의 차이점이 여기서 드러나는 것이다. 단편적인 문제 해결 가능성을 검토하는 것이 아니라, 공학적인 문제 해결 과정과 책의 맥락이 연결되는지 찾아내는 것이 노벨 엔지니어링의 핵심이다.

4단계
창작물 만들기

이 단계에서 학생들은 여러 교구와 재료를 바탕으로 생각한 해결책을 직접 만들어 본다. 여기서 SW교육, 메이커 교육, ICT교육, 로봇/게임 활용 등의 방법을 활용할 수 있다. 초기에는 재활용품, 레고 블록 등으로 수업이 운영되었는데, 어떤 방법이든 학생들이 해결책을 직접 만들어 본다는 것에 의미가 있다. 이 단계에서 학생들 사이에서 피드백을 진행하여 더 나은 해결책이 되도록 개선하는 활동도 진행할 수 있다.

5단계
이야기 바꿔 쓰기

우리가 만든 해결 방법이 있을 때, 이야기가 어떻게 마무리될까를 생각하며 글로 써 보는 단계이다. 이렇게 책 읽기로 시작한 수업을 글쓰기로 마무리하면서 공학과 문해력이 균형 잡힌 수업이 가능해진다. 이때 이야기를 창의적으로 바꾸어 써도 좋고, 이어질 내용에 대해 써 봐도 좋다. 학생들이 직접 만들어 낸 해결책으로 이야기가 바뀌는 것에 의미를 두어야 한다. 학년에 따라 책 표지 다시 그리기, 시로 표현하기 등으로 확장 가능하다.

노벨 엔지니어링 수업 모델은 **책 속에서 주인공이 겪는 문제점을 발견, 공감하고 해결책을 공학적으로 설계**해 보는 과정에서 **문학과 공학의 자연스러운 융합이** 가능한 수업 방법이다. 문학적 측면에서는 온책읽기 중심으로 글쓰기, 말하기 등 다양한 활동이 가능하며, 공학적 측면에서는 디자인 사고, 메이커 교육, SW교육, AI교육 등을 풍부한 맥락에서 경험할 수 있다. 문학을 중심으로 공학적 사고를 자연스럽게 연결할 수 있는 융합 수업 모델인 것이다.

이런 노벨 엔지니어링 수업 모델이 가진 장점을 미국의 노벨 엔지니어링 공식 웹사이트(novelengineering.org)에서는 다음과 같이 소개하고 있다.

- 기존 교육과정 안에서 적용 가능하다: 2015 개정 교육과정에서는 온책읽기와 SW교육, 교육과정 재구성을 강조하고 있다. 이미 국어 독서 단원과 5~6학년군 실과 17차시로 교육과정에 이미 도입되어 있기 때문에 이 두 교육을 융합하여 효율적으로 진행할 수 있다.
- 읽기 능력을 향상시킨다: 학생들은 등장인물이 겪고 있는 문제 상황을 찾아야 하기 때문에 책을 꼼꼼하게 읽게 된다. 읽기 위한 동기를 심어 주는 수업 방식인 셈이다. 수업을 진행하다 보면, 등장인물에게 필요한 것이 무엇인지 찾기 위해 책을 여러 번 읽는 학생을 볼 수 있기도 하다.
- 모든 학습자를 참여시킨다: 독서에 흥미를 느끼지 못하는 학생이나, 반대로 공학 관련 수업에 흥미를 느끼지 못하는 학생들 모두 참여할 수 있는 수업이다.
- 다른 분야를 융합시킬 수 있다: 지금까지의 노벨 엔지니어링 관련 선행 연구를 분석해 보면 학생들이 문제를 해결하기 위해 여러 분야를 융합하여 활용하는 것을 볼 수 있다. SW교육, 인문학, ICT교육, 메이커, 발명, 게임 등의 수업 요소가 사용되었다. 학생들이 이런 수업 요소를 사용하는 이유는 등장인물에 대한 공감, 이해, 도와주려는 마음에서 시작된다. 인성교육의 측면으로도 볼 수 있는 것이다.
- 현실적인 공학 문제를 알게 한다: 등장인물을 돕기 위한 방법을 조사하고 정보를 수집하면서, 현실적인 공학자로서 문제를 바라볼 수 있게 된다.
- 21세기의 기술을 향상시킬 수 있다: 이 수업을 통해 학생들은 협력, 문제 해결력, 창의적 사고력, 공감 능력, 비판적 사고력 등의 기술을 향상시킬 수 있다.

대한민국의 초중등 교육 현장에서 노벨 엔지니어링이 필요한 이유는 무엇일까? **첫째, 2015 개정 교육과정에서는 온책읽기와 SW교육을 강조하고 있다.** 이들은 각 학년의 국어 독서 단원과 6학년 실과 17차시로 교육과정에 이미 도입되어 있기 때문에 이 두 교육을 융합하여 수업을 진행하는 것이 효율적이다. 교육과정 재구성을 통해 융합하여 진행한다면, 선생님들이 진행해야 하는 수업 시수의 부담도 줄어들게 된다. **둘째, SW교육의 맥락을 제공한다.** 초등 현장에서의 SW교육은 단순히 코딩 활동으로만 이루어지는 경우가 많다. 단순히 따라 하기 위주로 진행되어 코딩 활동에 치우쳤다는 한계점을 지적받고 있다. 언플러그드, EPL, 피지컬 컴퓨팅 등의 기본적인 학습을 마친 후 어떻게 문제 해결력을 기를 것인지 생각해 본 적 있는가? 노벨 엔지니어링에서는 문제를 해결하는 도구로서의 SW교육의 역할을 제시하고 있다. **셋째, 독서교육의 다양화를 추구할 수 있다.** 어떤 책을 선정하느냐에 따라 다양한 수업이 가능하며, 국어과의 독서 단원과 연계한다면 지속적이고 다양한 독서 교육 모델로 활용이 가능하다.

노벨 엔지니어링 수업을 적용하였을 때 그 효과는 어떨까? 관련 연구에 대해 간략하게 소개하고자 한다.

독서	공학	수업 효과
《아기돼지 삼형제》	마인크래프트 (게임 기반 수업)	등장인물에게 감정이입을 하는 정도가 크게 향상되었으며 글쓰기에 적극적으로 참여하는 모습을 확인할 수 있었다.[3]
《고래를 삼킨 바다 쓰레기》	레고 위두	이야기 재구성 과정에서 기존 국어 시간에 비해 적극적으로 공감하고 내면화하는 모습을 볼 수 있었으며, 창의적 문제 해결력의 향상을 확인할 수 있었다.[4]
《그레구아르는 눈으로 말해요》	마이크로비트	단순한 피지컬 컴퓨팅 수업에 비해 확실한 동기부여가 드러났으며, 책을 이해하려는 세심한 모습을 보였다.[5]
《목기린씨, 타세요!》 《지붕 위 루시》	자동차, 건물 설계	독서능력, 공학 창의성, 문제 해결력 향상에 효과를 보였다.[6]
《노란 리본》	드론	수업 집중도와 참여도가 매우 높았으며, 문제 해결력의 향상을 확인할 수 있었다.[7]

<표 0-1> 관련 연구에서 확인된 노벨 엔지니어링 수업의 효과

이렇게 관련 연구에서도 알 수 있는 노벨 엔지니어링의 효과를 정리하자면 다음과 같다.

첫째, 독서교육이나 SW교육에 흥미를 느끼지 못하는 학생들에게 동기를 부여해 줄 수 있다. 학생들이 일반적인 독서 교육이나 코딩 교육을 지루해 하는 이유는 학습 문제가 자기의 문제로 와닿지 않기 때문이다. 하지만 노벨 엔지니어링 속에서는 상황과 맥락이 충분히 제시되고 **학생들의 내적 동기를 유발**하게 된다. 따라서 수업 동기가 자연스럽게 높아진다.

둘째, 문제 해결력이 향상된다. 노벨 엔지니어링을 적용한 수업을 살펴보면 학생들의 **문제 해결력, 공학 창의성, 글짓기 능력, 창의력, 협업 능력, 디자인 사고 등의 향상**을 확인할 수 있었다. 책의 내용과 제기되는 문제 상황에 따라 다양한 수업이 가능하기 때문에 학생들의 잠재력을 발현시킬 수 있다.

셋째, 학생들의 수업 참여도가 높다. 이 수업의 핵심은 학생들의 공감에서 나타난다. 책 속 문제를 해결하기 위해 주인공에게 감정이입을 하게 되고, **적극적으로 수업에 참여**하게 되는 모습을 볼 수 있다.

그렇다면 노벨 엔지니어링 수업을 위해 어떤 도서가 필요할까? 노벨 엔지니어링 공식 웹사이트에서 소개하는 도서 선정 기준[8]과 초, 중등 교육 현장의 온책읽기 도서 선정 기준[9]을 고려하여 제시한 다음의 기준[10]을 확인해 보자.

독자	• 학생의 발달 단계와 도구 사용 능력을 고려하였는가? • 학생의 독서 수준에 적합한가? • 학생의 흥미와 정서에 적합한가?
텍스트	• 작품 내용에 공학적으로 해결할 수 있는 문제점이 있는가? • 작품 속 주인공이 겪는 어려움이 학생들과 공감대를 형성할 수 있는가? • 학생들과 이야기를 나눌 수 있는 문학적 가치가 있는 주제를 담고 있는가? • 상상력을 발휘하여 아이들의 생각이 성장할 수 있도록 돕는가?
교육과정	• 노벨 엔지니어링을 접목하여 관련 교과의 성취기준을 달성할 수 있는가?

<표 0-2> 노벨 엔지니어링 수업을 위한 도서 선정 기준

노벨 엔지니어링 수업을 위해서는 첫째, 독자의 흥미와 수준을 고려해야
한다. 책 속 상황에 충분히 공감해야 문제 해결의 의지가 생기므로, 학생
들의 독서 수준과 흥미, 정서 등을 두루 살펴서 도서를 선정하는 것이 좋
다. 또 학생들이 사용할 수 있는 공학적 범위도 미리 생각해 볼 필요가 있
다. 목공, 전기공학, 센서공학 등 공학적 설계의 수준이 다양하므로, 학생
들이 어느 정도 수준까지 설계 가능할지도 감안해야 한다. 둘째, 문제 해
결이 가능한 텍스트를 선정해야 한다. 노벨 엔지니어링 수업 모델의 중심
이 되는 활동이 공학적 문제 해결이기 때문에, 학생들이 해결할 수 있는
문제가 담겨 있는 도서를 고르는 것이 좋다. 마지막에 이야기를 바꾸어 쓸
수 있도록 상상력을 자극해 주는 이야기라면 더 좋겠다. 셋째, 현장 적용
가능성을 높이기 위해 성취기준을 분석해야 한다. 읽기, 쓰기, 문학 등의
국어 성취기준은 물론 타 교과의 성취기준을 미리 분석한다면 구체적이
고 명확한 수업이 가능할 것이다. 또 교육과정 재구성에 대한 부담도 줄어
든다.

0.2 STEAM 수업이란?

필자가 STEAM 수업을 적용, 연구하면서 늘 듣는 소리가 있다.

> "STEAM 한물가지 않았어?"

많은 선생님이 STEAM(융합교육)을 한때의 트렌드로 치부하고 있다. 그도
그럴 것이 STEAM 교육이 도입되고 나서 SW교육, AI교육 등이 빠르게 도
입되고 있기 때문이다.

하지만 STEAM 교육은 트렌드가 아닌 미래를 준비하는 진정한 흐름이다. 현재 초등학생~중학생을 대상으로 SW, AI교육을 할 때, 교육과정과 성취 기준은 '체험' 위주로 적용하기를 권하고 있다. 단독 교과로 적용되는 데 어려움이 있기에 대부분은 SW 융합, AI 융합 등의 이름으로 수업이 개발 되고 있는 실정이다. SW와 AI의 교육 요소를 넣기 알맞은 상황을 제시하 고, SW와 AI의 교육 요소를 활용해서 문제를 해결하는 식이다. **결국 SW와 AI를 가르치기 위해서 STEAM 수업 방법을 적용**하고 있다고 할 수 있다. 이처 럼, 또 다른 어떤 미래 수업이 적용되더라도 STEAM 수업으로 돌아오게 될 것이다. STEAM 수업은 미래의 기술을 수업 현장에 적용하기 위한 수 업 방식으로서, 창의 융합형 인재를 양성하기 위해 모든 선생님께서 알고 실천해야 할 교육방식이다.

<그림 0-2> STEAM 교육의 의미(출처: 한국과학창의재단)

STEAM은 Science, Technology, Engineering, Arts, Mathematics의 약칭으로 **과학, 기술, 공학, 예술, 수학 등 교과 간의 통합적인 수업 방식**을 말한다. 학생들 의 과학기술에 대한 이해와 흥미를 높이고 융합적 사고력, 실생활 문제 해 결력을 배양하기 위한 교육이라고 할 수 있다.[11]

STEAM 수업을 설계할 때 유의할 점은 다음과 같다.[12] **첫째, S, T, E, A, M의 모든 교육 요소를 다 넣을 필요는 없다.** 융합은 교육의 수단이지 목적이 아니다. 둘째, 어떤 교과라도 중심 교과가 될 수 있으나 **과학기술에 대한 흥미와 이해를 높이는 것에 중점**을 두어야 한다. 셋째, **STEAM 교수학습 준거 틀에 알맞게 수업을 설계해야 한다.** STEAM 준거 틀은 교수학습 단계와는 달리 순서가 바뀌어도 무방하다. 넷째, STEAM에서 'A'는 미술, 음악 등의 예술뿐만 아니라 국어, 사회 등의 인문 사회 Liberal Arts 분야도 포함할 수 있다.

<**그림 0-3**> STEAM 교수학습 준거 틀(출처: 한국과학창의재단)

STEAM 수업 준거 틀에 대해 설명하자면, 상황 제시 는 학생이 문제를 자신의 문제로 여기고, 실생활과 연계하여 해결해야 할 필요를 구체적으로 느끼면서 전체 상황을 이해하는 준거를 말한다. 기존의 동기유발과는 다르게 수업 전체 맥락을 아우르는 것이다. 수업의 내용을 학생 자신의 삶의 문제로 인식하게 되면 수업에 좀 더 몰입하게 되지 않겠는가?

창의적 설계 는 상황 제시에서 탐색한 문제를 학생이 스스로 해결해 나가는 과정이다. 학생이 각자의 아이디어를 도출하고 다양한 방법으로 설계하여 구체적인 산출물을 만들어내는 과정을 말한다. 실패해도 괜찮다. 실패하는 경험에서 학생들은 배우기 때문에 그것 또한 창의적 설계라고 볼 수 있다. 창의적 설계 준거는 학습자 중심으로 이루어져야 하며, 다양한 산출물이 나오도록 구성되어야 한다.

감성적 체험은 학생이 느낀 문제 상황을 창의적인 아이디어로 해결하면서 성공의 기쁨을 느끼고, 이를 통해 새로운 학습에 도전할 수 있도록 선순환이 일어나는 과정을 말한다. 앞서 말했듯 설령 과제 해결에 성공하지 못하더라도, 반성과 개선을 한다면 감성적 체험에서 새로운 도전을 하겠다는 마음을 가질 수 있다.

한국과학창의재단에서는 미래 사회의 문제해결자가 될 학생들을 위하여 **다양한 주제, 온-오프라인 교육 공간 확장, 문제 '해결'에 중심을 둔 성과 산출**을 주요 기조로 삼고 있다. 첫째, 교과나 주제의 제한을 없애고 실생활, 사회 문제, 범교과 등으로 범위를 확장하였다. 둘째, 다양한 환경 변화에 발맞추고자 첨단 기술, 에듀테크 활용이 가능한 온라인 환경 조성을 강조한다. 셋째, 학습자의 삶과 연계된 실천적 산출물을 내도록 권장하며, 문제 '해결'에 방점을 둔다.

한편 STEAM 수업의 준거 틀 명칭도 상황 제시에서 '상황 관련 문제 정의'로, 창의적 설계에서 '융합적 설계 및 문제 해결'로, 감성적 체험에서 '자기 주도 및 성찰'로 변경하면서, 학생을 주체로 한 수업 구조로의 전환을 목표로 하고 있다.

내가 설계한 수업이 STEAM 수업이 맞는지 다음의 체크리스트[13]를 통해 확인해 보자.

구분		요소	확인사항
STEAM 교육 목표		과학기술 흥미와 이해	과학기술에 대한 흥미와 이해를 높일 수 있는가?
		과학기술 기반 융합적 사고력	과학기술 기반의 융합적 사고력을 함양할 수 있는가?
		과학기술 기반 문제 해결력	과학기술 기반의 실생활 문제 해결력을 함양할 수 있는가?
STEAM 교수학습 준거	상황 제시	실생활 문제	전체 학습을 아우르며 학생이 흥미를 느끼고 몰입할 수 있는 실생활 문제를 다루고 있는가?
	창의적 설계	아이디어 발현	학생의 아이디어를 학습활동에 반영할 수 있는 기회를 제공하고 있는가?
		산출물	학생 중심으로 유·무형의 산출물이 다양하게 나오도록 하고 있는가?
		협력	학생이 서로 배려하고 협력할 수 있는 활동이 포함되어 있는가?
	감성적 체험	성패의 경험	성공 또는 실패의 가치를 경험할 수 있는 기회를 제공하고 있는가?
STEAM 평가		학습과 성장	학생의 학습과 성장을 돕는 방향으로 평가가 구성되고 있는가?

<표 0-3> 선생님을 위한 STEAM 수업 확인 체크리스트

빠르게 변화하는 21세기 사회를 살아갈 학생들에게는, 지식을 단순히 전달받기보다 문제 해결을 위해 정보를 수집하고 판단하여 해결책을 설계하는, 스스로가 수업의 주체가 되는 경험이 꼭 필요하다. 이러한 시대 변화 흐름에 걸맞은 수업이 바로 STEAM 수업인 것이다. STEAM 수업을 적용한 여러 연구를 통해 그 효과를 확인해 보자.

수업	활동	수업 효과
STEAM을 응용한 체육 수업	댄스스포츠 배우고, 댄스 영상 제작하기	창의적 인성 증진 및 수업 태도(적극성, 책임감 등)의 긍정적인 변화가 나타났다.[14]
에너지 절약 STEAM 프로그램	업사이클링 기술 사례를 기반으로 제품 제작	에너지 절약 태도에 긍정적인 영향을 주었으며, 일상생활에서도 절약의 필요성을 인식하고 실천하려는 노력을 보였다.[15]
스마트 수학 STEAM 프로그램	Geogebra를 이용한 정보기술 활용 학습	수학적 학습 태도(흥미, 주의집중, 자신감, 자율학습) 변화에 효과가 있었다.[16]
과학-내진설계 STEAM 프로그램	지진을 견딜 수 있는 구조물 디자인	창의적 문제 해결력, STEAM 태도의 긍정적인 변화가 있었으며, 수업에 흥미를 갖고 참여하여 만족도가 높았다.[17]
미술 STEAM 프로그램	프로그래밍으로 키네틱 아트, 인터랙티브 아트 제작	과학, 기술의 내용 지식을 미술과 연결하여 창의적으로 사고하는 데 도움을 주었으며 다른 사람과 협력하는 모습이 나타났다.[18]
3D 프린터를 활용한 STEAM 프로그램	3D 프린터로 프랙탈 구조 프린팅	여러 가지 산출물을 설계, 제작하면서 학습에 대한 호기심이 충족되어 창의적 문제 해결력이 향상되었다.[19]

<표 0-4> 관련 연구에서 확인된 STEAM 수업의 효과

STEAM 기반 수업의 효과를 정리해 보면 이렇다. 첫째, 학생이 수업의 주체가 되기 때문에 단순히 지식을 받아들이기보다는 지식을 활용하는 모습을 보인다. 그렇기 때문에 수업 태도에서 긍정적인 변화가 나타나거나, 수업 참여도가 높아지는 것이다. 둘째, 과학기술 기반의 설계 활동이 학생들의 창의적 문제 해결력 향상에 도움을 준다. 문제 해결을 위하여 다양한 구상을 하고, 정보를 탐색하고, 각각의 산출물을 설계하는 과정에서 문제 해결력이 신장된다. 셋째, STEAM 수업의 효과가 학생들의 실생활에도 긍정적인 변화를 준다. 에너지 절약에 대해 배우고 난 뒤에는 에너지 절약을 생활 속에서 실천하려고 하고, 친구들과 함께 문제를 해결한 후에는 협

력이 중요함을 깨닫는다. 이렇게 STEAM 수업을 통해 배운 가치들이 학생들의 태도에 긍정적인 영향을 주는 것이다.

학생이 주체가 되고, 학생의 문제 해결력을 신장할 수 있으며, 학생의 태도를 긍정적으로 바꿀 수 있는 STEAM 수업을 교실에서 실천하여 보길 바란다.

0.3   STEAM 수업 모델로서의 노벨 엔지니어링

그렇다면 왜 STEAM 수업 모델로서 노벨 엔지니어링이 적합할까?

STEAM 수업을 개발, 적용하는 데에 선생님들이 어려움을 느끼는 이유는 준비하는 과정이 어렵기 때문이다. 교과서 활동으로 제시되어 있는 것도 아니고, 교사가 오롯이 자율적으로 개발해야 한다. 노벨 엔지니어링 수업 모델은 STEAM 수업을 적용하고 싶은 선생님들이 겪는 어려움에 대한 해결책을 제시할 수 있다. 노벨 엔지니어링을 기반으로 한 STEAM 수업이 학교 현장에 필요한 이유를 더 자세히 살펴보면 다음과 같다.

첫째, 온책읽기를 상황 제시 준거에 활용하면 풍부한 맥락을 제공할 수 있다. STEAM 수업에서 상황 제시가 제대로 되지 않는다면 일반적인 통합 수업과 다를 것이 없다. 문제를 해결해야 한다는, 학습 전체를 아우르는 상황 제시를 설계해야 하는데 이것이 쉽지가 않다. 이때 책을 활용한 상황 제시는 수업에 풍부한 맥락을 제공할 수 있다. 학생들은 책을 읽으며 등장인물의 어려움에 공감하고, 감정을 이입하게 된다. 상황 제시가 매우 자연스럽게 이루어지는 것이다. 학생들은 주인공이 겪는 문제를 해결하기 위해 프로그래밍이나 피지컬 교구를 활용한 창의적 설계에 적극적으로 참여할 것이다. 이렇게 하면 학생의 내적 동기를 단숨에 끌어낼 수 있다.

둘째, 창의적 설계가 유의미해진다. STEAM 수업에서도 중요시하는 것이 과학기술에 대한 흥미, 이해를 유발할 수 있는 수업이고, 노벨 엔지니어링 수업 모델에서도 문제를 공학적으로 해결하도록 강조하고 있다. 두 수업의 맥락이 같기 때문에 자연스럽게 연결하여 적용이 가능하다. 예를 들어 SW수업을 통해 엔트리나 스크래치 블록에 대해 배웠다고 생각해 보자. "그래서 이걸로 뭘 한다는 거지?" 학생들은 궁금해한다. 그렇다면 수업의 의미는 어디에 두어야 할까? 노벨 엔지니어링 기반의 STEAM 수업이라면 엔트리를 활용해서 책 속 주인공을 위한 도구를 만들어 줄 수 있다. 유의미한 SW STEAM 수업이 가능해지는 것이다.

셋째, 책 속 문제를 해결하고 이야기를 다시 쓰는 경험을 통해 구체적인 감성적 체험이 가능하다. STEAM 수업의 측면에서도 학생들이 성공의 경험을 느끼는 활동을 '이야기 다시 쓰기'로 구체화할 수 있다는 장점이 있고, 국어 교육 측면에서도 글쓰기의 맥락이 생기기 때문에 학생들의 거부감이 적어진다. 학생들이 글쓰기를 할 때 무엇을 쓰냐, 어떻게 쓰냐에 막히곤 하는데, 노벨 엔지니어링 기반의 STEAM 수업이라면 학생들이 쓸 내용이 정말 많아지게 된다. 왜냐하면 자기가 직접 문제를 해결한 만큼, 그 경험을 신나게 풀어낼 수 있기 때문이다.

넷째, 학생들의 강점을 발현시킬 수 있는 수업이다. 국어 시간을 특히 힘들어하는 학생, 독서 활동에 큰 흥미를 느끼지 못하는 학생, 엔트리 블록을 쌓는 데에 어려움을 느끼는 학생, 피지컬 컴퓨팅을 어려워하는 학생 등 학생들마다 각자 강점이 다르기에 어려워하는 수업도 다를 수 있다. 노벨 엔지니어링 수업은 그 자체가 문학과 공학이 융합된 수업 모델이라 인문학적 감수성과 과학기술적 창조력을 모두 발현시켜 줄 수 있다.

다섯째, 노벨 엔지니어링 수업을 통해 미래 사회를 살아갈 학생들에게 꼭 필요한 융합적 사고력을 키워 줄 수 있다. 융합적 사고는 '문제 해결을 목적으로 학제 간 연구를 통해 지식의 융합이 이루어져서 새로운 지식을 만들고, 창의적으로 문제를 해결하려고 방법을 찾는 것'[20]으로 정의되는데, 책 속 문제를 자신의 문제로 인식하고, 문제를 해결하기 위해 다양한 과학기술 정보를 수집하는 노벨 엔지니어링 수업과 비슷한 점이 많다. 또 수업 중에 이루어지는 친구들과의 협업, 의사소통, 배려하는 경험, 책 속의 교훈을 내면화하려는 마음도 융합적 사고 과정으로 볼 수 있다.

노벨 엔지니어링 기반 STEAM 수업이 현장에 적용된 사례는 적지만, 그 연구 가능성은 충분하며 학생들의 큰 변화를 끌어낼 수 있다. 지금부터 미리 학생들에게 적용해 보고 그 효과를 확인한 10가지 주제의 수업을 소개하고자 한다. 수업을 개발하고 여러 학교에 공유, 적용하였을 때 문학을 엔지니어링으로 풀어낸다는 점에서 학생뿐만 아니라 교사들의 흥미와 참여도도 매우 높았다. 책을 통해 수업을 경험해 본 뒤에는 노벨 엔지니어링 기반 STEAM 수업을 스스로 개발할 수도 있다.

이 책을 통해 노벨 엔지니어링 기반 STEAM 수업에 도전해 보길 바란다.

PART

I

손잡고 가꾸는 지구촌

미래의 시민을 기르는
민주시민교육

대한민국 헌법 제1조 1항에서는 대한민국은 민주공화국임을 명시하고 있다. 민주시민교육에 대한 정의는 학자들마다 다양하고 국가에 따라 다른 용어를 사용하기도 하지만, 민주시민교육이 '민주주의를 형성, 유지, 발전시키는 데 필수적인 주관적 요건'이라는 점에서는 견해가 일치되어 있다.[1] 교육부에서는 다가오는 미래사회 갈등의 원만한 해결을 위한 역량을 강조하고 있으며, 이에 따라 민주시민교육은 학교 교육에서 반드시 다뤄져야 할 중요한 과제 중 하나가 되었다.

학교 현장에서의 민주시민교육은 '자라나는 미래 세대의 다각화된 개인적 욕망과 공동체 조화를 위한 집단의 필요가 바람직하게 만나도록 전환해 주는 역할'을 한다.[2] 즉, 정치나 선거 등과 관련된 내용뿐만 아니라 학생들이 직면할 수 있는 다양한 사회 문제와 그 해결은 모두 민주시민교육과 맞닿아 있다고 볼 수 있다. 이 책의 다른 장에서 다룬 내용들 역시 큰 범주에서는 민주시민교육에 해당될 수 있다. 따라서 함께 살아가는 세상, 미래를 생각하는 개발 등 다양한 주제를 자유롭게 선정할 수 있으며 학교에서 진행하는 '친구사랑 주간', '생명존중교육 주간' 등과 연계한 수업을 할 수도 있다.

사회, 도덕 교육과정 성취기준에서 이 장의 내용과 관련된 키워드는 편견, 차별, 민주주의, 생명, 인권, 빈곤 등이 있다. 주로 학생들이 사회 문제를 대하는 가치 및 태도가 중요한 내용들임을 쉽게 알 수 있다. 이를 노벨 엔지니어링 수업의 주제로 제시한다면 학생들은 주제에 공감할 뿐만 아니라 보다 구체적인 문제 해결 방법을 모색하는 기회도 얻게 된다. 문학과 스토리텔링을 통해 문제 상황에 공감하고 삶의 가치를 내면화하는 것은 물론이고, 제시된 문제를 기술 공학으로 해결하는 과정에서 문제 해결력과 함께 미래사회에 대해 이해할 수 있는 배경지식을 습득할 수 있는 것이다.

따라서 이번 장에서는 민주시민교육이라는 큰 주제 아래 노벨 엔지니어링 수업을 구성하였다. 만일 이 책에서 제시하는 주제와 선택한 주제가 달라지더라도 수업의 핵심 단계와 기술은 변하지 않기 때문에 큰 어려움 없이 재구성이 가능하다.

1.1   수업 돋보기

민주시민교육에서 다룰 수 있는 내용은 매우 방대하다. 수업에 들어가기에 앞서 그중 어떤 내용을 선정할지 고민할 필요가 있다. 교육과정 성취기준이나 교과서 내용을 참고하여 교육과정에서 다루고 있는 내용 중 학생들과 함께 노벨 엔지니어링으로 진행하면 좋을 수업 주제를 선정하자. 교사가 미리 주제를 정해도 좋고, 학기 또는 학년 마무리 시기에 학생들과 함께 그동안 수업시간에 다루었던 내용과 관련된 주제를 선정해 보는 것도 권장한다.

이 책에서는 '차별'을 수업 주제로 제시하였다. 이 수업을 통해 학생들에게 기대하는 바는 공감, 기술 공학의 가능성에 대한 이해와 문제 해결, 그리고 자신감이다. 학생들은 선정한 문제를 자신들의 문제로 느끼고 해결

의 필요성을 인식하는 공감 단계를 거친다. 그리고 직접 만든 홍보 영상이
나 웹사이트로 연결되는 QR코드를 제작하는 과정을 통해 기술 공학을 이
해하고 문제 해결력을 기를 기회를 갖는다. 마지막으로 자신도 기술 공학
을 통해 문제 해결을 하는 주체가 될 수 있음을 경험함으로써 자신감을 얻
는다.

이번 장의 핵심은 '기술 공학 속에 어떤 내용을 담을지'를 고민하는 것이
다. 어려운 기기를 능숙하게 다룬다거나 높은 수준의 코딩 능력을 요하지
않으며 수업의 주제 역시 넓은 범위에서 선택할 수 있기 때문에, 학생들이
산출물 속에 담아낼 가치관과 생각이 특히 중요한 수업이다.

성취기준

민주시민교육의 경우 선정한 주제에 따라 다양한 성취기준을 반영할 수
있다. 첫 번째 목록은 수업 전반에 관련된 성취기준이고, 두 번째 목록의
내용은 선택한 세부 수업 주제에 따라 취사선택할 수 있는 성취기준의 예
시이다. 그중 본 수업과 관련된 성취기준에는 * 표시가 되어 있다. 이를
참고하여 수업에 녹여낼 교육과정 성취기준을 선정하길 권한다.

`4사04-06` 우리 사회에 다양한 문화가 확산되면서 생기는 문제(편견, 차별
등) 및 해결 방안을 탐구하고 다른 문화를 존중하는 태도를 기
른다.

`6사05-03` 일상생활에서 경험하는 민주주의의 실천 사례를 탐구하여 민주
주의의 의미와 중요성을 파악하고, 생활 속에서 민주주의를 실
천하는 태도를 기른다.

`4미02-02` 주제를 자유롭게 떠올릴 수 있다.

`6국01-05` 매체 자료를 활용하여 내용을 효과적으로 발표한다.

`6국02-01` 읽기는 배경지식을 활용하여 의미를 구성하는 과정임을 이해하고 글을 읽는다.

`6국02-03` 글을 읽고 글쓴이가 말하고자 하는 주장이나 주제를 파악한다.

`6국05-05` 작품에 대한 이해와 감상을 바탕으로 하여 다른 사람과 적극적으로 소통한다.

`6국05-06` 작품에서 얻은 깨달음을 바탕으로 하여 바람직한 삶의 가치를 내면화하는 태도를 지닌다.

`6실04-07` 소프트웨어가 적용된 사례를 찾아보고 우리 생활에 미치는 영향을 이해한다.

· · · · · · · ·

`4도03-02` 다문화 사회에서 다양성을 수용해야 하는 이유를 탐구하고, 올바른 의사 결정 과정을 통해 다른 사람과 문화를 공정하게 대하는 태도를 지닌다. *

`4도04-01` 생명의 소중함을 이해하고 인간 생명과 환경 문제에 관심을 가지며 인간 생명과 자연을 보호하려는 태도를 가진다.

`6사02-02` 생활 속에서 인권 보장이 필요한 사례를 탐구하여 인권의 중요성을 인식하고, 인권 보호를 실천하는 태도를 기른다. *

`6사08-03` 지구촌의 평화와 발전을 위협하는 다양한 갈등 사례를 조사하고 그 해결 방안을 탐색한다.

`6사08-06` 지속가능한 미래를 건설하기 위한 과제(친환경적 생산과 소비 방식 확산, 빈곤과 기아 퇴치, 문화적 편견과 차별 해소 등)를 조사하고, 세계시민으로서 이에 적극 참여하는 방안을 모색한다. *

`6도02-02` 다양한 갈등을 평화적으로 해결하는 것의 중요성과 방법을 알고, 평화적으로 갈등을 해결하려는 의지를 기른다.

`6도03-01` 인권의 의미와 인권을 존중하는 삶의 중요성을 이해하고, 인권 존중의 방법을 익힌다. *

`6도03-02` 공정함의 의미와 공정한 사회의 필요성을 이해하고, 일상생활에서 공정하게 생활하려는 실천 의지를 기른다.

`6도03-04` 세계화 시대에 인류가 겪고 있는 문제와 그 원인을 토론을 통해 알아보고, 이를 해결하고자 하는 의지를 가지고 실천한다.

`6실05-08` 지속 가능한 미래 사회를 위한 친환경 농업의 역할과 중요성을 이해한다.

수업 흐름

필자는 이 책에서 소개하는 수업을 초등학교 4학년 학생들을 대상으로 진행하였다. 읽기 경험이 많지 않은 학생들을 대상으로 하므로 상황 제시 단계를 읽기 전-중-후 활동으로 구성하되, 어렵지 않은 수준으로 제시하여 온책읽기를 독려하고자 하였다. 이처럼 적용하고자 하는 학생들의 수준에 따라 활동 수준을 조정하기를 권장한다. 또한 STEAM 수업의 핵심이 되는 창의적 설계와 노벨 엔지니어링의 창작물 만들기에서 활용될 수업 요소는 Technology와 Arts이다.

학생들은 매트릭스 형식의 이차원 코드인 QR코드 기술을 활용하여 차별을 해소하기 위한 전시장을 꾸미고, 직접 만든 콘텐츠와 연결되는 QR코드를 생성하여 비치한다. 영상이나 웹사이트의 내용을 학생들이 스스로 구성함으로써 문제를 보다 깊이 있게 탐색할 수 있으며, 해결 방안을 궁리하여 제시하는 과정에서 창의력의 신장을 도모할 수 있다. 모둠별로 전시 부스를 차린 뒤에는 학급 전시장을 돌며 QR코드를 활용하여 친구들의 작품을 감상하고 피드백하며 상호 소통의 기회를 갖는다.

차시	STEAM 준거 틀	노벨 엔지니어링 수업 단계	활동
1~2차시	상황 제시	①책 읽기 ②문제 인식	-책 표지 보고 내용 예상하기 -모르는 단어 찾으며 책 읽기 -책 속 문제 상황 정지동작으로 표현하기
3~5차시	창의적 설계 1	③해결책 설계 ④창작물 만들기	-생활 속 다양한 차별 사례와 원인 알아보기 -차별을 반대하는 공익광고 만들기 평가
6~7차시	창의적 설계 2		-QR코드의 개념과 활용 사례 살펴보기 -우리 모둠 공익광고로 연결되는 QR코드 만들기 -우리 반 전시회 '달라서 더 멋진 세상' 관람하기
8차시	감성적 체험	⑤이야기 바꿔 쓰기	-이야기의 결말 바꿔 쓰기 평가 -느낀 점 공유하기

1.2   상황제시

책 읽기: 《쿵쿵이는 몰랐던 이상한 편견 이야기》 노벨 엔지니어링 ①

 도서 소개 **쿵쿵이는 몰랐던 이상한 편견 이야기**

허은실 글 | 조원희 그림 | 풀빛 | 2018

어느 날 안경을 쓰고 쿵쿵이네 교실에 나타난 마리는 예전과 조금 다른 모습을 보인다. 친구들의 편을 가르는 것도 모자라 자신과 다른 친구들에게 이상하다고 말하기 시작한 마리. 마리가 이상해지면 이상해질수록 친구들은 슬금슬금 마리의 눈치를 보며 마리에게 동의하게 된다. 친구들 모두가 점점 마리처럼 변해가더니, 결국 쿵쿵이네 교실은 온통 마리로 가득차 버리고 만다. 쿵쿵이도 마리처럼 되려고 시도해 보았지만 너무 힘들어서 그만 포기하고 말았다. 쿵쿵이가 마리의 안경에 담긴 수수께끼를 궁금해하던 어느 날, 마리가 잠깐 벗어 놓은 안경을 써 보게 된다. 쿵쿵이는 마리가 변한 이유를 알아낼 수 있을까? 그리고 온통 마리로 변해 버린 친구들을 예전처럼 되돌릴 수 있을까?

제시된 도서는 글의 양이 많지 않은 그림책으로 초등학교 중학년 학생들에게 적합하다. 고학년 이상의 학생들에게 수업을 적용할 경우, 텍스트의 양이 보다 많거나 수준이 높은 다른 책을 선택하기를 권장하며 이 장의 마지막 [그 밖의 활용 가능한 도서]에 제시되어 있는 추천도서를 활용해도 좋다. 이 책에서는 아직 텍스트 자료에 대한 경험이 적은 초등학교 중학년 학생들을 대상으로 수업을 설계하였으므로, 읽기 동기 및 독해 수준이 높은 집단을 대상으로 수업할 경우 활동도 마찬가지로 변형하여 적용하길 권장한다. 단, 상황 제시의 핵심은 학생들이 문제 상황에 공감하도록 하는 것이기 때문에 이 부분에 방점을 두어 수업을 구성하도록 한다.

읽기 전 활동은 '표지 보고 책 내용 예상하기'이다. 교사는 학생들의 수준에 따라 제목을 제공하지 않을 수 있다. 제목 없이 앞뒤 표지만 보고 내용을 예상한다면 보다 다양한 예측이 나올 수 있다. 그림책을 읽을 때 텍스트만 읽고 그림을 잘 살피지 않는 경우가 많은데, 글과 그림이 함께 제시되는 그림책은 서사 전개에 텍스트와 이미지가 함께 관여하므로 그림을 보며 읽어야 한다. 표지를 꼼꼼히 살펴보는 과정을 통해 학생들이 그림을 짚고 넘어가도록 안내할 수 있을 것이다. 표지를 보고 내용을 상상해 본 뒤 그 내용을 한곳에 모은다. 웹 애플리케이션인 패들렛Padlet이나 실제 포스트잇을 활용할 수 있으며, 모아 놓은 의견은 책을 다 읽은 뒤 다시 확인해 보는 것도 좋다.

<그림 1-1> 책 내용 예상하기

읽기 중 활동은 '모르는 낱말 찾으며 책 읽기'이다. 이때 모르는 낱말을 공책에 옮겨 적다 보면 읽기 흐름을 깨뜨릴 수 있으므로 유의한다. 권장하는 방법은 학생들에게 인덱스/플래그용 포스트잇을 나누어 주고 모르는 낱말이 있는 줄의 끝에 붙이도록 안내하는 것이다. 이 방법을 사용할 경우 학생들은 책을 덮고 노트나 연필로 시선을 옮길 필요가 없으며 모르는 낱말에 집착하지 않고 책을 읽어 나갈 수 있다. 이때, 일부 학생들이 모르는 낱말을 찾지 못하더라도 그대로 수업을 진행한다. 활동의 목적은 학생들이 책을 이해하는 데 도움을 주는 것이지, 몇 개의 낱말을 찾았는지가 아니다. 제시된 도서에서 실제로 학생들이 표시한 낱말은 활달, 항생제, 승차 등이 있었다. 해당 낱말의 뜻을 함께 점검하면서 책의 내용도 다시 한 번 짚어 보도록 한다.

문제 인식 노벨 엔지니어링 ②

책 속 문제 상황 정지동작으로 표현하기

함께 읽은 이야기 속에서 어떤 차별이 이루어지고 있는지 살펴보도록 한다. 학생들은 이제 문제를 찾으며 책을 뒤적일 것이다. 책 속 문제 상황을 확인했다면 그 장면을 정지동작으로 표현해 본다. 이처럼 신체를 활용하여 정지동작으로 상황을 표현하는 방법을 타블로Tableau라고 하는데, 여러 사람들 앞에서 말을 해야 하는 부담이 없기 때문에 교육 연극에서 많이 쓰이는 방법이다.

모둠별로 한 가지 상황을 정하고 역할을 나누어 정지동작을 구성하도록 하며, 역할의 수가 부족한 경우에는 책 속에 등장하지 않는 가상의 인물을 상상하여 표현하거나 중요한 사물을 표현해도 좋다고 안내한다. 또한 다른 모둠의 발표를 지켜본 뒤에는 어떤 장면을 표현했는지 맞혀 보도록 한다. 학생들이 일부러 문제를 어렵게 내지 않도록 유의한다. 많은 친구들이 알아볼 수 있게 장면을 구성한 모둠에게 칭찬해 줌으로써 이를 방지할 수 있다.

<그림 1-2> 책의 장면 정지동작으로 표현하기

학생들은 장면을 정지동작으로 표현해 내는 과정에서 각 인물에게 자신을 투영하게 되고, 책 속 장면에 대해 보다 깊이 있게 생각해 보는 기회를 가진다. 발표가 모두 끝난 뒤에는 자신이 맡았던 인물/사물이 어떤 생각을 하고 있을지 예측하여 이야기해 보도록 한다. 차별을 당한 친구, 지켜보는 친구, 차별을 행하는 친구 등 다양한 관점에서 의견을 공유함으로써 문제 상황에 공감할 수 있기 때문이다. 또한 자신이 차별을 겪거나, 차별을 했거나, 또는 그러한 상황을 본 경험을 발표해 보는 것도 좋다. 학생들은 주제와 관련된 자신의 경험을 말하는 과정을 통해 문제 상황을 자신의 삶과 관련시키는 모습을 보였다.

이 장에서 안내하는 '차별'과 같은 주제를 다룰 때에는 학생들이 느낀 점을 통해 편견을 이겨내고 올바른 태도를 내면화하도록 수업을 구성해야 한다. 따라서 책 속 문제를 깊이 있게 이해하고, 학생들의 경험과 연결 지을 수 있도록 상황 제시 단계를 충분히 수행할 필요가 있다.

1.3 창의적 설계

해결책 설계 노벨 엔지니어링 ③

차별을 반대하는 공익광고 만들기

문제 상황에 충분히 빠져들었으니 이번에는 차별에 대해 보다 자세히 알아보도록 하자. 4학년 사회 교과에서는 일상생활 속 차별 사례에 대해 다루고 있으며, 6학년 사회 교과에서는 미래사회와 관련하여 문화적 편견과 차별에 관한 내용을 다루고 있다. 그 밖에도 도덕, 국어 등 차별은 다양한 교과와 연계할 수 있는 주제이므로 교육과정을 분석하여 이를 재구성하는 것을 권장한다.

상황 제시 단계에서는 내가 보고 겪은 차별에 대해 다루었다면, 창의적 설계 단계에서는 그 시야를 확장하여 지구촌 사회에서 찾아볼 수 있는 다양한 차별 사례를 다룰 수 있다. 안타까운 일이지만 차별은 성, 인종, 계급, 장애, 문화 등 매우 다양한 측면에서 찾아볼 수 있으며 그 사례도 아주 많다. 학생들에게 다양한 차별의 사례를 제시하되, 학생의 수준에 비해 지나치게 자극적인 내용은 아닌지 확인하는 과정이 필요하다.

다양한 차별 가운데 모둠별로 다루고 싶은 사례를 하나씩 선정하고 해당 사례와 관련된 공익광고를 제작하도록 한다. 교과에서 다루는 내용과 연계하고자 한다면 다양한 가족의 형태, 다문화 등의 주제를 안내할 수 있다. 이 수업에서는 창의적 설계에서 다룰 QR코드에 대한 학생들의 흥미를 유발하기 위하여 참고할 만한 여러 가지 공익광고의 QR코드를 배부하고, 스마트기기로 접속하여 직접 확인해 보도록 하였다. 스마트폰이나 태블릿으로 다음 QR코드에 접속하여 여러 가지 공익광고를 확인해 보자.

<**그림 1-3**> 공익광고 예시 QR코드

공익광고의 형태는 모둠별로 자유롭게 정하도록 한다. 중학년일 경우 포스터 만들기 활동을, 고학년일 경우 영상 만들기 활동을 진행하기를 권장한다. 포스터 만들기의 경우 미술 시간과 연계하여 직접 그림을 그리거나, 컴퓨터실 배정 시간을 활용하여 저작권 무료 디자인 웹 페이지 미리캔버스(miricanvas.com)를 이용하도록 안내할 수 있다.

영상 만들기의 경우, 촬영과 제작에는 스마트폰이나 학교 태블릿 활용이 가능하다. 학생들이 주로 사용하는 영상 편집 애플리케이션에는 비바비디오VivaVideo, 키네마스터KineMaster, 블로VLLO가 있다. 세 가지 애플리케이션 모두 안드로이드와 iOS 운영체제에서 이용이 가능하며 추가 기능을 선택하지 않는다면 무료로 사용할 수 있다. 꼭 이 책에서 제시한 애플리케이션이 아니더라도 무방하며 편집에 컴퓨터를 활용하여도 좋다. 학생들이 원하는 주제와 구성 방법에 따라 적절한 활동지를 배부하여 활용할 수 있도록 한다.

다음은 포스터와 영상에 알맞은 활동지의 예시이다.

<공익광고 제작하기>

1. 어떤 주제를 다룬 공익광고를 만들지 모둠 친구들과 함께 논의하여 봅시다.

모둠 이름	
모둠원	
광고 주제	

2. 광고 포스터에 들어갈 중요한 그림이나 문구를 적어봅시다.

3. 계획한 내용에 맞게 직접 광고를 제작하여 봅시다.

<그림 1-4> '공익광고 제작하기' 모둠 활동지(포스터)

<공익광고 제작하기>

1. 어떤 주제를 다룬 공익광고를 만들지 모둠 친구들과 함께 논의하여 봅시다.

모둠 이름	
모둠원과 역할	예) 촬영, 편집, 소품, 연기 등
광고 주제	

2. 광고 영상에 들어갈 중요한 장면을 스토리보드에 표현해 봅시다.

3. 계획한 내용에 맞게 직접 광고를 제작하여 봅시다.

<그림 1-5> '공익광고 제작하기' 모둠 활동지(영상)

학생들이 공익광고를 직접 제작할 수 있는 시간을 충분히 주되, 모든 구성원이 활동에 잘 참여하는지 수시로 확인하여 독려한다. 활동지는 활동에서 소외되는 학생이 없도록 방지하는 장치이기도 하며, 역할의 수에 비해 모둠원의 수가 많을 때에는 정지동작 표현하기 활동 때와 마찬가지로 교사가 적절한 역할을 안내할 수도 있다.

<그림 1-6> 학생들이 직접 구상한 차별 반대 공익광고 포스터 도안

이 책에서는 초등학교 4학년 학생들에게 수업을 적용했기 때문에 포스터 제작 활동을 선택하였다. 직접 손으로 그릴 수도 있지만, ICT 활용 면에서 미리캔버스로 디자인해 보기로 하였다.

미리캔버스는 저작권 걱정 없이 다양한 폰트, 이미지, 배경 등을 사용할 수 있는 디자인 웹사이트다. 또 드래그 앤 드롭Drag&Drop을 이용한 간편하고 직관적인 방법이어서 초등학생들이 사용하기에도 어려움이 없다. 회원가입을 하면 만든 디자인을 고화질로 저장하거나 보관할 수 있다. 회원가입을 하지 않아도 디자인 자체는 가능하다.

<**그림 1-7**> 미리캔버스 메인 화면

미리캔버스 웹사이트(miricanvas.com)에 접속한 뒤, [바로 시작하기] 버튼을 눌러 디자인 화면으로 이동해 보자.

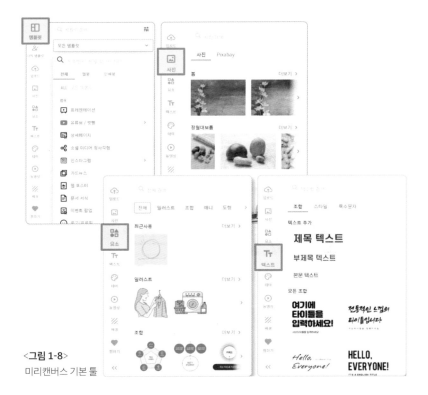

<**그림 1-8**>
미리캔버스 기본 툴

좌측에 템플릿, 사진, 요소, 텍스트, 테마 등의 메뉴가 있으며 하나씩 클릭해 보면 직관적으로 이해할 수 있다. [템플릿] 메뉴에서는 주제별로 디자인이 완료된 템플릿을 고를 수 있다. 디자인에 어려움을 느끼는 학생들에게는 템플릿에서 골라 보도록 조언해 주어도 좋다. [사진] 메뉴에서는 필요한 사진을 검색하거나 찾아 넣을 수 있으며, [요소] 메뉴에서는 일러스트, 도형 등을 추가할 수 있다. [텍스트] 메뉴에서는 내가 원하는 폰트와 크기로 서체를 디자인한 것처럼 삽입할 수 있다. 모든 개체는 클릭하면 가운데 페이지에 삽입되며 드래그하여 크기를 조정하거나 위치를 바꿀 수 있다. 포스터를 만들기 전 20분 정도 학생들에게 자유롭게 디자인해 보라고 시간을 주면, 어렵지 않게 디자인 툴을 이해할 수 있을 것이다.

<그림 1-9> 미리캔버스 웹 포스터 템플릿 선택하기

포스터 제작 시 웹 포스터 템플릿을 참고하면 좋다. 이미 디자인이 완료된 여러 포스터를 살펴보며 디자인을 참고할 수 있다. 하지만 학생들마다 다양한 크기로 제작할 수 있기에 참고 사항 정도로만 안내한다.

<**그림 1-10**> 미리캔버스를 활용한 공익광고 포스터 제작 활동 모습

학생들이 그림이나 채색에 집중하기보다는 공익광고에 들어갈 문구와 이미지 요소를 고민하는 데에 시간을 할애할 수 있도록 독려해 주자. 사전에 구상지에 아이디어를 작성한 뒤 광고를 제작하면 포스터 제작 시간을 절약할 수 있다. 기본적인 문구와 삽입할 이미지 요소를 사전에 계획해 두었기 때문에 교사가 안내할 내용은 많지 않으며 학생들의 작품활동에 개별 피드백을 제공하는 정도면 충분하다.

<**그림 1-11**> 미리캔버스 회원가입하기

미리캔버스에서 완성한 포스터를 내려 받을 때에는 회원가입과 로그인이
꼭 필요하다. 미리캔버스 가입은 소셜 계정이 있다면 생각보다 간편하다.
필자는 구글 계정을 선택하여 가입하였다. 모든 학생들이 가입을 하는 것
은 많은 시간이 소요되므로 교사용 대표 계정으로 로그인을 할 수 있도록
안내한다. 미리캔버스는 여러 컴퓨터에서 동시 로그인을 해도 내려 받기
가 가능하다.

<그림 1-12> 미리캔버스에서 디자인한 포스터 내려 받기

만일 개별 계정으로 로그인한 경우라면, 포스터 디자인이 끝난 학생들에
게는 우측 상단에서 [내려 받기] 버튼을 눌러 산출물을 저장할 수 있도록
안내한다. 드롭다운 메뉴에서 원하는 형식과 해상도를 선택하여 내려 받
을 수 있다. 여기에서는 PNG 형식의 고해상도 파일로 내려 받았다.

<그림 1-13> 교사용 계정에서 한 번에 내려 받기

학생들이 교사용 계정으로 일괄 로그인한 경우, 다음 순서대로 학생들의 산출물을 저장하자. 로그인 상태에서 [저장하기] 버튼을 누르면, 로그인된 계정의 [마이스페이스] 메뉴에서 만든 산출물을 모두 볼 수 있다. 이 방법을 활용할 경우 학생들이 개별 컴퓨터에서 저장 버튼만 누르면 교사가 추후 한꺼번에 내려 받거나 인쇄할 수 있으므로 편리하다. 컴퓨터실이나 노트북을 활용하여 수업할 시에는 두 번째 방법을 추천한다.

<그림 1-14> 실제 학생들이 디자인한 공익광고 포스터

학생들은 차별의 사례를 탐색하면서 가장 인상 깊었던 내용을 바탕으로 포스터를 만들었다. 성차별과 인종차별, 그리고 외모와 관련된 차별이 가장 많았다. 학생들이 교실이나 생활 속에서 겪거나 관찰한 적이 있는 내용이 포스터의 주제가 되었으며, 일부 학생들은 해당 포스터를 교내에 전시하거나 교문에서 홍보 캠페인 활동을 진행하기를 희망하는 모습을 보였

다. 노벨 엔지니어링 기반 STEAM 수업을 통해 학생들이 실생활과 책 속 문제를 연결할 뿐만 아니라 그 해결 과정에 스스로 참여하고 싶어 하는 것을 확인할 수 있었다.

평가기준 ▶ STEAM 과정 중심 평가

학생들의 공익광고 제작 과정에서 동료평가 및 자기평가를 진행할 수 있다. 2015 개정 교육과정 성취기준에 의거하여 다음과 같이 평가를 위한 예시 기준을 설정해 보았다. 평가의 형태나 평가기준은 교사가 선택한 주제와 학생들의 수준에 따라 변경 가능하다. 이때, 활동의 핵심은 문제 해결 과정에 적극적으로 참여하는 것, 그리고 이를 자신의 문제로 여겨 깊이 있게 빠져드는 데에 있으므로 이 점에 유의하여 평가하도록 한다.

구분	평가 항목	평가기준
교사평가	아이디어 발현	-생활 속 차별 사례를 탐구하는 과정에서 인권의 중요성을 인식하였는가? -차별에 관한 공익광고를 제작할 수 있는가?
자기평가	태도	-문제 해결 과정에 적극적으로 참여하였는가?
동료평가		-공익광고 제작 과정에서 친구들과 협력하였는가?

평가 항목 중, 아이디어 발현은 교사의 관찰평가로 진행할 수 있다. 첫 번째 항목은 인터넷에서 차별의 사례를 검색하고 포스트잇에 작성하는 과정에서 평가할 수 있다. 교사는 학생들이 작성한 차별의 사례와 자신의 생각을 바탕으로 평가기준을 충족하였는지 판단할수 있다. 두 번째 평가기준의 경우에는 학생들의 공익광고 제작 과정 및 결과물을 보고 판단할 수 있다.

태도 항목을 평가할 때에는 자기 및 동료평가를 활용한다. 학생들이 문제 해결 과정에 적극적으로 임하였는지를 자기평가를 통해 확인한다. 자신이 맡은 역할이 무엇이며 어떤 일을 하였는지를 평가지에 작성할 수 있도록 한다. 또한 친구들과 협력하였는지를 동료평가를 활용하여 확인한다. 이때, 모든 친구에게 점수를 매기거나 순위를 정하는 방식이 아닌 칭찬할 친구를 정하는 방식을 활용하여 학생들이 긍정적인 방향으로 동료평가를 진행할수 있도록 한다. 다음은 평가지의 예시이며, 이는 참고용으로 교사의 재량에 따라 변형이 가능하다.

◎ 활동 결과를 점검하고 소감을 작성해 봅시다.

이름		맡은 역할	
활동 소감			
공익광고 만들기 활동에 적극적으로 참여하였는가?			매우 잘함 / 잘함 / 보통

◎ 모둠에서 친구들과 협력하였거나 함께 활동하기 위해 노력한 친구를 칭찬해 봅시다.

모둠원 이름	칭찬할 내용

<그림 1-15> 자기평가 및 동료평가지

창작물 만들기 　노벨 엔지니어링 ④

'달라서 더 멋진 세상' 전시회 열기

이제 새로운 기술인 QR코드를 활용하여 우리 교실을 전시회장으로 만들어 보자. 이 활동에서는 앞서 경험해 본 QR코드를 활용하여 우리 반 '달라서 더 멋진 세상' 전시회를 열고 감상하는 시간을 갖는다. 먼저 QR코드가 무엇인지 생활 속 활용 사례를 통해 알아보도록 한다. 다음으로는 QR코드를 생성하는 여러 가지 방법을 알아본다. 마지막으로 우리가 정한 차별 주제에 알맞은 전시장을 구성하고, 앞 활동에서 제작한 공익광고의 URL로 연결되는 QR코드를 생성하도록 한다.

모든 준비가 끝났다면 교실을 돌아다니며 친구들의 전시 결과물을 감상하고, 자신의 스마트기기로 친구들의 QR코드를 스캔하여 공익광고를 확인하는 시간을 갖는다. 만약 다른 학급과 이 수업을 같이 진행할 경우, 서로의 교실에 방문하여 관람 시간을 갖는 것도 좋다. 학급별로 다른 주제를 선택했다면 학생들은 보다 다양한 사회 문제에 대해 살펴보는 기회를 얻을 수 있으며, 같은 주제로 수업을 진행했다면 다른 친구들의 개성 있는 생각과 표현 방식을 경험해 보는 시간을 갖게 될 것이다.

- **QR코드 알아보기**

먼저 QR코드를 수업 이전에 생활 속에서 접해 본 경험이 있는지 이야기를 나누어 본다. 수업을 적용하는 학생들의 연령에 따라 경험이 적을 수 있으므로 교사의 적절한 사례 제공이 필요할 수 있다. 우리 생활 속에서 QR코드를 접할 수 있는 곳은 아주 많다. 대표적으로 코로나19 확산을 계기로 널리 쓰이게 된 QR코드 체크인이 있다. QR코드 체크인은 QR코드를 활용하여 방문 기록을 남기는 것이다. 방법만 익히고 나면 수기로 이름과 연락처, 주소를 적는 것에 비해 훨씬 빠른 속도로 출입 기록이 가능하다. 사진 촬영 및 복사 등에 의해 수기로 적은 자료가 유출될 가능성도 줄일 수 있다.

또 다른 예시로는 QR코드 스캔을 활용한 결제 시스템이 있다. 카카오톡뿐만 아니라 각종 카드사 애플리케이션에서도 지원하고 있는 기능으로, 결제 QR코드를 스마트기기로 스캔하여 빠르게 결제할 수 있는 시스템이다. 이를 활용하면 굳이 실물 카드나 현금을 들고 다니지 않아도 되며 결제 결과 역시 바로 확인할 수 있다는 장점이 있다. 종종 소상공인 매장에 비치되어 있는 제로페이 QR코드 역시 이와 관련이 있다.

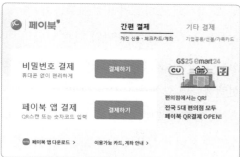

<그림 1-16> QR코드 활용 사례(카카오톡 QR 체크인, 제로페이 QR코드, ISP 페이북 QR코드 결제)

생활 속 QR코드 적용 사례를 살펴봤다면 QR코드와 바코드의 차이점에 대해서도 간단히 짚고 넘어가길 권장한다. 바코드는 줄의 형태로 되어 있고, QR코드는 사각형의 매트릭스 형태로 되어 있다는 점에서 가장 큰 차이를 보인다. 정확히 제곱배로 저장 데이터의 크기가 증가하는 것은 아니지만, 선과 면의 차이가 가져오는 저장 효율의 격차는 매우 크다. 기존의 바코드가 숫자만 저장할 수 있는 반면 QR코드는 문자 데이터까지 저장할 수 있다는 것이 큰 장점이다.

초등학교 학생들에게 1차원과 2차원의 차이를 설명하는 것은 다소 어려움이 있다. 따라서 구체적인 원리를 설명하기보다는 선형인 바코드에 비해 면의 형태로 표현되는 QR코드가 더 많은 데이터를 저장할 수 있음을 직관적으로 안내하도록 한다. 선과 면의 차이를 통해 저장 공간의 효율을 설명하거나, 10 단위의 수모형과 100 단위의 수모형을 활용하여 시각적으로 경험하도록 하면 도움이 될 수 있다.

<**그림 1-17**> 바코드와 QR코드

- QR코드 만들기

QR코드의 활용 예시와 개념을 모두 살펴보았다면 이제 직접 QR코드를 만들어 보도록 한다. QR코드를 만드는 방법은 매우 다양하며 이 책에 나오지 않는 방법을 이용해도 좋다. 이 책에서는 QR Code Generator 웹사이트를 이용하는 방법과 Chrome 브라우저를 활용하는 방법 두 가지를 소개하고자 한다. 가장 큰 차이점은 Chrome 브라우저의 경우 직접 해당 웹 페이지의 URL을 가져올 필요가 없다는 점이다. 학생들이 QR코드를 처음 다뤄 본다면 QR Code Generator 웹사이트 이용을 권장하며, 이러한 수업을 이전에 해 본 적이 있다면 Chrome 브라우저 사용을 추천한다.

먼저 살펴볼 방법은 QR Code Generator이다. 웹사이트(ko.qr-code-generator.com)에 접속하면 별도의 로그인 없이 QR코드를 생성할 수 있는 화면이 나온다. 이때 필요한 것은 인쇄할 수 있는 환경과 연결하고자 하는 웹 페이지의 URL이다. URL뿐만 아니라 Wi-Fi, SMS 등 다양한 기능과 연결되는 QR코드를 생성할 수 있으나 이 수업에서는 학생들이 직접 제작한 공익광고의 URL을 활용할 수 있도록 하였다.

<그림 1-18> QR Code Generator 웹사이트

웹사이트 접속 후 URL을 적는 칸에 연결을 원하는 웹 페이지 URL을 붙여 넣는다.

<그림 1-19> QR Code Generator 웹사이트 사용 방법(1)

예시로 유튜브 채널이 연결되는 URL을 입력해 보았다. 정확히 입력했다면 아래의 [QR코드 생성] 버튼을 클릭하여 우측에 QR코드가 생성되는지 확인하도록 한다.

<그림 1-20> QR Code Generator 웹사이트 사용 방법(2)

QR코드가 제대로 생성되었다면 [프레임] 탭에서 QR코드의 프레임을 선택할 수 있다. 푸른색 테두리가 들어간 프레임의 경우 로그인이 필요하므로 상단의 기본 4가지 프레임을 이용하는 것이 간편하다. 앞 그림은 왼쪽에서부터 1, 2, 3번째 프레임을 적용해 본 예시이다. 원하는 디자인을 선택하였다면 녹색 [다운로드] 버튼을 눌러 완성한 QR코드를 JPG 파일로 내려 받아 저장할 수 있다.

<그림 1-21> QR Code Generator 웹사이트 사용 방법(3)

[다운로드] 버튼을 누르면 **그림 1-21**과 같은 팝업창이 나온다. 가입하라는 안내와 무료 가입 버튼이 있지만 누르지 않아도 괜찮다. 잠시 기다리면 사용하는 브라우저에 따라 자동으로 다운로드가 진행되거나 저장 위치를 선택할 수 있는 팝업창이 뜬다.

<**그림 1-22**> QR Code Generator에서 생성한 QR코드

다음으로는 Chrome 브라우저를 활용한 방법이다. 이 방법이 훨씬 간단하지만 학생들에게 설명하기에는 생략된 과정이 많으므로 QR코드를 처음 다뤄 보는 학급에는 권장하지 않는다.

<**그림 1-23**> Chrome QR코드 생성 방법(1)

QR코드가 연결되길 원하는 웹 페이지에 Chrome으로 접속한다. 그다음 해당 페이지의 빈 공간에서 마우스를 우클릭하면 **그림 1-23**의 창을 확인할 수 있다. [이 페이지의 QR코드 생성]을 클릭하고 잠시 기다린다.

<**그림 1-24**> Chrome QR코드 생성 방법(2)

QR코드 스캔 창이 생성되면 해당 코드를 바로 촬영하거나 [다운로드]를 눌러 기기에 저장할 수 있다. 이 방법은 QR Code Generator에 비해 훨씬 간단하다는 장점이 있다. 따라서 QR코드를 여러 번 다루어 본 학급에서 사용하거나 교사가 일괄 발급할 일이 있을 때 사용하기 적절하다.

· **전시회 꾸미고 관람하기**

생성한 QR코드가 원하는 웹 페이지로 잘 연결되는지 스마트기기를 사용하여 확인해 보자. 이때 사용하는 스마트기기가 인터넷에 연결되어 있어야 함에 유의하도록 한다. QR코드가 잘 작동한다면 인쇄하여 학생들이 전시장을 꾸미는 데에 활용할 수 있도록 한다. 전시장에는 모둠별/학급별로 선정한 공익광고 주제와 관련된 표지판을 걸고 스캔이 가능한 크기의 QR코드 이미지를 비치한다.

<그림 1-25> 온라인 전시장 안내 이미지

전시장 구성이 모두 끝났다면 우리 반 '달라서 더 멋진 세상' 전시를 관람하도록 한다. 스마트기기를 들고 친구들이 만든 전시장을 돌아보며 QR코드를 스캔해 본다. 스캔한 QR코드의 링크를 열고 다른 모둠에서 만든 공익광고를 관람한다. 만약 2개 이상의 학급에서 이 수업을 진행하였다면 복도를 전시장으로 활용하거나 수업시간을 맞추어 다른 반 친구들이 만든 결과물을 함께 관람하는 것도 좋다.

<그림 1-26> '달라서 더 멋진 세상' 전시회 전시물

전시회가 끝난 뒤에는 관람 소감을 함께 나누는 시간을 갖는다. 포스트잇에 간단히 자신의 의견을 적어도 좋고, 교사가 패들렛으로 연결되는 QR 코드를 하나 더 제공하여 서로의 소감을 공유하는 장을 만드는 것도 좋다. 필자가 학생들과 수업을 진행했을 때에는 패들렛에 작품 전시회를 열었기 때문에 해당 패들렛에 소감이나 작품 설명을 함께 작성할 수 있도록 안내하였다.

1.4   감성적 체험

이야기 바꿔 써 보기   노벨 엔지니어링 ⑤

이제 학생들은 차별과 편견이 사라진 세상을 생각하며 새로운 이야기를 쓸 수 있다. 이 수업은 초등학교 4학년 학생들을 대상으로 하였으므로 책 표지를 다시 그리고 이야기의 결말을 바꾸어 간략히 적어 볼 수 있게 하였다. 민주시민교육이라는 큰 주제 아래에서 다양한 소주제를 채택하여 수업할 수 있기 때문에, 각자 해당 수업에 맞게 변형하여 활용하는 것을 권장한다. 다음은 필자가 이 수업에서 실제 사용한 활동지이다.

책 표 지 다 시 그 리 기

학년   반   이름:

※ <쿵쿵이는 몰랐던 이상한 편견 이야기>의 표지를 바꾸어 다시 그려봅시다. 그리고 이야
기의 결말을 바꾸어 간단히 적어봅시다.

<**그림 1-27**> '책 표지 다시 그리기' 활동지

이 활동지는《쿵쿵이는 몰랐던 이상한 편견 이야기》뿐만 아니라 다른 책에도 활용 가능하며 적용 학급의 수준에 따라 글쓰기의 비중을 조절할 수있다.

<그림 1-28> 학생들이 다시 그린 책 표지와 고쳐 쓴 이야기

실제로 학생들과 활동을 진행해 보니, 포스터를 활용하여 캠페인을 진행하는 내용으로 이야기를 바꾸어 쓴 학생들이 많았다. 이는 '창의적 설계'

에서 다룬 내용을 '이야기 바꿔 쓰기' 활동에 활용한 것으로, 학생들이 배운 내용을 기억하고 실생활과 연결하고 있음을 보여주는 결과물이다. 감성적 체험 단계의 핵심은 학생들이 배운 내용을 내면화하고 이를 실제 삶 속에 녹여내는 것이다. 편견이 담긴 빨간 안경을 버리고, 친구들과 함께 캠페인을 하며, 편견이 담기지 않은 파란 안경을 개발하는 등의 내용으로 이야기의 결말을 바꿔 보는 과정에서 학생들은 편견 없는 시선을 가지려고 노력하게 될 것이다.

평가기준 ▶ STEAM 과정 중심 평가

이 단계에서 교사는 활동지를 바탕으로 학생 평가를 진행할 수 있다. 성취기준과 본 수업의 주제를 고려하여 작성한 평가기준의 예시는 아래와 같다.

구분	평가항목	평가기준
교사평가	글쓰기	-작품에서 깨달은 내용을 바탕으로 차별과 편견을 해결하고자 하는 글을 썼는가? -차별과 편견 해소를 위한 책 표지를 디자인했는가?
	몰입	-문제 상황에 몰입하여 차별과 편견을 나와 우리의 문제로 인식하고 있는가?

학생들이 편견과 차별을 자신의 문제로 느끼고, 이러한 몰입을 바탕으로 차별과 편견을 해소하고자 하는지를 확인한다. 표지를 다시 그릴 때에는 책 제목을 변형해도 좋으며, 기존의 책 표지와 비슷하게 그려낼 필요가 없음을 안내하도록 한다. 활동의 핵심은 비슷하게, 잘 그리는 것이 아니라 그 속에 담긴 내용임을 지속적으로 안내하여 학생들이 '멋진 표지'를 그리는 데에 너무 오랜 시간을 할애하지 않도록 독려한다.

이렇게 STEAM 수업을 노벨 엔지니어링 모델로 진행하였을 때 좋은 점은 글쓰기를 통해 학생들이 삶의 태도를 내면화하고, 앎을 실천할 수 있다는 것이다. 직접 만든 공익광고 QR코드로 편견을 없애기 위한 전시회를 꾸

며 본 경험은 앞으로 사회를 살아가며 만나는 편견에도 당당하게 마주할 수 있는 민주시민으로서의 자양분이 될 것이다.

1.5 실천-내면화

다문화 박물관 방문하기

<그림 1-29> 다문화 박물관 홈페이지 메인 화면

차별과 관련한 노벨 엔지니어링 수업과 연계하여 학생들과 방문할 수 있는 다문화 박물관이다. 세계 여러 나라의 문화를 체험해 볼 수 있는 공간으로 서울특별시 은평구에 위치해 있다. 관람은 물론이고 30명가량이 참여할 수 있는 다양한 체험 프로그램도 운영하고 있어 학생들과 함께 방문하기 좋다. 단체로 방문하는 경우 사전 예약을 권장하며, 관람비용 및 단체관람 할인에 관해서는 공식 홈페이지(multiculturemuseum.com)를 통해 확인할 수 있다. 차별이나 편견, 다문화 등을 민주시민교육 노벨 엔지

니어링 수업 주제로 진행하였을 경우, 비슷한 시기에 관람을 신청한다면 더욱 효과적일 것이다.

국가인권위원회 홈페이지 탐방하기

<그림 1-30> 국가인권위원회 홈페이지 메인 화면

국가인권위원회 홈페이지(humanrights.go.kr)에 방문하는 것도 좋은 방법이다. 실제 우리 사회에서 이루어지고 있는 차별의 사례를 확인할 수 있고, 다양한 캠페인과 활동 소식을 접할 수 있다. 또, 스포츠인권과 같은 최근의 이슈들을 확인해 보는 것도 가능하다. 컴퓨터실이나 소프트웨어실을 이용하거나 스마트폰을 이용해 홈페이지에 접속해 보자. 상담사례를 살펴봄으로써 실제로 벌어지고 있는 차별과 국가인권위원회가 제시한 해결책을 확인할 수 있으며, 활동 소식을 통해 국가인권위원회에서 차별과 편견 없는 사회를 위해 어떤 노력을 하고 있는지도 살펴볼 수 있다. 조사한 사례를 바탕으로 함께 토의하는 시간을 가져도 좋고, 관련 뉴스를 검색해 보는 것도 좋다.

그 밖의 활용 가능한 도서

오월의 달리기

김해원 글 | 홍정선 그림 | 푸른숲주니어 | 2013

1980년대 초등학생의 삶을 그린 책이다. 민주화 운동이 있던 시절 개인의 삶을 그려냈다. 역사적 사실뿐만 아니라 개개인의 삶이 어떻게 스러져 갔는지를 담고 있다. 역사 및 민주주의에 대한 교육과 연계하여 초등학교 고학년부터 중학생까지 적용이 가능하다.

공정 무역, 행복한 카카오 농장 이야기

신동경 글 | 김은영 그림 | 사계절 | 2013

초등학교 고학년 학생들을 대상으로 적용하기 좋은 책이다. 6학년 도덕, 국어, 사회교과서에서 공정무역을 다루고 있기 때문에 교과와 연계하기 좋다. 무역의 활성화 속에 가려진 단면을 이해하기 쉽게 풀어내고 있다.

서로 달라서 더 아름다운 세상

노지영, 서지원, 곽민수 글 | 구윤미 외 그림 | 휴이넘 | 2010

장애, 성, 가족의 형태, 인종 등 다양한 주제를 쉽게 다루고 있어 초등학교 중학년 학생들에게도 적용 가능하다. 여러 주제 중 학생들이 관심 있는 것을 선택하여 창의적 설계를 하도록 안내하기를 권장한다. 도덕 교과의 인권 관련 내용과 연계하기 좋은 책이다.

나도 투표했어!

마크 슐먼 글 | 세르주 블로크 그림 | 정회성 옮김 | 토토북 | 2020

선거를 처음 접해 보는 시기인 초등학교 중학년 학생들과 수업하기 적합한 책이다. 읽기 쉬운 그림책으로 선택과 책임에 대해 생각해 볼 수 있게 구성되어 있다. 투표가 가지는 힘, 민주시민으로서 가져야 할 책임감에 대해 생각해 볼 수 있다.

나몰라 아저씨, 여기서 이러시면 안 돼요!

게라르도 콜롬보, 마리나 모르푸르고 글 | 일라리아 파치올리 그림 | 김현주 옮김 | 책속물고기 | 2015

120쪽 분량의 책으로 초등학교 고학년에게 적합하다. 법과 정의, 수평사회 등에 대해 다루고 있어 민주시민교육의 주제를 다채롭게 정할 수 있다. 책에서 다루는 내용 중 학생들이 관심 있는 내용을 선정하여 전시장을 구성하도록 하기에도 좋은 책이다.

어느 날 장벽이 무너진다면

한나 쇼트 글 | 게르다 라이트 그림 | 유영미 옮김 | 뜨인돌어린이 | 2020

독일의 통일에 대해 다루고 있는 책이다. 아이들의 시각에서 통일의 과정과 일상의 변화를 서술하고 있다. 분단국가였던 독일의 통일 과정을 통해 남북통일에 대해 생각해 보는 기회를 가질 수 있다. 6학년 도덕의 통일교육과 연계하기 좋다.

초록별 지구를 위한
지속가능한 환경교육

지속가능한 발전Sustainable Development이란 미래 세대의 필요를 저해하지 않으면서 현재 세대의 필요를 충족시키는 발전으로, 현재와 미래 세대 모두가 평등하게 발전할 수 있는 방향을 지향한다.[1] 이 개념은 1987년 세계 환경개발위원회의 보고서, <우리 공동의 미래Our Common Future>에 등장한 것을 계기로 널리 알려졌다. 그 뒤 유엔은 한 발 더 나아가 2005년~2014년을 '유엔 지속가능발전교육 10년'으로 지정함으로써, 지속가능한 발전을 위한 미래 세대 교육의 필요성을 주창했다.[2] 모든 사람들이 질 높은 교육의 혜택을 받고, 이를 통해 지속가능한 미래와 사회를 이끌 수 있도록 하는 것을 지속가능한 발전교육Education for Sustainable Development, ESD이라고 한다.[3] 지속가능한 발전교육은 사회적, 환경적, 경제적 관점으로 나누어 정리할 수 있다.[4]

구분	사회적 관점	환경적 관점	경제적 관점
내용	인권, 평화, 안전, 통일, 문화 다양성, 사회 정의, 건강, 시민참여, 양성평등, 세계화, 국제적 책임	자연 자원(물, 공기, 토양 등), 에너지, 기후변화, 생물다양성, 환경문제, 지속가능한 식량생산, 지속가능한 도시, 재해예방, 교통	지속가능한 생산과 소비, 기업의 지속가능성, 시장 경제, 빈부격차 완화

<표 2-1> 지속가능한 발전교육의 구성

지속가능한 발전교육은 어떤 관점에서 시작한다 해도 통합적인 맥락으로 수렴되며, 모든 주제와 긴밀하고 유기적으로 연계되어 있다. 특히 초등학교에서의 지속가능한 발전교육은 단순히 지식을 전달하기보다는, 사고 방식과 태도를 변화시켜 지속가능한 삶을 살아가는 세계시민으로 성장할 수 있도록 하는 데 중점을 두어야 한다.[5]

이 중 환경적 관점은 지구 온난화, 자원문제 등 인류의 생존과 직결된 문제와 얽혀 있어 매우 중요하다. 초등학생에게는 지속가능한 환경에 대해 가르치는 것도 중요하지만, 더 나아가 지속가능한 환경을 가능하게 하는 역량, 즉 가치와 실천 방법을 가르칠 필요가 있다. 초등학교에서의 교육을 통해 지속가능한 발전을 추구하는 삶의 근간을 형성할 수 있기 때문이다. 따라서 지구 환경의 지속가능성이 위협받고 있는 상황에 대한 이해를 바탕으로 환경 오염으로 인한 피해, 영향을 인식하고 스스로 환경 보전을 실천할 수 있도록 수업을 구성해야 한다.[6] 또한 다양한 체험, 실천 위주의 활동을 설계하여 학생들이 지속가능한 발전을 위한 실제적인 행동을 할 수 있도록 해야 한다.[7]

이런 교육을 통해 학생들은 환경 문제에 통합적으로 접근하고 어떤 가치가 필요한지 탐색하며, 문제를 해결하기 위한 전략을 설계하고, 비판적으로 사고하게 된다. 이 모든 과정은 STEAM 수업 준거 틀과 맥락을 함께하고 있다. 학생들의 실생활 문제에서부터 시작하며, 스스로 문제 해결 방안을 탐색하고 이 과정에서 실천, 내면화해 볼 수 있다는 점에서 지속가능한 환경교육은 STEAM 수업과 비슷한 점이 많다. 또한 환경 자원이 모두 사라지거나, 생태계가 불균형해진 상황을 책으로 제시한다면, 환경 문제를 더욱 심각하게 여길 수 있다. 책 속 문제를 해결하여 새롭게 이야기를 바꾸어 써 보는 노벨 엔지니어링 수업에 참여함으로써 스스로 환경에 대한 책임감 있는 결말을 작성할 수 있다.

노벨 엔지니어링 기반 STEAM 수업을 통해 지속가능한 환경교육을 직접 실현해 보자.

2.1 수업 돋보기

이 수업은 학생들이 환경 오염에 관한 경각심을 느끼고 지구의 환경 오염 문제가 나의 문제임을 깨닫도록 하는 것에 중점을 둔다. 또 단순히 "쓰레기를 버리지 않아요." "재활용해요."라는 대답에서 멈추는 것이 아니라 문제 해결 과정에 직접 참여하여 이야기의 결말을 바꾸어 써 보는 경험을 갖도록 한다. 실제로 환경 오염 문제를 해결하기 위한 과정에 몸소 참여하는 경험은 학생들이 지속가능한 환경을 지향하는 세계시민으로 성장하는 발판이 될 것이다.

성취기준

4도 04-01 생명의 소중함을 이해하고 인간 생명과 환경 문제에 관심을 가지며 인간 생명과 자연을 보호하려는 태도를 가진다.

6사 08-05 지구촌의 주요 환경 문제를 조사하여 해결 방안을 탐색하고, 환경 문제 해결에 협력하는 세계 시민의 자세를 기른다.

6실 04-10 자료를 입력하고 필요한 처리를 수행한 후 결과를 출력하는 단순한 프로그램을 설계한다.

6국 05-06 작품에서 얻은 깨달음을 바탕으로 하여 바람직한 삶의 가치를 내면화하는 태도를 지닌다.

수업 흐름

STEAM 수업의 핵심이 되는 창의적 설계와 노벨 엔지니어링의 창작물 만들기에서 활용될 수업 요소는 SW와 메이커이다. 해당 활동은 꼭 제시된 도서가 아니더라도 '환경'이 주제인 도서라면 적용이 가능하다. 본 수업의 창의적 설계에서는 교육용 프로그래밍 언어Educational Programming Language, EPL인 엔트리를 활용하여 환경 오염에 관해 알리는 프로그램을 제작해 본다. 원하는 환경 오염 데이터를 수집하여 프로그래밍에 참여함으로써 환경 오염의 실태를 공유하고 심각성을 느낄 수 있다. 또 학생들이 직접 준비한 공병, 플라스틱 컵에 지속가능한 발전의 의미를 담은 무드등을 만들어 본다. 업사이클링을 생활 속에서 실천해 볼 수 있는 수업이 될 것이다.

차시	STEAM 준거 틀	노벨 엔지니어링 수업 단계	활동
1~2차시	상황 제시	①책 읽기 ②문제 인식	-책 읽기 -질문 릴레이 -관점 바꾸어 쓰기
3~5차시	창의적 설계 1	③해결책 설계 ④창작물 만들기	-환경 오염 데이터 조사하기 -엔트리 기초 기능 익히기 -엔트리를 활용하여 환경 오염에 관해 알리는 프로그램 설계/공유하기 평가
6~7차시	창의적 설계 2		-업사이클링이란? -지속가능한 발전의 의미를 담은 업사이클링 무드등 설계/제작하기
8차시	감성적 체험	⑤이야기 바꿔 쓰기	-이야기의 결말 바꿔 쓰기 평가 -느낀 점 공유하기

2.2 상황 제시

책 읽기: 《2900년 아무도 살지 않는 지구》 노벨 엔지니어링 ①

2900년 아무도 살지 않는 지구

왕수연 글 | 몽하 그림 | 브레멘플러스 | 2016

뿌꾸뿌꾸 행성에 사는 꼬마 과학자 또띠는 《초록별 지구》라는 책을 보고 큰 감동을 받는다. 숲과 바다가 있는 지구를 직접 보고 싶어진 또띠는 지구로 출발한다. 그러나 실제로 본 지구는 쓰레기가 산처럼 우뚝 솟아 있고 바다에는 기름이 가득했다. 아름다운 생물들은 모두 사라지고 아무도 살지 않는 지구에 또띠는 크게 실망하고 만다. 다시 뿌꾸뿌꾸 행성으로 돌아오는 길, 또띠는 "우리가 이렇게 척박한 화성에서도 잘 살 수 있는 건 모두 우리의 기술 덕분이야."라며 화성도 쓰레기 더미로 만들고 있는 지구인들을 보게 된다.

제시된 도서는 내용이 어렵지 않은 그림책이기 때문에 4~6학년 학생들은 1차시면 읽을 수 있다. 노벨 엔지니어링 수업에서 책 읽는 것이 너무 오래 걸려 자칫 아이들이 지루함을 느껴 버리면 문제 상황을 찾고 공감하는 다음 단계로 넘어가기 어렵다. 노벨 엔지니어링 수업이 처음이라면 그림책으로 시작해 봐도 좋다. 책을 읽기 전에 표지, 목차, 삽화만 보고 책 내용을 추론하거나 짐작하는 활동을 통해 책 읽기의 부담을 낮추어 접근해도 된다.

학생들은 책 속 문제 상황을 스스로 탐색하고 공감할 필요가 있다. 책 속 상황에 푹 빠질 수 있도록 '질문 릴레이 활동'을 할 수 있다. 질문 릴레이 활동은 책 속에 드러나지 않은 상황에 대해 서로 묻고 답하는 활동이다. 학생들이 책 속 내용에서 근거를 찾아 묻고 답할 수 있도록 책 속 장면을 함께 제시한다. 또 문제 상황에 공감할 수 있도록 관점을 바꾸어 이야기를 다시 써 보는 활동을 진행한다. 단순히 '환경을 보호해야 한다'는 이야기를 전달하기보다 학생들이 환경 오염 문제에 공감하며 문제를 해결하려는 마음을 가지도록 할 필요가 있다. 이런 공감을 통해서 학생들은 우리가 직면한 환경 문제를 해결하기 위해 필요한 지식과 정보를 수집하는 데에 적극적으로 참여할 것이다.

문제 인식 노벨 엔지니어링 ②

질문 릴레이

학생들은 그림책에 드러나지 않은 사실들을 질문하고 답하며 문제 상황에 좀 더 가까이 다가갈 수 있다.

> **Q.** 지구에 쓰레기가 가득 쌓인 이유는 무엇일까?
> **A.** 사람들이 플라스틱을 많이 버리니까 그렇다.
>
> **Q.** 플라스틱을 왜 많이 쓰게 되었을까?
> **A.** 플라스틱이 가볍고 간편하니까 많이 쓴다.
>
> **Q.** 그런데 플라스틱은 왜 지구에게 안 좋을까?
> **A.** 안 썩어서 모두 미세 플라스틱이 되어서 다른 동물들이 먹게 된다.

Q. 바다가 더러워져서 물고기가 모두 사라진다면 어떻게 될까?

A. 결국엔 그 물고기를 먹는 다른 동물과 인간도 피해를 입는다.

Q. 물고기가 왜 사라질까?

A. 지구 온난화도 있고, 산호초 백화 현상도 있다.

Q. 또 다른 이유는 없을까?

A. 플라스틱들이 거대한 섬을 이룰 정도로 바다에 많이 버려진다.

Q. 내가 또띠라면 지구를 보고 무슨 생각을 했을까?

A. 안타깝기도 하고 지구까지 왔는데 변해버린 모습에 화도 날 것 같다.

Q. 또띠는 화성을 더럽히는 지구인을 보고 무슨 말을 하고 싶었을까?

A. 기술은 그렇게 쓰는 게 아니라는 말을 하고 싶을 것 같다.

Q. 그럼 기술은 어떻게 써야 할까?

A. 우리의 기술로 지속가능한 발전을 해야 한다. 친환경적으로 기술을 써야 한다.

책 내용과 관련해서 6학년 사회 교과의 '지속가능한 지구촌' 단원과 연결 지어 수업할 수도 있다. 또 6학년이 아니더라도 지구 온난화, 산호초 백화, 미세 플라스틱, 해양 쓰레기 문제는 학생들이 알고 배워야만 하는 이야기 이다. 학생들의 이해를 돕기 위해 관련 영상을 보여주며 수업을 진행해도 좋다. 학생들의 대답에서부터 수업의 다음 단계가 이어질 때, 학생들은 수업에 몰입하게 된다.

1. 장면에서 드러나지 않는 것을 질문으로 만들어봅시다.

_____

_____

_____

_____

_____

_____

_____

_____

_____

2. 내가 만든 질문을 친구에게 묻고 답을 들어봅시다.

3. 느낀 점을 공유하여 봅시다.

_____

_____

<그림 2-1> '질문 릴레이' 활동지

관점 바꾸어 쓰기

주인공 또띠의 입장에서 관찰된 이야기를 '지구'의 시선에서 바라보는 활동이다. 이 활동을 통해 학생들은 환경 오염 문제를 자기의 문제로 인식하고 심각성을 인지할 것이다. 또 지구 입장에서 인간의 어떤 행동이 문제가 됐었는지 서술하면서, 환경 오염의 원인에 대해 탐색하고 정교화할 수 있다. 학생들은 책에서 드러나지 않은 인간들의 행동을 상상해 쓰면서 현재 지구에 일어나고 있는 환경 문제에 대해 체감할 수도 있다. 책 속 주인공과 입장을 바꾸거나, 책 속의 관점을 바꾸어 이야기를 다시 써 보는 활동은 책을 깊이 있게 읽는 것을 돕는다.

이렇게 학생들이 충분히 책 속 상황을 이해하고 자신의 문제로 인식해야 STEAM 수업의 상황 제시가 충분히 이루어졌다고 할 수 있다.

1. 다음은 〈2900년, 아무도 살지 않는 지구〉의 일부분입니다. 지구의 입장에서 이야기를 바꾸어 써 봅시다.

> 우주에서 바라본 지구의 모습도 아름다웠지만 그 안은 더 아름다웠지요.
> 지구에는 '숲'이라는 것이 있었어요. 숲속에는 아름드리 나무들이 빼곡하게 들어차 있었고
> 다양한 생물들이 평화롭게 살고 있었어요.
> 지구에는 '바다'라는 것도 있었어요. 바닷속에는 또 다른 생물들이 살고 있었지요.
> 물결에 살랑살랑 흔들리는 물풀과 아름다운 산호, 그리고 알록달록 다양한 물고기까지...
> 그런데 이게 무슨 일이죠?
> 눈앞의 지구는 기대하던 모습이 아니었어요.
> 쓰레기가 산처럼 우뚝우뚝 솟아있고, 책에서 봤던 숲이나 생물들은 볼 수 없었지요.
> 시커먼 기름이 둥둥 떠 있는 바닷속에도 쓰레기들이 쌓여있기는 마찬가지였어요.
> 신기하고 아름답던 바다 생물들은 모두 사라지고 없었답니다.
> 지구인들이 환경 오염으로 지구에 더 이상 살 수 없게 되자 화성으로 이사를 갔어요. 하지만
> 화성마저 쓰레기더미로 만들고 있었어요. 지구인들은 자기들끼리 자랑처럼 말했어요.
> "우리가 이렇게 척박한 화성에서도 잘 살 수 있는 건 모두 우리의 기술 덕분이야."

2. 작성한 이야기를 친구들에게 발표하여 봅시다.

3. 지구의 입장에서 인간의 어떤 행동이 문제가 될까요?

<그림 2-2> '관점 바꾸어 쓰기' 활동지

2.3 창의적 설계

해결책 설계 노벨 엔지니어링 ③

환경 오염 데이터 조사하기

환경 오염 실태를 조사하고, 이를 알려 주는 프로그램을 직접 설계해 보고자 한다. 아름다웠던 초록별 지구가 쓰레기 더미가 된 것은 환경 오염의 정도에 대해 사람들이 인지하지 못하고 계속해서 환경을 더럽혔기 때문이다. 학생들이 조사하고 싶은 주제를 통계청 홈페이지(kostat.go.kr)에서 조사할 수 있다.

<그림 2-3> 통계청 홈페이지 메인 화면

주제는 선생님이 제시해도 되지만, 스스로 골라 보도록 해도 좋다. [국가통계포털→[국내통계] 또는 [국제통계]→[주제별 통계] 중 [환경] 카테고리에 들어가면 다양한 환경 오염 관련 통계를 확인할 수 있다. 따라서 제시된 도서가 아니어도 다양한 수업에서 이 활동을 적용할 수 있다.

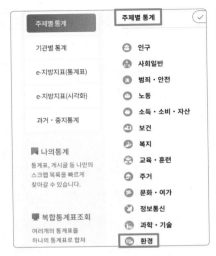

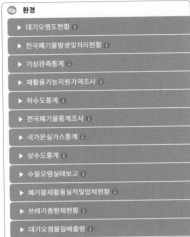

<그림 2-4> 통계청 홈페이지에서 환경 관련 통계 찾기

<그림 2-5> 통계청 홈페이지에 공개되어 있는 환경 관련 통계

연도를 변경할 수 있으니 학생들에게 최소 5개 이상의 데이터를 수집하도록 안내한다. 학생들은 다양한 환경 오염 지표를 스스로 수집하면서, 환경 오염 정도가 자신이 생각한 것보다 심각함을 깨닫게 된다.

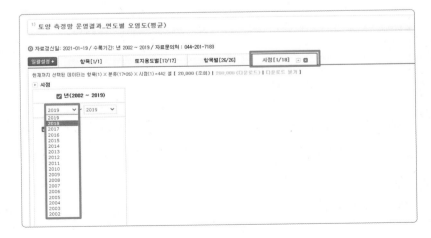

<그림 2-6> 연도별 데이터 확인하기

1. 환경 오염을 자세히 조사해 봅시다. 원하는 조사 주제를 골라봅시다.

> 도시 폐기물, 산림 손실, 부문별 쓰레기 발생량, 초미세먼지 배출량,
> 온실가스 배출량, 대기오염 정도, 토양오염도, 수질 오염도
>
> (원하는 주제가 없다면) 나만의 조사 주제 :

2. 통계청(kostat.go.kr)에 접속하여 통계포털에서 국내통계, 국제통계를 살펴봅
   시다.

추천 카테고리 : 국내통계-주제별통계-환경 카테고리, 국내통계-기관별통계-환경부 카테고리,
국제통계-주제별 국제통계-환경 카테고리

연도	조사 주제 :

3. 실제로 환경 오염에 대해 자료를 조사하고 느낀 점을 써 봅시다.

_____

_____

_____

<그림 2-7> '데이터 수집하기' 활동지

연도	조사 주제 : 미세먼지 배출량
2011	2347281톤
2012	2419581톤
2013	2408847톤
2014	2480005톤
2015	2520791톤
2016	2631289톤

연도	조사 주제 : 대기 오염 정도(부천)
2015.1월	32
2016.1월	38
2017.1월	27
2018.1월	39
2019.1월	43
2020.1월	34

연도	조사 주제 : 온실가스 배출량
2007	580,711
2008	592,195
2009	597,950
2010	657,614
2011	685,236
2012	684,473
2013	696,969
2014	691,462
2015	692,331
2016	692,573
2017	709,139

<그림 2-8> 학생들이 통계청에서 직접 찾아본 환경 오염 실태

학생들은 미세먼지 배출량, 자신이 사는 도시의 대기오염 정도, 온실가스 배출량 등 다양한 주제로 직접 자료를 수집하게 된다. "환경 오염이 심하다, 환경을 보호해야 한다."란 말을 듣는 것과 실제로 환경 오염의 정도를

구체적인 수치로 조사해 보는 것은 수업의 효과가 다르다. 학생들은 더 이상 환경 문제를 방관할 수 없을 것이며, 환경 문제 해결에 몸소 나서려고 할 것이다.

<**그림 2-9**> 환경 오염에 대해 조사한 학생들의 소감

수업에 참여한 학생들의 소감에서 환경 오염을 줄이기 위한 실천 의지를 느낄 수 있다. '재활용을 열심히 해야겠다는 마음이 들었다'거나 '환경이 오염되는 것에 마음이 아프다'는 말에서 환경 오염을 자신의 문제로 인식하고 있음을 알 수 있다. 또 미래에 더욱 심각해질 환경 오염을 예상하며 실천할 수 있는 일을 해야겠다고 다짐하는 학생도 있었다.

엔트리 기초 기능 익히기

스스로 환경 오염의 정도를 조사하고 느낀 점을 통해 다른 사람에게 환경 오염의 심각성을 알리는 프로그램을 만들어 보는 것이 첫 번째 창의적 설계 활동이다. 이를 위해서 SW교육의 한 요소인 교육용 프로그래밍 언어 Educational Programming Language 엔트리entry를 사용할 것이다.

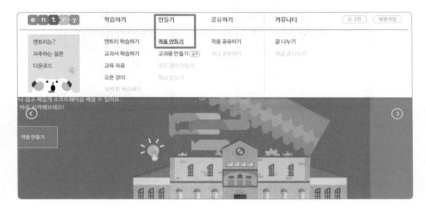

<그림 2-10> 엔트리 홈페이지 메인 화면

엔트리는 스크래치Scratch와 같은 블록형 프로그래밍 언어를 학습할 수 있는 플랫폼이다. 텍스트 코딩 대신 블록형 코딩을 활용하기 때문에 프로그래밍을 처음 접하는 사람이나, 초등학생도 쉽게 자신만의 프로그램을 만들 수 있다. 현재 6학년 검정 실과 교과서 6종 모두 엔트리로 프로그래밍 차시를 가르치고 있으며, 간단하게 따라 할 수 있는 미션, 학급 공유 기능 등이 있어 수업에 활용하기 좋다.

먼저 엔트리 홈페이지(playentry.org)에서 [만들기]→[작품 만들기]를 선택한다. 그러면 바로 엔트리를 조작할 수 있는 환경이 브라우저에서 실행

된다. 엔트리의 기본 실행 화면은 왼쪽에서부터 오브젝트 영역, 블록 팔레트, 스크립트 영역으로 나뉘며 블록을 드래그 앤 드롭으로 끌어와 스크립트 영역에서 조립하면 된다.

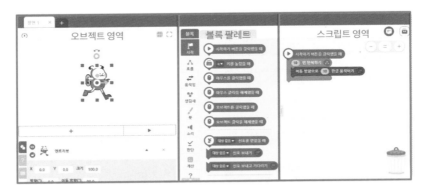

<**그림 2-11**> 엔트리 기본 실행 화면 구성

이 수업을 위해 엔트리 프로그램의 블록을 탐색할 시간을 주는 것이 좋다. 엔트리 블록을 눌러 보고 실행 결과를 탐색해 볼 시간을 충분히 주면 학생들은 생각보다 쉽게 엔트리와 친해진다. 프로그래밍 구조로는 순차, 반복, 선택 구조에 대해 알 필요가 있다. 순차 구조는 블록을 쌓는 순서대로 프로그래밍이 된다는 것이고, 반복되는 부분은 ![번 반복하기] 블록을 활용하여 반복 구조로 간단하게 나타낼 수 있다. 선택 구조는 조건에 따라 결과를 다르게 프로그래밍하는 것을 말한다. 다음과 같은 활동지를 통해 간단한 블록 탐색과 프로그래밍 구조의 이해를 도울 수 있다.

1. 엔트리의 블록을 직접 실행시켜보며 탐색해봅시다.

블록	실행
이동 방향으로 10 만큼 움직이기	엔트리봇이 (　　　　　)만큼 움직인다.
x: ◯ y: ◯ 위치로 이동하기	엔트리봇의 위치가 (　　　　, 　　　　)으로 이동한다.
방향을 90° 만큼 회전하기	엔트리 봇이 (시계 방향, 반시계 방향) 으로 (　　　　)도 회전한다.
◯ 초 동안 x: ◯ y: ◯ 만큼 움직이기	엔트리봇이 (　　　, 　　　)으로 (　　　)초 동안 이동한다.
▶ 시작하기 버튼을 클릭했을 때	(　　　　　)키를 누르면 명령을 실행한다. TIP : 아래쪽에 실행할 명령 블록을 연결해야 합니다.
안녕! 을(를) 4 초 동안 말하기 ▼	(　　　)을 (　　　)초 동안 말한다.
10 번 반복하기 △	블록 안에 있는 명령을 (　　　)번 (　　　)한다. TIP : 블록 안에 실행할 명령 블록을 넣어야 합니다.
엔트리봇_걷기1 ▼ 모양으로 바꾸기	모양이 (　　　　　)으로 바뀐다.
소리 강아지 짖는 소리 ▼ 1 초 재생하기	지정한 소리가 (　　　　)

▸ 오른쪽 블록은 왼쪽 블록 안에 들어갈 수 있습니다. 어떤 블록이 어떤 블록에 들어갈 수 있을지 선으로 연결해보세요.

만일 참 (이)라면 △   •   •   10 x 10

안녕! 을(를) 말하기 ▼   •   •   마우스포인터 ▼ 에 닿았는가?

1. 아래의 두 블록을 실행시켜보고, 명령의 결과가 다른 이유를 써 봅시다.

_____

_____

2. 아래 블록 명령을 실행시켜 봅시다.

(1) 표시한 블록을 몇 번 사용했나요?　(　　　　)번

(2) 표시한 블록을 한번만 사용하려면 어떤 블록이 더 필요할지 '흐름'에서 찾아봅시다.

_____

3. 엔트리봇이 왔다갔다하다가, 마우스에 닿으면 (0,0)의 위치로 돌아가도록 명령을 내리고 싶습니다. 아래 블록 이외에 더 필요한 블록 두 가지를 찾아봅시다.

TIP : 제어와 판단에서 찾아보세요!

_____

<그림 2-12> 엔트리 기초 학습 활동지

이번에 주로 사용할 블록 탭은 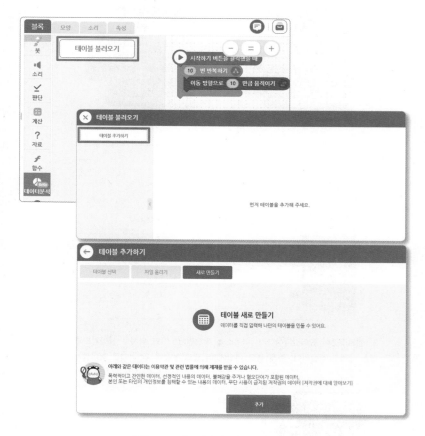 탭이다. [데이터 분석]→[테이블 불러오기]→[테이블 추가하기]를 차례로 누른다. 그다음

테이블 선택   파일 올리기   새로 만들기   중 [새로 만들기]→[추가]를 클릭

한다.

<그림 2-13> 엔트리에 데이터를 추가하는 순서

예를 들어 온실가스 배출량 그래프를 만들어 보자.

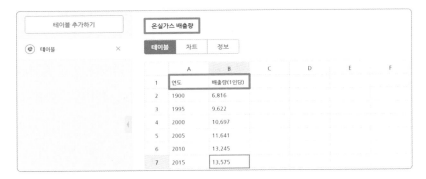

<그림 2-14> 데이터를 테이블에 저장하기

테이블 제일 상단에서 이름을 지정할 수 있다. 학생들이 직접 조사한 데이터를 표로 테이블에 저장할 수 있는데, 표 첫 번째 행에는 데이터 항목의 명칭을 저장해 주자. 그래야 나중에 그래프의 가로축, 세로축을 지정하기 편하다. 데이터를 입력한 후에 [저장하기] 버튼을 누르면 공란으로 남아 있던 행과 열은 모두 삭제된다. 이 테이블을 활용하여 차트 탭에서 그래프로 나타낼 수 있다.

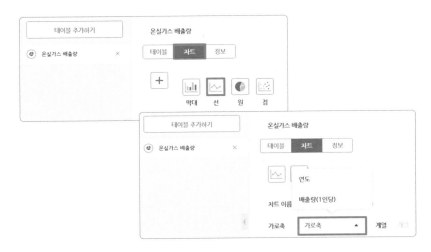

<그림 2-15> 그래프 표현하기

그래프는 막대, 선, 원, 점 중 유형을 선택할 수 있는데 학생이 조사한 데이터에 따라 유형을 정하면 된다. 예시 자료는 연도별 온실가스 배출량이므로 선 그래프를 선택했고, 가로축을 연도로 지정해 주었다. 만일 온실가스의 분야별 배출량을 조사한 데이터라면 원 그래프로 나타낼 수 있을 것이다.

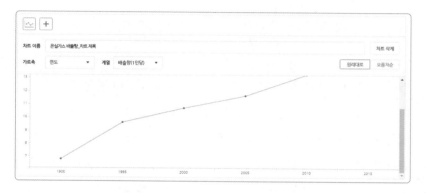

<그림 2-16> 실제로 표현된 그래프

이렇게 가로축과 세로축의 데이터 종류를 지정해 주면, 내가 저장한 데이터 테이블 값이 그래프로 나타난다.

<그림 2-17> 데이터 블록 생성

데이터와 그래프를 모두 저장한 후 엔트리 기본 화면으로 돌아오면, 데이터 분석 블록이 새로 생겼을 것이다. 그중에 주로 사용할 블록은

과  이다.

블록을

블록 밑에 드래그하여 보자. 그 뒤 프로그램을 실행하면 우리가 저장한 그래프가 나타난다.

와 같이 그래프를 실행하는 프로그램을 만들어 보았다면, 환경 오염의 위험성과 심각성을 부각시킬 수 있도록 프로그램을 정교화해 보자.

환경 오염에 관해 알리는 프로그램 설계/공유하기

프로그래밍을 시작하기 전에 알고리즘 작성하기 활동을 추천한다. 프로그래밍에 앞서 말이나 글로 알고리즘의 순서를 작성해 보는 것이다. 이는 의사코드를 기반으로 구성한 활동이지만, 초등학생이 곧바로 일정한 의사코드를 작성하는 것은 어려우므로 자신만의 언어로 알고리즘을 글로 써 보는 활동으로 진행하였다.

예를 들어 보면 다음과 같다. 엔트리봇이 "안녕하세요, 온실가스 배출량에 대해 설명해 드릴게요."라고 말한 후 환경 오염 데이터를 알려 주는 프로그램을 만들고 싶다고 하자. 그렇다면 프로그램의 순서는 '엔트리봇이 말한다' → '환경 오염 데이터를 알려 준다'가 된다. 따라서 먼저 엔트리봇을 말하게 해야 하므로, 앞서 배치되어야 하는 블록은 [말하기] 블록인 것이다.

이렇게 프로그램이 움직일 순서를 글로 쓴 다음에 어떤 블록이 필요할지 탐색해 보도록 한다. 학생들의 프로그래밍을 도와주는 설계도와 같은 활동이기에, 틀리거나 프로그래밍 중 순서가 바뀌어도 상관없다. 학생들이 스스로 알고리즘을 만들 수 있도록 독려해 주자. 이렇게 알고리즘을 작성한 후 프로그래밍에 들어가면 한결 진입 장벽을 낮게 할 수 있다.

배 . 경 . 지 . 식 .

의사코드: 프로그램을 작성하기 전, 프로그램의 작동 원리를 언어로써 표현한 것을 말한다. 실제 프로그래밍 언어가 아니라서 컴퓨터에서 실행되지는 않지만, 알고리즘을 미리 설계하고 모델링하는 데에 사용된다.

◎ 환경오염의 실태를 공유하는 프로그램을 설계하고 싶습니다. 순서에 알맞은 블록을 탐색하여 봅시다.

① 순서	② 필요한 블록
(예) 엔트리봇이 "안녕하세요. 온실가스 배출량에 대해 설명을 해드릴게요"라고 말한다.	

<그림 2-18> '프로그래밍 설계하기' 활동지

① 순서	② 필요한 블록
(예) 엔트리 봇이 "안녕하세요, 온실가스 배출량에 대해 설명을 해드릴게요." 라고 말한다.	

<그림 2-19> 학생들이 직접 설계한 프로그램의 알고리즘

알고리즘 작성을 잘 마쳤다면, 실제 엔트리로 프로그래밍을 진행하도록 한다. [말하기] 블록으로 하고 싶은 말을 할 수 있도록 하고, 지구본 오브젝트를 누르면 차트 창을 열어 그래프를 보여주면 된다. 물론 오브젝트를 누르지 않아도 환경 오염에 대해 설명하다가 그래프를 보여주어도 좋다. 환경 오염 데이터를 공유한 다음에 우리가 지킬 것들에 대해 설명해 줄 수

도 있다. 조사하면서 느낀 점, 하고 싶은 말을 추가해도 좋다. 원하는 오브
젝트나 배경으로 프로그래밍을 해 보도록 한다.

<**그림 2-20**> 환경 오염에 관해 알리는 엔트리 프로그래밍 예시

교사의 예시 프로그램을 살펴봐도 크게 어렵지 않은 수준이다. 엔트리를
처음 접해 보는 선생님이나 학생들도 충분히 따라 할 수 있는 수준이며,
스스로 조사한 데이터를 그래프로 그릴 수 있기 때문에 다양한 주제로 활
용이 가능하다.

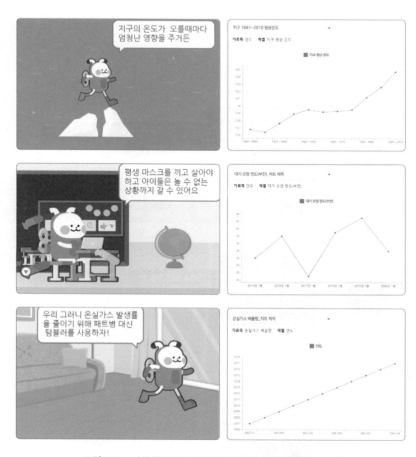

<그림 2-21> 실제 학생들이 제작한 환경 오염에 관해 알리는 프로그램

그림 2-21은 학생들이 실제 제작한 프로그램 화면이다. 차례로 지구 온난화, 대기 오염, 온실가스 배출 문제에 관해 다루고 있다. 학생들은 환경 오염을 조사하면서 느낀 점을 추가하기도 하고, 지구를 지키기 위해 우리가 지켜야 할 점들을 알려 주기도 한다. 지구 온난화에 관해 설명할 때는 빙하 오브젝트가 녹는 것을 구현하기도 하고, 대기 오염이 심하다는 것을 보여주기 위해 배경을 사막처럼 바꾸기도 한다. 이렇게 문제를 스스로 정의

하고 해결책을 제시하는 경험은 매우 중요하다.

<그림 2-22> 학생들의 '프로그램 만들기' 활동 소감

수업 후 학생들의 소감을 확인해도 스스로 고른 주제로 조사를 하고, 그 내용을 바탕으로 프로그램을 만든 것에 대한 만족도가 높았다. 또 이 과정에서 환경 오염 문제의 심각성을 인지하고 자기 문제로 여긴 것을 확인할 수 있다. 이처럼 문제를 스스로 정의하고 해결하는 경험은 창의적으로 사고하는 습관을 길러 줄 수 있다.

평가기준 STEAM 과정 중심 평가

학생들이 직접 만든 환경 오염 공유 프로그램을 발표하면서 과정 중심 평가를 진행하여 보자. 성취기준에 의거하여 다음과 같은 평가기준을 세울 수 있다.

구분	평가항목	평가기준
교사평가	아이디어 발현	-프로그래밍의 구조(순차)를 이해하고 간단한 프로그램을 설계할 수 있는가? -직접 조사한 환경 오염 데이터를 바탕으로 문제 해결을 위한 프로그램을 설계할 수 있는가?
동료평가	의사소통, 태도	-자신의 프로그램에 대해 이해하기 쉽게 설명할 수 있는가? -자신감 있는 태도로 발표에 참여하였는가?

교사평가를 할 때에는 '프로그램 설계하기' 활동지와 학생이 최종적으로 제작한 프로그램을 함께 확인하여 프로그램의 구조를 명확하게 이해하고 있는지, 또 데이터 블록에 자신이 수집한 자료를 저장할 수 있는지 확인한다. 해당 프로그램에 반복 구조나 선택 구조는 꼭 들어가지 않아도 되므로, 순차 구조를 이해하고 있는지가 중요하다. 물론 학생들 중 반복 구조나 선택 구조를 활용하여 프로그램을 만든 경우가 있다면 긍정적인 피드백을 줄 수 있다.

동료평가를 진행한다면 학생들이 스스로 만든 프로그램을 실행해 보이며 발표하는 방식으로 해도 되고, 자유롭게 다른 친구들의 프로그램을 확인하는 공유의 시간을 주어도 좋다. 친구들의 프로그램을 볼 때는 블록 설계나 프로그래밍을 평가하기보다는, 문제 해결에 적극적으로 참여하고 있는지, 자신의 프로그램에 대해 명확하게 자신감 있는 태도로 설명하고 있는지를 확인하도록 한다. 또한 친구들의 프로그램을 보면서 자신의 프로그램을 수정, 공유할 수 있는 시간이 되도록 협력적인 방향으로 운영하는 것이 좋다.

◎ **친구들과 프로그램을 공유하여 봅시다.**

친구 이름	
프로그램 내용	
자신의 프로그램에 대해 이해하기 쉽게 설명할 수 있는가?	매우 잘함 / 잘함 / 보통
자신감 있는 태도로 발표에 참여하였는가?	매우 잘함 / 잘함 / 보통
잘한 점	

<그림 2-23> 동료평가지 예시

창작물 만들기 노벨 엔지니어링 ④

업사이클링 무드등 만들기

단순히 재활용을 하자는 수업이 아니라 업사이클링에 관해 배우고 이를 실천해보는 메이커 수업이다. 업사이클링이란 **재활용품의 단순 재사용에서 한 발 나아가, 재활용품에 실제적인 새 의미를 부여하는 것**을 말한다. 업사이클링은 현재 세대뿐만 아니라 미래 세대를 위한 제품의 활용을 지향하고 있다. 다음 세대를 이끌어 갈 학생들에게는 지속가능한 발전을 실현할 수 있는 방법 중 하나이자 미래 산업의 핵심이 될 업사이클링에 대해 공부할 필요가 있다.

여기서는 책 속 문제 상황이었던 쓰레기 더미 지구를 해결하기 위한 의지를 담은 메이커 활동을 진행한다. 마찬가지로 제시된 도서가 아니더라도 환경 오염과 관련된 책이라면 업사이클링 활동은 적용 가능하다.

업사이클링과 관련된 영상을 보며 수업을 진행할 수 있다. 대표적인 브랜드인 프라이탁, 국내 브랜드 누깍에 관한 설명 영상을 보여주어도 좋다. 유튜브에 관련 영상을 검색하면 많은 영상이 있다.

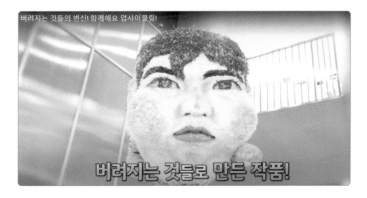

<그림 2-24> 버려지는 것들의 변신! 함께해요 업사이클링!(출처: 환경부 유튜브)

업사이클링이 무엇인지 공부한 학생들에게 직접 실천할 수 있는 업사이클링에 대한 생각을 물어보자. 가장 중요한 것은 학생들이 실생활에서 해결책을 실천할 수 있어야 한다는 것이다. 업사이클링을 하는 과정 중에 제품에 열처리를 하거나, 제품을 분해하여 새로운 성분으로 결합하는 과정은 학생들이 평소에 실천하기는 힘들다. 스스로 실천할 수 있는 것으로 생각할 수 있도록 독려해 주면 좋다.

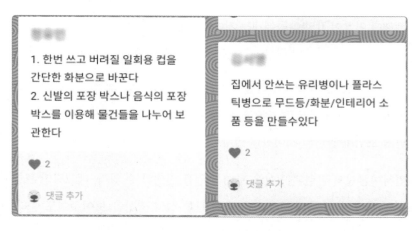

<그림 2-25> 학생들의 업사이클링 아이디어

업사이클링 무드등, 업사이클링 팔찌 만들기 등은 요즘 원데이 클래스로도 많이 이루어지고 있으며 학생들이 체험하기에도 간단한 활동이다. 어렵지 않은 활동이지만 스스로 설계해 볼 수 있도록 활동지를 제공할 수 있다.

1. 나만의 무드등 준비물을 생각해 봅시다.

선생님이 주는 준비물 : 미니전구, 데코 펜, 스티커
나만의 준비물 :

2. 담고 싶은 메시지를 생각하며, 나만의 무드등 설계도를 그려봅시다.

담고 싶은 메시지 :

<그림 2-26> '업사이클링 무드등 만들기' 활동지

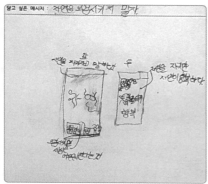

<**그림 2-27**> 학생들이 실제 그린 무드등 설계도

업사이클링 무드등 설계에서 중요한 것은 업사이클링을 실천하기 위해서 스스로 공병, 플라스틱 컵을 준비해야 한다는 것이다. 무드등을 만들기 위해 플라스틱 컵을 사면 환경 오염 문제를 해결하기 위한 수업이 오히려 환경 오염을 유발하는 것이 된다. 학생들에게 집에서 쓰지 않는 공병이나 플라스틱 컵을 준비하도록 강조한다.

<**그림 2-28**> 무드등을 만드는 모습

메이커 활동을 진행할 때 LED전구
는 배터리 내장형으로 준비하여 손
쉽게 만들 수 있도록 한다. 업사이
클링의 의미를 담는 문구나 관련된
물건 등으로 자유롭게 꾸밀 수 있
도록 허용적인 분위기에서 진행하
길 추천한다. 학생들은 집에서 안
쓰는 포장재, 비닐 등을 무드등 안
에 넣어서 재활용하거나, 색종이로
별이나 나뭇잎을 접어서 넣기도 하
였다.

<그림 2-29> '업사이클링 무드등 만들기' 실제 활동 결과물

스스로 준비한 공병이나 플라스틱 컵이 무드등으로 재탄생하는 것을 확
인한 학생들은 업사이클링을 생활 속에서 실천할 필요성을 느끼게 된다.
학생들의 산출물과 느낀 점을 살펴보면 이렇게 손쉽게 업사이클링을 할
수 있다는 것에 놀라며, 앞으로도 업사이클링을 실천하겠다고 다짐한 경
우가 많았다.

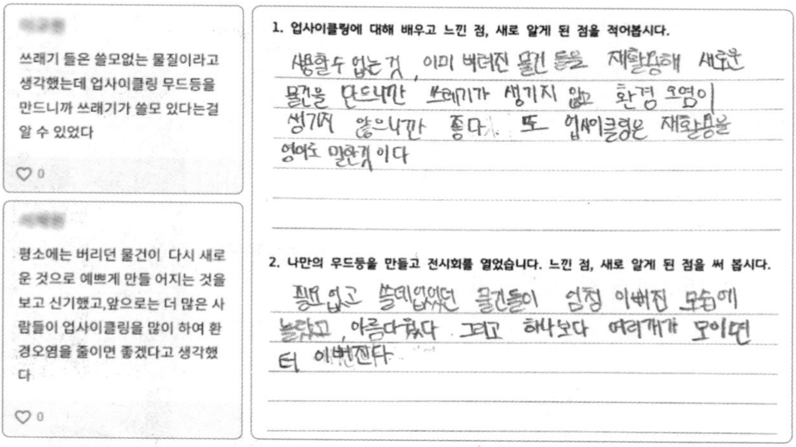

쓰레기 들은 쓸모없는 물질이라고 생각했는데 업사이클링 무드등을 만드니까 쓰레기가 쓸모 있다는걸 알 수 있었다

♡ 0

1. 업사이클링에 대해 배우고 느낀 점, 새로 알게 된 점을 적어봅시다.

생활수 없는 것, 이미 버려진 물건 들을 재활용해 새로운 물건을 만드니까 쓰레기가 생기지 않고 환경 오염이 생기지 않으니까 좋다. 또 업싸이클링은 재활용을 엮어도 말한것 이다

평소에는 버리던 물건이 다시 새로운 것으로 예쁘게 만들어지는 것을 보고 신기했고, 앞으로는 더 많은 사람들이 업사이클링을 많이 하여 환경오염을 줄이면 좋겠다고 생각했다

♡ 0

2. 나만의 무드등을 만들고 전시회를 열었습니다. 느낀 점, 새로 알게 된 점을 써 봅시다.

쓸면 없고 쓸데없었던 물건들이 엄청 이뻐진 모습에 놀랐고, 아름다웠다 그리고 해보다 여러개가 모이면 더 이뻐진다

<그림 2-30> 학생들의 '업사이클링 무드등 만들기' 활동 소감

이렇게 창의적 설계는 학생이 주도하여 스스로 방법을 찾고, 해결 방법에 대해 다양한 산출물이 나오도록 수업을 구성해야 한다. 이 과정에서 학생들의 창의적 사고, 융합적 사고, 문제 해결력 등을 향상시킬 수 있다.

2.4   감성적 체험

이야기 바꿔 써 보기   노벨 엔지니어링 ⑤

이제 학생들은 쓰레기 더미가 된 지구를 위한 새로운 이야기를 쓸 수 있다. 우리가 체험한 창의적 설계 중 한 가지를 골라 지구의 환경 오염 문제를 극복하는 결말을 써 보도록 한다. 학생들이 이야기를 바꾸어 쓸 때 다양한 환경 문제 중 한 가지에 초점을 맞추어 쓸 수 있도록 다음 예시와 같이 활동지를 구성할 수 있다.

1. 내가 다시 쓰고 싶은 환경 문제를 한 가지 정해봅시다.

예-지구온난화, 남획, 플라스틱 쓰레기 등등

2. 우리가 했던 활동들을 떠올리며 환경 문제 해결방법을 써봅시다.

환경 문제 (예-플라스틱 쓰레기)	
문제 해결 방법 (예-재활용품과 폐품을 이용한 업사이클링)	

3. 우리가 제시한 해결책으로 환경 문제를 어떻게 극복했을지 생각해보고 이야기를 다시 바꾸어 써봅시다.

_____

_____

_____

_____

_____

_____

_____

_____

_____

<그림 2-31> '이야기 바꿔 써 보기' 활동지

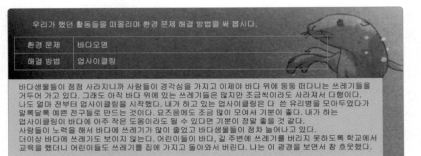

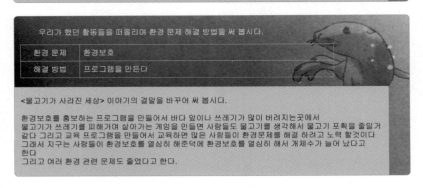

<그림 2-32> 학생들이 바꿔 쓴 이야기

학생들은 직접 제시한 문제 해결 방법이 어떻게 지구의 환경 오염을 막을
수 있을지 생각하며 이야기의 결말을 새로 써서 보여주었다. 이야기의 결
말을 바꾸어 쓰며 환경 문제를 위해 스스로 실천해야 할 점에 대해 되새기
기도 하였다. 이렇게 STEAM 수업을 노벨 엔지니어링 모델로 진행하였을
때 좋은 점은 이야기를 직접 글로 쓰며 배움과 삶이 하나로 연결됨을 느낀
다는 것이다. 이렇게 스스로 실천할 수 있는 해결책을 제시하고 이 내용을
글로 써 보면서 학생들은 지속가능한 환경에 대한 삶의 태도를 내면화할
수 있다.

노벨 엔지니어링을 하면서 여러 환경 문제를 알게됐고 또 하고 싶다 그리고 코딩을 했던거가 가장 기억에 남는다 코딩공부도 하고 환경 프로그램도 만들고 좋은거 같다.

♥ 1

노벨 엔지니어링에 참여하고 원래라면 전혀 몰랐던 환경문제들도 알게 되고 엔트리로 여러가지 프로그램을 만들어가면서 수업을 하니 재미있었다

♥ 1

노벨엔지니어링에 참여하고 여러가지 활동을 해보니, 재밌기도 하고 뿌듯하기도 해서 마지막 활동 '미래만들기'에서처럼 실제로 바다에 나가서 쓰레기를 줍고, 업사이클링을 해보고 싶다.

 2

<**그림 2-33**> 학생들의 노벨 엔지니어링 활동 소감

인상적인 것은 이렇게 수업을 진행하였을 때 STEAM에서 중시하는 선순환이 일어났다는 점이다. 학생들은 학습에 대한 흥미, 성취감 등을 느끼고 성공의 경험을 했다. 이것은 새로운 학습으로의 열정, 몰입, 동기 유발로 이어진다.

평가기준 ▶ STEAM 과정 중심 평가

학생들이 바꾸어 쓴 이야기를 바탕으로 과정 중심 평가를 진행하여 보자. 성취기준에 의거하여 다음과 같은 평가기준을 세울 수 있다.

구분	평가 항목	평가기준
교사 평가	글쓰기	-문제 해결 과정에서 깨달은 내용을 바탕으로 이야기를 바꾸어 썼는가? -이야기에 환경 문제 해결에 협력하려는 삶의 태도를 담았는가?
	과학기술 기반 문제 해결력	-이야기에 과학기술 기반의 문제 해결 방법이 드러나 있는가?
	몰입	-문제 상황에 몰입하여 나의 문제로 인식하고 있는가?

교사평가를 진행할 때에는 학생들이 일련의 STEAM 수업 과정에서 배운 내용이 이야기를 바꿔 쓰는 방향에 잘 녹아들어 있는지에 유의하여야 한다. 또 과학기술 기반의 문제 해결 방법을 제시하는 것 이외에도 학생이 개인적으로 할 수 있는 일에 대해 서술하는 것도 좋은 일이다. 실제로도 환경 오염을 막기 위해 다양한 과학기술이 도입되고 있지만, 가장 좋은 것은 개개인의 인식 변화와 실천이기 때문에, 학생들의 삶의 태도에 변화가 생기는 것이 수업의 가장 좋은 결과이다. 노벨 엔지니어링 수업이므로, 제시된 도서의 이야기 구조나 상황을 크게 왜곡하지 않는 선에서 자신만의 이야기를 창의적으로 작성할 수 있도록 분위기를 조성한다.

2.5   실천-내면화

노벨 엔지니어링 수업이 끝나고 교실에서 연계하여 실천, 내면화할 수 있는 활동을 소개한다.

플라스틱 방앗간 캠페인 참여하기

<그림 2-34> 플라스틱 방앗간 홈페이지 메인 화면(ppseoul.com/mill)

서울환경연합에서 주최하는 활동으로 작은 플라스틱, 예를 들면 페트병 뚜껑을 모아서 보내면 업사이클링하여 만든 치약짜개를 보내 주는 캠페인이다. 손바닥 하나에 들어갈 만한 플라스틱을 모으면 되는데, 주의할 점은 이물질이나 스티커는 포함되지 않도록 모아야 한다는 것이다. 또 재질은 PP라고 되어 있는 것만 모아야 업사이클링이 가능하다고 한다. 노벨엔지니어링 수업이 끝나고 이렇게 학급 단위로 실제적인 업사이클링에 참여해 본다면 학생들의 삶에 배움이 내면화될 수 있는 계기가 될 것이다.

»   [참고 영상: '플라스틱은 '이렇게' 보내주시면 됩니다!'(youtu.be/TgPGfXoWdZ4)]

Earth Hour 캠페인 참여하기

<그림 2-35> Earth Hour 포스터

Earth Hour 캠페인은 야간의 지나친 전력 소비와 빛 공해를 줄이자는 의미로 국제적으로 실시되고 있는 불 끄기 캠페인이다. 2007년부터 시작된 이 캠페인은 매년 3월 마지막 토요일 저녁에 시행된다. 온 지구의 모든 가정, 기관, 공장, 기업 등이 1시간 동안 불을 끔으로써, 전기의 소중함을 느

끼고 탄소 배출량도 줄여 보자는 의미가 담겨 있다. 2016년, Earth Hour 캠페인을 통해서 우리나라 공공기관 건물에서만 3,131톤의 온실가스를 감축했다고 한다. 이는 약 112만 7000그루의 소나무를 심는 효과와 같다.

이 캠페인은 6학년 사회 <지속가능한 지구촌> 단원에서도 소개되고 있으므로 학급 단위로 실천해 봐도 좋겠다. 꼭 3월 마지막 토요일이 아니더라도, 학급에서 하루를 정해 저녁 중 1시간 Earth Hour를 보내고 느낀 점을 나누는 등의 활동이 가능하다.

» [참고 영상: '2021 어스아워 글로벌'(youtu.be/YK1BJTKCIyw)]

그 밖의 활용 가능한 도서

인어 소녀

차율이 글 | 전명진 그림 | 고래가숨쉬는도서관 | 2018

인어가 주인공인 판타지 동화이다. 아빠를 찾아 나선 인어는 바닷속 플라스틱 쓰레기에 깜짝 놀라게 된다. 플라스틱을 보고도 아무것도 하지 않는 인간들의 행동에 대해 깨달음을 준다. 업사이클링과 연결 지어 수업할 수 있다.

나와 마빈 가든

에이미 새리그 킹 글 | 유시연 그림 | 봄나무 | 2018

열한 살 소년의 오비는 '플라스틱을 먹는 동물'을 마주치게 된다. 이 특이한 동물에게 '마빈 가든'이라는 이름을 지어 준다. 오비는 이 마빈이 태평양에 둥둥 떠다니는 플라스틱 쓰레기의 해결책이 되지 않을까 생각하게 된다. 업사이클링과 연결 지어 수업할 수 있다.

어쩌지? 플라스틱은 돌고 돌아서 돌아온대!

이진규 글 | 박진주 그림 | 생각하는아이지 | 2016

플라스틱의 순기능과 역기능에 대해 재미있게 풀어내고 있다. 플라스틱을 쓰면서 환경을 지키는 생분해성 플라스틱이나, 업사이클링에 대한 이야기도 하고 있어 풍부한 수업이 가능하다.

바다를 살리는 비치코밍 이야기

화덕헌 글 | 이한울 그림 | 썬더키즈 | 2019

비치 코밍은 바다를 빗질하듯이 바다의 쓰레기를 줍는 행동을 말한다. 바다의 플라스틱을 주워 우리 모두를 살리는 비치 코밍과 업사이클링을 연결 지어 수업할 수 있다.

플라스틱 섬

이명애 글그림 | 상출판사 | 2020

1~2학년에게 적합한 그림책으로 플라스틱에 뒤덮인 동물들의 모습이 담겨 있다. 텍스트가 많지 않아, 그림을 보고 플라스틱이 가져다주는 피해에 대해 이야기를 나눠 볼 수 있다.

물고기가 사라진 세상

마크 쿨란스키 글 | 프랭크 스톡턴 그림 | 이충호 옮김 | 두레아이들 | 2012

바다에서 일어나고 있는 지속가능한 어업 문제에 대한 내용이다. 물고기 남획, 오염, 지구 온난화가 바다를 어떻게 바꾸고 있는지 다양한 측면에서 이야기한다. 책 내용이 길어 고학년에게 추천한다.

PART

II

더불어 살아가는
아름다운 세상

03 장애인과 비장애인이 함께 웃는 장애이해교육

장애이해교육은 장애인에 대한 인식을 변화시키는 교육을 말한다.[1] 궁극적인 목적은 학생들이 사회인이 되었을 때, 장애인을 받아들이고 다양성을 인정하며, 함께 살아가고자 노력하는 사람이 될 수 있도록 하는 데에 있다. 장애인에 대한 편견, 기피, 사회적 배제 등은 이미 우리 사회에서 여러 문제를 일으키고 있으며 이런 문제를 해결할 수 있는 첫 걸음으로 초등학교에서의 장애이해교육은 필수적이다.[2] 초등학교에서 장애 아동에 대한 긍정적인 경험을 하게 된다면, 장애인에 대한 긍정적인 태도를 형성하는 데 도움이 될 것이며 이를 통해 장애인과 비장애인이 더불어 살아가는 삶을 지향할 수 있을 것이다.

장애이해교육은 크게 두 가지 유형으로 나뉜다. 활동 중심 장애이해교육과 이해 중심 장애이해교육이 있다.

활동 중심	이해 중심
-장애인과의 직접적인 접촉 경험 -모의 장애 체험 -보조 도구 체험하기	-장애에 대한 정보 제공 -집단 토의 -영화나 책을 활용한 시청각 교육

<표 3-1> 장애이해교육의 두 가지 유형

이 중 장애를 다룬 책을 활용한 장애이해교육은 장애인에 대한 긍정적인 태도를 발현시킬 수 있고, 학생들에게 공감과 이해를 불러일으킬 수 있어 그 효과가 크다. 책을 바탕으로 토의를 한다거나, 장애에 대해 조사하는 등의 관련 활동을 진행한 경우 학생들의 장애 인식 태도가 개선되었다. 또 모의 장애 체험과 같은 활동은 초등학생들이 바로 장애인의 상황에 몰입할 수 있기에 매우 효과적이다. 예를 들면 휠체어를 타고 일정 시간 학교를 돌아다니거나, 쉬는 시간 동안 눈을 가리고 있는 등의 방법으로 이루어질 수 있다.

장애이해교육을 학교에서 진행할 때 가장 큰 어려움은 대체로 일회성에 그치는 수업 내에서 장애 아동에 대해 학생들이 진실된 공감을 하고 선입견을 해소할 수 있도록 수업을 설계해야 한다는 것이었다.[3] 이런 곤란을 대처하는 데 노벨 엔지니어링 기반 STEAM 수업 준거 틀을 활용한다면 장애 학생에 대한 긍정적이고 적극적인 상호작용이 일어나는 장애이해교육을 실천할 수 있을 것이다.

책을 활용한 상황 제시 준거에서 학생들은 문제 상황에 공감하고, 일상에서 장애인이 겪는 어려움에 대해 인지할 수 있다. 자연스럽게 책 속 주인공에게 감정이입이 이루어질 것이다. 또 주인공이 겪는 문제를 해결하기 위해 학생들은 장애인을 돕기 위한 기술을 탐색하고, 자신만의 해결책을 설계한다. 이 과정에서 느낀 점을 담아 이야기를 바꾸어 쓰며 장애인에 대한 인식을 개선하고자 다짐하고, 내면화할 수 있게 된다.

노벨 엔지니어링 기반 STEAM 수업을 통해 단순히 보고 듣기만 하는 장애이해교육이 아닌 학생이 참여하고 바꿔 나가는 장애이해교육이 이루어질 수 있다.

3.1   수업 돋보기

이 수업을 통해 학생들은 장애인이 겪는 어려움에 대해 공감하고, 장애인에 대한 인식을 개선할 수 있다. 더 나아가 사회인이 되었을 때 장애인과 함께 살아갈 수 있는 긍정적인 태도를 지니게 된다. 단순히 "장애인 친구를 도와줘요." "넓은 마음으로 이해해요."에서 멈추는 것이 아니라, 문제 해결 과정에 직접 참여하여 장애인에 관한 고정관념이나 편견을 바로잡고 함께 살아가는 미래를 직접 글로 써 보는 경험을 갖도록 한다. 장애인에 대한 올바른 이해를 중심으로, 실제로 문제를 해결하는 과정에 몸소 참여하는 활동 위주로 설계된 학습 경험은 학생들이 더불어 살아가는 삶을 실천할 수 있도록 도울 것이다.

성취기준

6사02-02 생활 속에서 인권 보장이 필요한 사례를 탐구하여 인권의 중요성을 인식하고, 인권 보호를 실천하는 태도를 기른다.

6도 02-03 봉사의 의미와 중요성을 알고, 주변 사람의 처지를 공감하여 도와주려는 실천 의지를 기른다.

6실04-10 자료를 입력하고 필요한 처리를 수행한 후 결과를 출력하는 단순한 프로그램을 설계한다.

6실05-07 여러 가지 센서를 장착한 로봇을 제작한다.

6국05-06 작품에서 얻은 깨달음을 바탕으로 하여 바람직한 삶의 가치를 내면화하는 태도를 지닌다.

수업 흐름

STEAM 수업의 핵심이 되는 창의적 설계와 노벨 엔지니어링의 창작물 만들기에서 활용될 수업 요소는 Technology와 SW, Physical Computing이다. 해당 활동은 꼭 제시된 도서가 아니더라도 '장애이해'가 주제인 도서라면 적용이 가능하다.

먼저 장애인을 돕기 위한 기술에 대해 조사하는 활동을 진행한다. 이 활동은 추후에 진행할 장애인의 편의를 개선하는 스마트홈 설계 활동에도 도움이 될 뿐더러, 현재 장애인들이 겪고 있는 문제점에 대해 알 수 있는 활동이다. 이후에 Educational Programming Language인 엔트리와 피지컬 보드인 센서보드를 활용하여 장애인의 편의를 개선하는 스마트홈을 제작해본다. 장애인이 겪는 문제에 대해 진실되게 공감하고 개선하기 위해 노력하는 실천형 수업이 될 것이다.

차시	STEAM 준거 틀	노벨 엔지니어링 수업 단계	활동
1~2차시	상황 제시	①책 읽기 ②문제 인식	-책 읽기 -문제점 찾기 -모의 장애 체험(귀 막고 수업하기, 말하지 않고 친구들과 의사소통하기)

3~7차시	창의적 설계	③해결책 설계
		④창작물 만들기
			-장애인을 위한 기술 조사하기
			-센서보드 기초 기능 익히기
			-센서보드를 활용하여 장애인의
			  편의를 개선하는 스마트홈 프로
			  그램 설계/공유하기 평가

8차시	감성적 체험	⑤이야기 바꿔 쓰기	-이야기의 결말 바꿔 쓰기 평가 -느낀 점 공유하기

3.2　상황 제시

책 읽기: 《손으로 말해요》 노벨 엔지니어링 ①

 도서 소개　**손으로 말해요**

프란츠 요제프 후아이니크 글 ｜ 김경연 옮김 ｜ 바레나 발하우스 그림
주니어김영사 ｜ 2020

태어나면서부터 소리를 듣지 못했던 리자는 자신을 있는 그대로 받아 주는 친구가 있으면 좋겠다고 생각하면서 놀이터에 놀러가게 된다. 하지만 아무도 리자와 놀아 주지 않았고, 아이들은 리자가 하는 손짓을 비웃었다. 그때 청각장애인 부모님과 함께 사는 토마스가 수화로 리자에게 말을 걸어오고, 아이들은 리자와 토마스의 수화를 통해 소리를 듣지 못하는 사람들의 어려움을 알게 된다.

제시된 도서는 내용이 크게 어렵지 않은 그림책이기 때문에 4~6학년 학생들은 금방 읽을 수 있다. 노벨 엔지니어링 수업에서 중요한 것은 책 속 상황에 공감하고, 어떤 문제인지 탐색할 수 있어야 한다는 것이다. 분량이 긴 책에서 문제 상황을 찾기보다는, 책에서 해석할 수 있는 이야기를 다양한 활동과 연결하여 문제 상황을 정교화하는 것이 좋다.

학생들이 장애인이 겪는 상황에 공감할 수 있도록 장애인의 입장에서 문제점을 직접 조사하는 활동을 할 수 있다. 먼저 책 속 상황에서 시작해 보

자. 책에 드러나 있는 문제를 모두 찾으면 실제 사례를 들면서 상황을 확장시켜 준다. 장애인들이 명절이면 KTX나 고속버스를 탈 수 없어 고향에 갈 수 없다는 신문기사를 시작으로 일상에서 장애인들이 겪는 어려움을 조사해 보도록 한다. 단순히 "장애인들이 겪는 어려움을 이해하자."라고 이야기하기보다 학생들이 그 상황을 조사하여 공감할 수 있도록 한다.

문제 인식 _{노벨 엔지니어링 ②}

문제점 찾기

학생들과 책을 읽은 뒤 책 속 주인공 리자가 겪는 곤란한 상황에 대해 이야기를 나누어 볼 수 있다. 친구들은 리자가 음악을 이해할 수 없다고 생각한다. 자막이 없는 경우에는 영화나 뉴스의 내용을 이해하기 힘들 테고, 일반적인 전화 통화도 어려운 일일 것이다. 책에 드러난 문제점에 대해 충분히 공감했다면, 나의 문제라고 생각하고 상상해 보자. 나의 귀가 들리지 않는다면, 세상의 소리를 들을 수 없다면 어떨지 생각해 보는 것이다.

학생들은 책 속에 드러나지 않은, 장애인이 겪는 일상 속 어려움을 직접 조사하며 문제를 정교화할 수 있다. 시각장애인에게 필수적인 점자 표기. 그러나 의약품이나 식품류에 점자 표기가 없다는 걸 알고 있는 비장애인은 몇 명이나 될까? 실제 시판되는 음료수 캔을 살펴보면 어떤 종류의 음료수인지, 맛은 어떤지, 유통기한은 언제인지 전혀 표기되어 있지 않다. 편의점만 가도 음료수 종류가 수십 가지인데 모두 '음료'라고만 표시되어 있다면, 나는 어떤 음료를 구매해야 할까?

1. 다음은 동화 <손으로 말해요>의 일부 상황입니다. 만약 내가 귀가 들리지 않는다면, 어떨지 생각 해 봅시다.

> "들리지 않는데 어떻게 살 수 있을까? 난 상상할 수 없어.
> 전화 소리도, 자명종 소리도 못 듣잖아." 율리아가 말했어요.
>
> "나랑 우리 집에 갈래? 우리 집도 보여주고 어떻게 사는지도 보여줄게"

_____

_____

_____

_____

2. 다음 신문기사를 보고, 일상생활 속에서 장애인이 겪는 어려움에 대해 조사하여 봅시다.

> 권○○씨는 올 추석에도 고향에 내려가지 못한다. 고향에 가려면 KTX를 타고 광주역에 내리는데, 광주역에서 고향집까지 거리가 20~30km나 되기 때문이다. 휠체어를 타고 그 거리를 귀성길 복잡한 인파를 뚫고 가는 것은 불가능에 가깝다. 운좋게 기차를 탄다 해도 휠체어 타는 공간은 한 두 군데 밖에 없어서 옆자리 승객의 눈치가 보일 때도 많다.
> 고속버스도 타지 못한다. '휠체어 탑승 고속버스' 사업이 시범 운영 되고 있다지만 고향으로 가는 노선은 없다. 어릴 적 앓은 소아마비로 장애를 갖게된 권○○씨는 출퇴근 시간 시내버스를 탈 때도 눈치를 본다.
> "더 이상 장애인들이 피해자나 동정의 대상으로 보이는 것을 원치 않습니다.
> 가고 싶은 곳을 가고 싶을 때에 가는 권리를 가진 정당한 권리자로 살고 싶습니다."
> [TF 더팩트 뉴스, 김세정 기자 "올해도 포기합니다" 멀고 먼 장애인 귀성길 뉴스 발췌]

_____

_____

_____

_____

_____

<그림 3-1> '문제점 찾기' 활동지

또 시각장애인을 돕기 위한 안내견도 있다. 그런데 이런 안내견의 출입을 막는 버스 기사나 음식점 사장이 있다는 신문기사를 읽으며 학생들은 무엇을 느낄까? 눈이 보이지 않는 사람의 도우미인데, 아직도 안내견 입장을 막고 있다니……. 식당조차 쉽게 갈 수 없고 버스를 탈 때에도 눈치를 봐야 하는 시각장애인의 어려움을, 우리는 알고 있었는가?

책 속 내용을 6학년 도덕 교과의 <인권> 단원과 관련 지어 수업을 진행해도 좋다. 인간이기 때문에 보장받아야 할 당연한 권리들을, 장애인들은 보장받지 못하고 있는 상황을 직접 조사하면서 이를 해결하고자 하는 마음이 자연스럽게 생길 것이다.

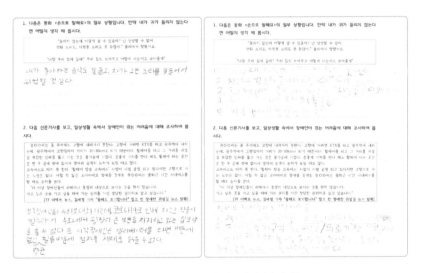

<그림 3-2> 학생들이 찾아 적은 장애인의 어려움

이러한 과정을 통해 학생들은 비장애인이 알 수 없던 일상 속 어려움을 장애인의 입장에서 바라볼 수 있게 되었다. 너무나 당연했던 대화, 교통 수단, 주차구역 등이 장애인들에게는 굉장한 어려움이 될 수 있음을 깨닫자, 책 속 상황에 더 깊이 있게 몰입하는 모습을 보였다. 이렇게 상황 제시 활동을 통해서 문제점에 가까이 다가가고 직접 해결하고 싶은 마음이 들 때, 활발한 창의적 설계가 일어난다.

모의 장애 체험

모의 장애 체험은 비장애 학생들이 장애를 가졌을 때의 느낌을 직접 체험할 수 있도록 하여, 장애인을 수용하는 마음이 들도록 하는 활동이다. 앞서 책을 읽고 장애인이 겪는 어려움에 대해 조사를 해 보는 이해 중심 장애이해교육을 진행하였으니, 활동 중심 장애이해교육도 병행하여 그 효과를 높이고자 한다.

제시된 책에서는 청각 장애를 겪는 리자의 이야기가 나오므로, '귀마개 끼고 수업시간 보내기', '음성 외의 방법으로 친구들과 의사소통하기' 활동을 진행할 수 있다. 하지만 장애를 다룬 다른 책을 활용할 때에도 '휠체어 타고 학교 돌아다니기', '눈 가리고 쉬는 시간 보내기' 등의 활동이 가능하다. 여기서는 말을 하지 않고 쉬는 시간 5분을 보내는 활동으로 진행하였다.

<**그림 3-3**> 모의 장애 체험 활동 모습

학생들은 말로 대화를 하지 못하자, 필담을 시작하거나 몸으로 의사소통을 하는 모습을 보였다. 중간중간 답답함을 이기지 못하기도 하였다. 활동의 효과를 극대화하기 위하여 모의 장애 체험 직전 5분을 자유롭게 쉬게 해 주면 더 좋다.

모의 장애 체험 활동에는 주의할 점이 있다. 먼저 활동이 장난식으로 이루어지지 않도록, 이 활동이 별난 체험이 아니라 어디까지나 장애인을 이해하기 위한 활동임을 교사가 충분히 이해시켜야 한다. 또 활동 진행 중에 학생들이 포기하려고 할 때 활동에 진지하게 참여할 수 있도록 독려해야 한다.

1. 장애 체험을 하면서 가장 어려웠던 점을 써 봅시다.

2. 위의 어려웠던 점을 어떻게 극복했나요?

3. 앞으로 장애를 가진 친구를 만나면 어떤 도움을 주어야할까요?

4. 활동 후 느낀 점을 써 봅시다.

<그림 3-4> '모의 장애 체험' 활동지

또 활동이 끝나면 반드시 활동지 등을 통하여 느낀 점이 무엇인지, 앞으로 장애인을 대할 때 어떤 태도를 지녀야 하는지에 대해 이야기를 나누어야 한다. 모의 장애 체험 활동이 장애인을 동정하는 방향으로 흐르는 것을 지양하고, 활동에 참여하면서 어떻게 상황을 극복했는지 이야기 나눌 수 있도록 분위기를 조성할 필요가 있다.

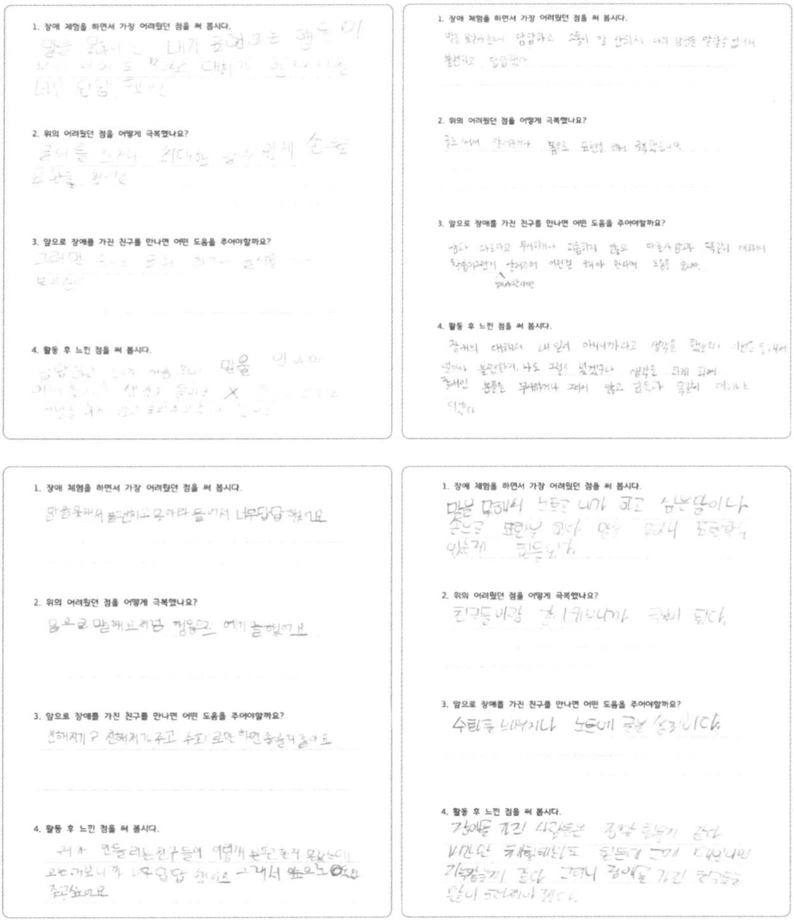

<그림 3-5> 학생들이 작성한 모의 장애 체험 소감

잠깐의 체험에도 학생들은 많은 불편함을 느꼈고, 이는 자연스럽게 장애인이 일상에서 겪는 문제점에 대해 공감하고 이해하려는 마음으로 이어졌다. 이렇듯 학생들이 충분하게 책 속 주인공의 입장을 이해하고 공감했다면 그때 비로소 STEAM 수업의 상황 제시가 제대로 된 것이다.

3.3 창의적 설계

해결책 설계 노벨 엔지니어링 ③

장애인을 위한 기술 조사하기

현재 장애인을 돕기 위해 많은 기술들이 개발되고 있다. 문제 해결 과정에 본격적으로 들어가기 전에, 장애인을 돕기 위한 방법을 조사해 보는 것이 도움이 될 것이다. 장애인을 돕기 위한 기술 대부분은 센서를 활용하고 있는데, 이 기술에 대해 스스로 조사를 하면 후속 활동에 대한 이해도도 높아질 것이다. 활동지를 마련하여 안내에 따라 기술 사례를 찾고, 어떤 도움이 되는지를 생각해 보도록 독려한다.

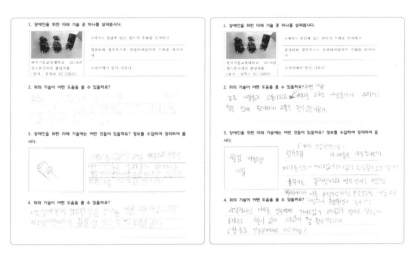

<그림 3-6> 학생들이 직접 찾은 장애인을 돕는 기술

이렇게 학생들이 조사 학습에 직접 참여하여, 다양한 기술을 접할수록 실제로 산출물을 설계할 때 도움이 된다. 움직임 감지 센서를 활용해서 시각 장애인 운동선수가 혼자 운동을 할 수 있게 하는 안경, 인공지능 기반 빅데이터를 활용해서 필요한 정보를 음성으로 바꾸어 주는 애플리케이션 등, 여러 첨단 기술이 장애인들의 눈, 귀, 다리를 대신하고 있다. 학생들은 자료를 조사하면서 미래에는 다양한 기술에 힘입어 장애인들이 지금보다 정당한 권리를 누리며 생활할 수 있게 될 것임을 이해하게 된다.

창작물 만들기 노벨 엔지니어링 ④

앞서 해결책 설계 단계에서 알아본 장애인을 위한 기술의 공통점은 '센서'를 활용한다는 것이다. 우리 몸의 기관이 할 일을 움직임 센서, 소리 센서 등으로 대신하여 장애인에게 도움을 주는 식이다. 따라서 센서를 활용하여 장애인을 돕기 위한 스마트홈을 설계해 보려고 한다. 이 수업을 위해

'센서보드'라는 피지컬 컴퓨팅 도구를 활용할 것이다. 센서보드는 아두이노 보드 위에 센서의 집합체를 연결시켜 사용하는 것으로, 직관적인 센서들로 이루어져 초등학생 수준에서 사용하기 어렵지 않다.

<그림 3-7> E-센서보드의 구조

센서보드 기초 기능 익히기

- **버튼 센서**: 버튼이 눌렸는지, 안 눌렸는지 판단한다. 눌렸으면 1, 눌리지 않았으면 0으로 나타낼 수 있기 때문에 디지털 신호로 표현된다.

- **소리 센서**: 스피커를 통해 들리는 소리를 0~1023까지의 값으로 나타낸다. 소리를 크게 낼수록 센서값은 크게 인식된다. 소릿값의 범위를 다양하게 나타낼 수 있기 때문에 아날로그 신호로 표현된다. (아날로그 0번)

- **빛 센서**: 주변의 빛을 감지하여 0~1023까지의 값으로 나타낸다. 어두울수록 센서값은 크게 인식된다. 빛의 정도를 다양한 범위로 나타낼 수 있기 때문에 아날로그 신호로 표현된다. (좌: 아날로그 1번, 우: 아날로그 4번)

- **슬라이더 센서**: 슬라이더가 움직이는 위치를 0~1023까지의 값으로 나타낸다. (아날로그 2번)

- **온도 센서**: 우측 하단에 연결할 수 있으며, 주변의 온도를 감지하여 0~1023까지의 값으로 나타낸다. 점퍼선을 이용해서 센서보드 하단과 확장 포트로 연결한다. 160을 기

준으로 온도가 올라가면 값이 증가하고, 온도가 내려가면 값이 감소한다. (아날로그 3번)

- **거리 센서**: 좌측 하단에 연결할 수 있으며, 거리 센서에서부터 물체까지의 거리를 감지하여 0~1023까지의 값으로 나타낸다. 점퍼선을 이용해서 센서보드 하단과 확장 포트로 연결한다. 거리가 멀수록 값이 커진다. (아날로그 5번)

<**그림 3-8**> 센서보드와 아두이노 보드 연결하기

이제 센서보드를 세팅하는 법을 알아보자. 먼저 센서보드를 아두이노 보드와 연결해야 한다. 센서보드 뒷면과 아두이노 보드 앞면을 보면, 좌측과 우측 핀 보드 개수가 다르다. 좌측이 핀이 적고, 우측이 핀이 많다. 핀의 개수로 구분해서 센서보드와 아두이노 보드를 맞추어 끝까지 끼워 넣어주면 된다.

<**그림 3-9**> USB 케이블로 노트북과 연결하기

합체된 보드는 USB 케이블로 노트북(컴퓨터)과 연결하여 사용한다. 연결이 완료되면 센서보드와 아두이노 보드 사이에 있는 빨간 LED가 반짝인다.

센서보드는 엔트리와 연결하여 활동 가능하다. 다음의 순서대로 진행하면 된다.

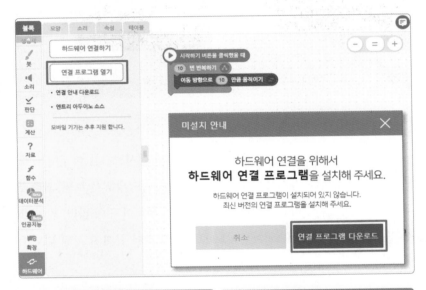

<**그림 3-10**> 엔트리에서 센서보드 연결하는 과정

1	playentry.org에 접속 → [하드웨어] 블록 → [연결 프로그램 열기] → 팝업창에서 [연결 프로그램 다운로드]
2	하드웨어 연결 프로그램이 실행되면 [E-센서보드(유선연결)] 클릭
3	[아두이노 호환보드 드라이버]와 [센서/확장보드 유선 펌웨어]를 차례로 클릭하면 좌측 상단에 연결 성공 알림 표시
4	엔트리 하드웨어 연결 창은 닫지 말고, 프로그래밍하는 내내 띄워 놓아야 함

<그림 3-11> 센서보드 연결 시 엔트리 화면

연결에 성공하면 센서보드 블록이 뜬다. 만약 뜨지 않는다면 [하드웨어 연결하기]를 한 번 더 클릭해 주면 된다. 센서보드 블록이 뜬다면, 어떤 블록이 있는지 탐색해 보자.

센서보드와 같은 피지컬 컴퓨팅 수업 시에 중요한 것은 학생들이 센서보드를 살펴보고 체험해 볼 수 있는 충분한 시간을 주어야 한다는 것이다.

기초적인 수업을 위해서는 버튼, 빛, 슬라이더, 소리 센서 정도만 알려 주어도 충분하다.

활동지와 소스를 활용해서 학생들이 각 센서를 체험해 보도록 할 수 있다.

- **버튼 센서 익히기**

색깔별로 버튼을 누를 때마다 오브젝트의 위치를 바꿀 수 있도록 프로그래밍해 보자. 여기서는 빨간 버튼을 누르면 오른쪽으로, 파란 버튼을 누르면 왼쪽으로, 노란 버튼을 누르면 위쪽으로, 초록 버튼을 누르면 아래쪽으로 이동하게끔 만들어 본다. 각 버튼마다 적절하게 x 좌표나 y 좌표에 +/- 수치를 주면 된다. 이때 구체적인 수치는 원하는 대로 설정 가능하다.

<**그림 3-12**> 버튼 센서 활용 프로그램 예시

각각 숫자 5만큼 이동하도록 프로그래밍해 보았다. 주의할 점은, 버튼이 눌렸는지 계속 감지할 수 있도록 블록을 사용해야 한다는 것이다. 그래야 프로그램이 실행되는 내내 버튼이 눌렸는지 계속 감지하게 된다.

- 소리 센서 익히기

소리가 크면 터지는 풍선을 프로그래밍해 보자. 소리 센서값을 먼저 확인하는 과정이 필요하다. 엔트리의 블록을 활용해서 다음과 같이 구성한다.

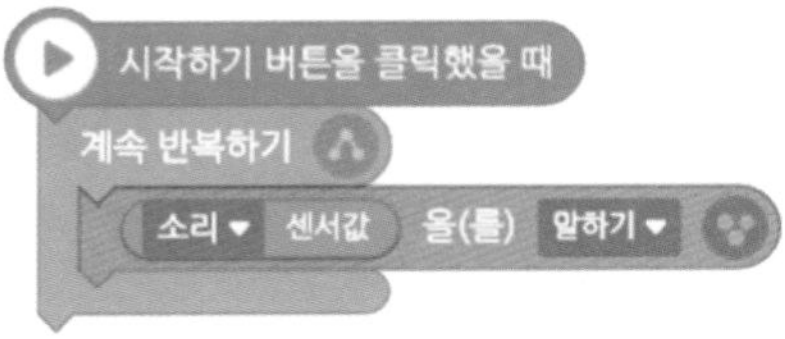

<**그림 3-13**> 소리 센서값을 확인하는 프로그램 예시

센서보드에 대고 소리를 내며, 소리 센서값이 어떻게 표현되나 확인해 볼 수 있다. 소리가 클수록 센서값이 크다.

<**그림 3-14**> 소리 센서값 체험

이제 소릿값이 특정 수보다 클 경우, 풍선 모양을 터진 모양으로 바꿔 보자. 프로그래밍에 앞서 프로그램의 알고리즘을 알기 쉽게 시각화하면 다음과 같다.

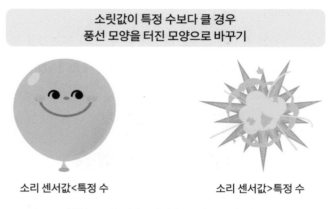

<그림 3-15> '소리가 크면 터지는 풍선' 프로그램의 구조

엔트리 블록을 이용해 실제 프로그램으로 구현해 본다. 소릿값이 특정 수보다 작을 경우에는, 터진 모양이 아닌 다른 모양으로 바꿔 보아도 좋다. 특정 수는 얼마든지 다른 수로 설정할 수 있다.

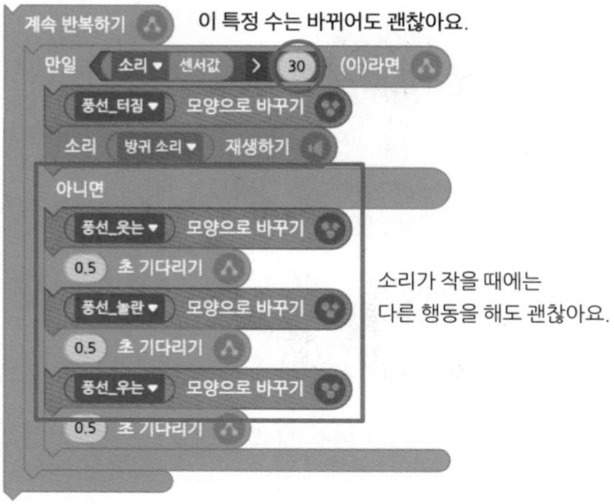

<그림 3-16> 소리 센서 활용 프로그램 예시

이렇게 소리 센서값이 특정 수보다 클 때와 크지 않을 때로 나누어 프로그래밍하는 것을 선택 구조라고 한다. 엔트리에서는 ⬛ 블록을 써서 선택에 따라 다른 결과가 나타나도록 프로그래밍할 수 있다.

- **빛 센서 익히기**

어두워지면 불이 켜지도록 손전등을 프로그래밍해 보자. 소리 센서와 마찬가지로, 빛 센서값을 먼저 확인해 보면 좋다. 엔트리의 블록을 활용해서 다음과 같이 구성한다.

<그림 3-17> 빛 센서값을 확인하는 프로그램 예시

센서보드를 손으로 가리면서 빛 센서값이 어떻게 표현되나 확인해 볼 수 있다. 어두울수록 센서값이 크다.

<그림 3-18> 빛 센서값 체험

빛 센서를 다뤄 보았다면, 이어서 빛 센서값이 특정 수보다 큰 경우 손전등 색을 밝게 바꾸는 프로그램을 만들어 본다. 프로그래밍에 앞서 프로그램의 알고리즘을 알기 쉽게 시각화하면 다음과 같다.

빛 센서값이 특정 수보다 클 경우 손전등 색을 밝게 바꾸기

빛 센서값<특정 수   빛 센서값>특정 수

<그림 3-19> 어두우면 손전등을 켜는 프로그램 구조

엔트리 블록을 이용해 실제 프로그램으로 구현해 본다. 마찬가지로 특정수는 바뀌어도 상관없다. 색깔 효과 역시 자유롭게 원하는 대로 설정하도

록 안내한다.

시작하기 버튼을 클릭했을 때
계속 반복하기
만일　빛 감지 ▼　센서값　>　300　(이)라면
색깔 ▼　효과를　200　(으)로 정하기
아니면
색깔 ▼　효과를　100　(으)로 정하기

이 특정 수는 바뀌어도 괜찮아요.

색깔 효과는 다르게 주어도 괜찮아요.

<그림 3-20> 빛 센서 활용 프로그램 예시

여기에서도 선택 구조를 이용하였다. 구조를 살펴보면 빛 센서값이 특정
수보다 클 때와 작은 때를 구분하고 있다. 블록을 사용함
으로써 선택에 따라 다른 결과가 나타나도록 프로그래밍하는 것이 가능
하다.

- 슬라이더 센서 익히기

<그림 3-21> 센서보드의 슬라이더 센서

센서보드 위쪽에 있는 슬라이더를 좌우로 움직여 오브젝트를 제어해 볼
수 있다. 엔트리의 기본 오브젝트인 엔트리봇을 움직여 보자.

먼저 x 좌표 값을 −240부터 240 사이로 지정한 뒤, 아날로그 2번 센서(슬
라이더 센서)의 범위도 똑같이 −240~240으로 변경해 준다. 이는 엔트리봇
이 움직일 수 있는 최대 x 좌표 값의 범위이다. 이때 슬라이더 센서의 움
직임에 맞추어 y 좌표 값은 계속 같은 숫자로 일정하게 유지하도록 주의
한다.

<그림 3-22> 슬라이더 센서 활용 프로그램 예시

주로 사용되는 프로그래밍 구조는 '선택 구조'이다. 만약 소리 센서값이 ~
보다 크다면 오브젝트가 나타나게 하거나, 빛 센서값이 ~보다 크면 오브
젝트의 색깔을 바꾸는 식이다. 장애인을 돕기 위한 기술의 경우에도 센서
를 활용하고 있다는 것, 그리고 센서값이 어떠한 경우 어떤 도움을 주도록
설계되어 있다는 것을 알려 주며 선택 구조에 대해 이해할 수 있도록 한
다. 센서보드의 기초에 대한 학습을 1~2차시 정도 하고 나면 학생들은 센
서를 활용해 다양한 프로그래밍을 할 준비가 되었을 것이다.

장애인의 편의를 개선하는 스마트홈 설계/공유하기

이제 책 속 문제를 해결하기 위한 프로그래밍에 들어가 보자. 책 속에도 귀가 들리지 않는 토마스의 부모님을 위해 초인종을 누르면 빛이 나는 램프가 집에 설치된 장면이 있다. 이처럼 센서보드의 센서를 활용해서 장애인의 편의를 개선하는 스마트홈을 설계해 볼 것이다. 앞선 상황 제시 단계에서 학생들은 장애인들이 겪는 어려움에 대해 몸으로도 체험해 보고, 다양한 사례를 조사하기도 했기 때문에 충분히 공감대를 형성했을 것이다. 자신이 겪었던 어려움, 조사했던 어려움 중 하나를 골라 그것을 해결하기 위한 스마트홈을 설계하도록 한다. 학생들의 산출물 설계를 돕기 위해 다음의 활동지를 제시할 수 있다.

1. 센서보드로 구현하고 싶은 스마트홈 프로그램의 스토리를 글/그림으로 나타내어봅시다.

2. 스토리에 맞게 필요한 오브젝트와 배경을 마인드맵으로 정리해봅시다.

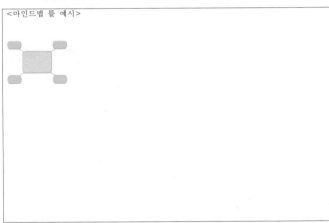

<마인드맵 틀 예시>

1. 스마트홈에 등장할 오브젝트의 움직임을 조건과 행동으로 나누어 정리해봅시다.

오브젝트 이름	조건	행동
	예) 마우스 클릭	예) 아래로 떨어진다.

오브젝트 이름	조건	행동
	예) 마우스 클릭	예) 아래로 떨어진다.

오브젝트 이름	조건	행동
	예) 마우스 클릭	예) 아래로 떨어진다.

오브젝트 이름	조건	행동
	예) 마우스 클릭	예) 아래로 떨어진다.

<그림 3-23> '스마트홈 설계하기' 활동지

바로 스마트홈을 설계하라고 하면 어려움을 느낄 수 있으니, 만들고 싶은 장애 스마트홈을 글/그림으로 나타내고 필요한 내용을 마인드맵화할 수 있도록 도와주자. 특히 센서보드 체험을 할 때 선택 구조 프로그래밍을 바탕으로 학습을 했기 때문에, 오브젝트의 움직임을 조건과 그에 따른 행동으로 나누어 정리해 보는 것이 프로그래밍에 도움이 될 것이다.

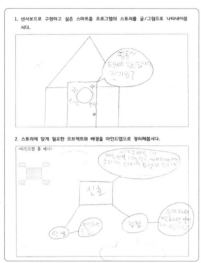 

<**그림 3-24**> 학생들이 실제 설계한 스마트홈

학생들은 주로 일상생활 속에서 겪는 어려움을 해결하기 위한 프로그램을 설계하는 모습을 보였다. 여러 친구들과 대화 시 소리가 날 때마다 방향을 바꾸는 인형, 집에 누군가가 방문했을 때 소리가 나면 빛나는 전등 등, 책 속 주인공 리자의 일상을 도와주려는 마음이 담긴 프로그램이다.

오브젝트의 움직임을 알고리즘으로 정리할 수 있도록 도와주어도 좋다. 또 센서에 입력이 가해질 때 오브젝트가 어떻게 움직일지 글과 그림으로 나타내도록 활동지를 제시할 수도 있다. 물론 꼼꼼히 생각하여 작성했더라도 실제로 프로그래밍을 하다 보면 오류가 발견될 수도 있다. 그때는 수정하면서 프로그래밍을 할 수 있도록 격려해 주자.

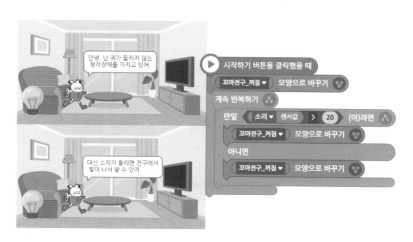

<**그림 3-25**> 장애인의 편의를 개선하는 스마트홈 프로그램 예시

교사의 예시 프로그램을 봐도 크게 어려운 내용이 아니다. 소리 센서값이 특정 수보다 클 경우 전구가 켜지도록 선택 구조 프로그래밍을 하였다.

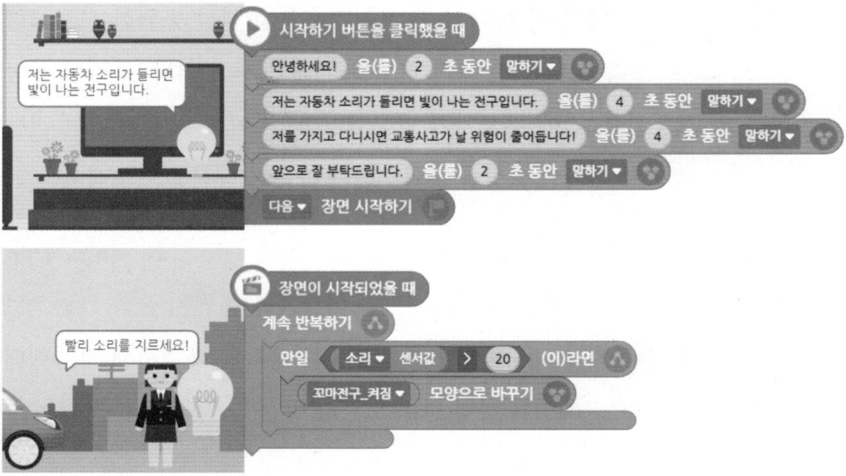

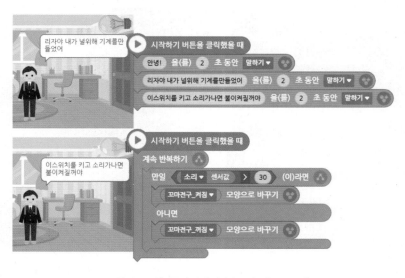

<그림 3-26> 학생들이 실제 작성한 스마트홈 프로그램(1)

<그림 3-27> 학생들이 실제 작성한 스마트홈 프로그램(2)

<그림 3-28> 학생들이 실제 작성한 스마트홈 프로그램(3)

학생들은 모의 장애 체험이나, 장애인이 겪는 어려운 상황을 조사하며 느낀 점을 바탕으로 일상생활에 필요한 프로그램을 만들었다. 리자의 학교생활, 가정, 교통 수단에서의 어려움을 고려하여 소리가 날 때마다 색깔이 바뀌거나 모양이 바뀌는 제품을 설계하여 프로그래밍으로 구현하였다. 장애인이 겪는 곤란한 상황을 개선할 필요성을 스스로 느꼈기 때문에 문제 해결 과정에 적극 참여하는 모습을 보였다.

비장애인 학생들이 장애인이 겪는 어려움에 대해 생각하고, 함께 해결하고자 고민하는 수업은 기술을 통해 따뜻한 사회를 만들어 나가는 움직임의 작은 시작이 될 것이다. 또한 학생들을 상대방의 어려움에 대해 공감하고 수용할 수 있는 마음을 지닌 '감성적 미래 인재'로 양성할 수 있을 것이다.

평가기준 ❯ STEAM 과정 중심 평가

학생들이 만든 장애 스마트홈 프로그램을 발표하면서 과정 중심 평가를 진행하여 보자. 성취기준에 의거하여 다음과 같이 평가기준을 제시할 수 있다.

구분	평가항목	평가기준
교사평가	과학기술 기반 문제 해결력	-센서를 활용한 기술에 대해 탐구하고, 센서를 활용하여 문제를 해결할 수 있는가?
	산출물	-센서를 장착한 피지컬 교구를 바탕으로 프로그램을 설계할 수 있는가? -장애인의 인권을 신장하기 위한 프로그램을 설계할 수 있는가?
동료평가	의사소통, 태도	-자신의 프로그램에 대해 이해하기 쉽게 설명할 수 있는가? -자신감 있는 태도로 발표에 참여하였는가?

교사평가를 진행할 때에는 학생들이 작성한 스마트홈 설계 활동지와 최종적으로 제작한 프로그램을 함께 확인하여 센서를 활용한 프로그램을 설계할 수 있는지를 확인한다. 이때 유의할 점은 프로그래밍의 구조나 블록 설계가 길거나 복잡하다고 해서 좋은 프로그램이 아니라는 것이다. 간단한 프로그램이더라도 센서를 이용해서 장애인을 위한 프로그램을 설계했는지 여부가 주요 평가기준이 되어야 한다. 또 프로그램을 설계하면서 장애인의 어려움에 공감하고, 문제를 해결하기 위해서 과학기술을 사용하는 것임을 명확하게 이해하고 있는지 살펴볼 필요가 있다.

동료평가 진행 시에는 학생들이 앞으로 나와 개별적으로 발표를 하는 방식으로 운영해도 좋고, 자유롭게 돌아다니며 서로의 프로그램을 공유하는 방식으로 운영해도 좋다. 친구들의 프로그램을 살펴볼 때에도, 블록 설계나 프로그래밍에 대한 평가보다는 장애인의 어떤 어려움을 돕기 위해 어떤 프로그램을 설계하였는지 설명할 수 있는 능력을 확인하도록 한다. 친구들의 프로그램을 보면서 자신이 생각하지 못한 방향이나 아이디어를 참고할 수 있는 협력과 공유의 시간으로 운영하는 것이 좋다.

◎ 친구들과 프로그램을 공유하여 봅시다.

친구 이름				
사용한 센서		센서의 역할		
자신의 프로그램에 대해 이해하기 쉽게 설명할 수 있는가?				매우 잘함 / 잘함 / 보통
자신감 있는 태도로 발표에 참여하였는가?				매우 잘함 / 잘함 / 보통
잘한 점				

<그림 3-29> 동료평가지 예시

3.4 감성적 체험

이야기 바꿔 써 보기 노벨 엔지니어링 ⑤

학생들은 청각장애를 겪는 리자를 위한 새로운 이야기를 쓸 수 있다. 우리가 설계한 기술을 바탕으로, 책 속 한 장면을 골라 바꿔 써 보도록 한다. 이야기를 바꾸어 쓸 때도 우리가 설계한 기술, 센서를 바탕으로 문제를 해결하였음을 강조하도록 한다.

<그림 3-30> 학생들이 바꾸어 쓴 리자 이야기

학생들은 리자의 친구 관계나 일상생활에서 일어날 수 있는 문제들을 자신이 설계한 프로그램으로 해결하는 모습을 보였다. 또 학생들이 바꾸어 쓴 이야기에는 장애인을 보다 긍정적으로 이해하는 모습과 도와주고 싶은 마음이 담겨 있었다.

단순히 일회성, 행사성이 강한 장애이해교육보다 이렇게 노벨 엔지니어링 기반 STEAM 수업으로 장애이해교육을 진행하였을 때 학생들이 일상과 사회에서 장애인과 지속적인 상호작용을 할 수 있도록 지원하는 효과가 크다. 학생들이 체험하고, 조사하고, 해결한 모든 점이 이야기 바꿔 쓰기 단계에서 드러나며 배움과 삶이 하나로 연결될 것이다. 이 단계에서 학생들은 장애인과 더불어 살아가는 삶의 방식을 내면화할 수 있다.

평가기준 ▷ STEAM 과정 중심 평가

학생들이 바꾸어 쓴 이야기를 바탕으로 과정 중심 평가를 진행하여 보자. 성취기준에 의거하여 다음과 같이 평가기준을 제시할 수 있다.

구분	평가 항목	평가기준
교사평가	과학기술 기반 문제 해결력	-이야기에 센서를 활용한 문제 해결 방법이 드러나 있는가?
	글쓰기	-장애인에 대한 인권 보장, 봉사 등의 실천 의지가 글쓰기에 드러나는가?
자기평가	몰입, 공감	-문제 상황에 몰입하여, 문제를 해결하기 위해 적극적으로 참여하였는가? -장애인이 겪는 어려움에 공감할 수 있는가?

교사평가를 실시할 때에는 학생들이 바꿔 쓴 이야기가 문제 해결 과정에서 배운 센서를 활용하고 있는지도 중요하지만, 학생들이 장애인을 돕기 위한 실천 의지를 보이는지 유의하여 글을 읽어야 한다. 노벨 엔지니어링 기반 STEAM 수업으로 장애이해교육을 실시한 목적은 책을 활용하여 장애인에 대한 긍정적인 태도, 공감, 이해를 불러오고, 학생들이 직접 기술을 이용하여 문제를 해결해 보는 경험을 통해 장애인에 대한 인식을 개선하는 것이었다. 따라서 학생들이 바꾸어 쓴 이야기에 학생들의 변화한 장애인에 대한 인식과 태도가 드러나 있는지를 중점적으로 평가한다.

3. 다음 기준에 맞게 이야기를 썼는지 스스로를 돌아봅시다.

문제 상황에 몰입하여, 문제를 해결하기 위해 적극적으로 참여하였는가?	매우 잘함 / 잘함/ 보통
장애인이 겪는 어려움에 공감할 수 있는가?	매우 잘함 / 잘함/ 보통

<그림 3-31> '이야기 바꿔 써 보기' 활동에 대한 자기평가 예시

이때 학생들이 스스로 자기평가를 진행할 수도 있다. 스스로 이야기를 바꾸어 쓰면서 자신이 문제 상황에 몰입하여 참여하였는지 돌아볼 수 있다. 또 장애인이 겪는 어려움에 진심으로 공감하였는지, 자신이 느낀 감정을 글쓰기에 담을 수 있도록 한다. 이렇게 노벨 엔지니어링 수업에서는 스스로 알게 된 점, 느낀 점을 담아 이야기를 바꾸어 쓰면서 실천 의지를 되새길 수 있다.

3.5 실천-내면화

노벨 엔지니어링 수업이 끝나고 교실에서 연계하여 실천, 내면화할 수 있는 활동을 소개한다.

장애인식개선 UCC 제작하기

<그림 3-32> 장애인먼저실천운동본부 유튜브 채널

장애인먼저실천운동본부의 유튜브 채널(youtube.com/channel/UCvsxqu3fw94nf39h5Rw7YHA)에 가면 다양한 인식개선 관련 영상이 있다. 이외에도 각 지자체에서 만드는 장애인 인식 개선 캠페인 영상이 많으니

참고용으로 활용할 수 있다. 필자의 학급의 경우에는 장난스러운 말로라도 "장애인 같다." "너 장애인이야?"라고 하지 말자는 의견이 나왔고, 이를 바탕으로 UCC를 만들기도 하였다.

노벨 엔지니어링 수업이 끝나고 이렇게 학급 단위로 실제적인 캠페인에 참여하거나 UCC를 만들어 본다면 학생들의 삶에 배움이 내면화될 수 있는 계기가 될 것이다.

유니버설 디자인 설계하기

유니버설Universal은 '보편적인'이라는 뜻의 영단어로, 유니버설 디자인은 '모두를 위한 디자인'이라는 의미를 담고 있다. '장애 유무와 상관없이 모두가 안전하게 사용할 수 있는 환경을 설계하자'는 취지로, 장애인을 위해서 특별한 배려를 하는 것이 아니라 처음부터 모두를 고려해서 제품이나 환경, 서비스를 설계하는 것을 의미한다. 2020년 유니버설 디자인 공모전 수상작 중 하나를 예로 들자면 '점자형 리모컨'이 있다. 우리가 손쉽게 사용하는 리모컨에는 시각장애인이 정보를 얻을 수 있는 장치가 없다. 이에 시각장애인을 위한 점자를 활용하여 리모컨을 디자인한 것이다.

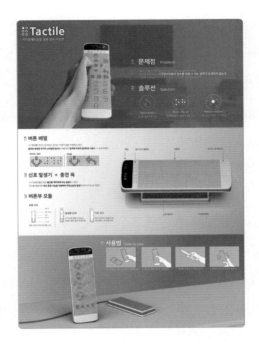

<그림 3-33> 유니버설 디자인 2020 수상작(출처: udcontest.com)

유니버설 디자인을 위한 원칙은 다음과 같다.

1. 누구나 동등하게 사용할 수 있는가?
2. 다양한 환경에서도 자유롭게 사용할 수 있는가?
3. 사용법이 쉬운가?
4. 사용하기 위한 정보를 쉽게 전달하는가?
5. 안전한가?
6. 편리한가?
7. 누구나 접근할 수 있는가?

이런 점들을 고려하여 만들어진 유니버설 디자인 중 실생활에서도 쉽게 볼 수 있는 것으로는 레버식 손잡이, 저상버스, 전동칫솔 등이 있다. 유니버설 디자인은 모든 사람들이 사용하기 편리한 제품 개발에서부터 건축, 도시, 공공 정책까지 폭넓은 영향력을 끼치는 것을 목표로 하고 있다. 이런 노력들이 사회 전반에 당연하게 자리 잡고, 유니버설 디자인에 대해 공부한 학생들이 어른이 된 사회에서는 장애 유무와 상관없이 처음부터 모두를 위한 디자인을 하려고 하지 않을까?

노벨 엔지니어링 수업이 끝나고 실제로 유니버설 디자인 학급 공모전을 개최한다면 학생들의 배움을 실천할 수 있는 계기가 될 것이다. 현재 매년 열리고 있는 유니버설 디자인 공모전은 중고생부터 참여가 가능하니 해당 홈페이지(udcontest.com)를 참고하여 학급 단위의 공모전을 열어 봐도 좋겠다.

그 밖의 활용 가능한 도서

눈을 감아 보렴!

빅토리아 페레스 에스크리바 글 | 클라우디아 라누치 그림 | 조수진 옮김 | 한울림스페셜 | 2016

씻을 때 쓰는 비누를 향기 좋은 돌이라고 말하는 형은 시각장애를 가지고 있다. 나는 눈으로만 세상을 보지만, 형은 피부, 코, 귀로 세상을 바라본다. 엄마는 눈을 감고 형을 이해해 보라고 이야기한다. 형과 동생이 서로 다름을 인정하고 존중하는 과정을 담아낸 책이다.

아빠, 미안해하지 마세요!

홍나리 글그림 | 한울림스페셜 | 2015

아빠는 걷지 못한다. 자전거를 같이 타 주지 못해서, 스케이트를 같이 타 주지 못해서, 미안한 게 많은 아빠. 하지만 아빠와 함께하는 일상이 행복한 딸. 따뜻한 마음과 배려에 관한 이야기로, 더불어 사는 삶에 대한 수업을 할 수 있다.

내게는 소리를 듣지 못하는 여동생이 있습니다

진 화이트하우스 피터슨 글 | 데보라 코간 레이 그림 | 이상희 옮김 | 웅진주니어 | 2011

소리를 듣지 못하는 동생의 이야기를 담담하게 담아내고 있다. 동생을 이해하기 위해 노력하는 것은 물론, 친구들에게도 떳떳하게 동생에 대해 이야기하는 언니의 모습을 보며 더불어 살아가는 마음을 배울 수 있다. 얼굴과, 어깨와, 손으로 자신의 이야기를 하는 동생의 이야기에 다 같이 귀 기울여 보자.

손으로 보는 아이, 카밀

토마시 마우코프스키 글 | 요안나 루시넥 그림 | 최성은 옮김 | 소원나무 | 2018

볼 수 없는 세상을 어떻게 살아갈까? 카밀은 시각장애를 가지고 있지만 축구도 하고 호수에서 미끄럼도 탄다. 책을 읽고 나면 카밀의 눈이 보이지 않아도 우리와 다를 게 없다는 걸 알게 된다. 시각장애를 갖고 있는 친구라도 나와 같이 생활할 수 있다는 깨달음을 준다.

귀 없는 그래요

스테판 세르방 글 | 시모네 레아 그림 | 김현아 옮김 | 한울림스페셜 | 2018

우리가 알고 있는 토끼와 다르게, 귀가 없는 토끼 '그래요'. 그래요를 놀리고 괴롭히는 친구들 때문에 외로워하던 그래요는 더 이상 남들의 시선에 휘둘리지 않겠다는 다짐을 한다. 서로 다름을 인정하고 존중하는 연습을 할 수 있다.

아름다운 나의 소리가 들리나요?

리 페이 후앙 글그림 | 노영주 옮김 | 국민서관 | 2013

귀는 들리지 않지만 세상을 훨씬 폭 넓게 느끼고 있는 소녀 징. 징이 느끼는 소리를 시각화해서 그림으로 나타냈다. 소리가 들리지 않아도 멋지고 즐거운 세상이라고 말하는 징의 모습에서 우리의 편견을 깨달을 수 있다.

모두가 어우러져 하나되는
다문화교육

우리나라를 설명할 때 단일민족이라는 단어는 이제 옛말이 된 지 오래다. 다문화 및 외국인 가정의 증가와 더불어 학생들의 국적과 연령, 특성이 다양해지면서 점점 학생에 따른 맞춤형 교육이 절실해지고 있다. 2019년 기준 우리나라에 거주하는 외국인은 250만 명에 달하고, 다문화 학생 역시 15만 명에 육박한다. 이에 헌법에서도 초중등교육법, 다문화가족지원법, 유엔아동권리협약 등을 통해 다문화 지원의 근거를 마련하고 다양성을 인정하는 다문화사회로 가고자 노력하고 있다. 이렇듯 지난 10여 년 동안 적극적인 인재 유치와 사회 통합망 안전 시스템 구축 등을 통해 다문화정책의 기본 틀을 마련했으나 아직까지는 민족중심주의가 남아 있으며, 사람들의 인식 또한 부족한 논의 속에서 개선되지 못하고 있다.[1]

다문화교육 대상은 외국인 근로자와 자녀, 결혼 이민자와 자녀, 북한이탈주민 등이다. 우리나라의 경우 대체적으로 다문화 학생이 학교에 적응할 수 있도록 돕는 부분은 뛰어나나 모든 학생을 위한 다문화교육은 아직 미미한 실정이다.[2] 따라서 앞으로의 다문화교육은 모든 학생이 문화적 차이를 수용하고 이해하며, 학교에서 조화롭게 생활할 수 있는 다문화 친화적 교육환경을 조성해 주는 쪽으로 진행되어야 한다.[3] 궁극적으로는 다문화 학생이 가진 잠재력과 다양성이 우리 사회의 개방성과 통합성을 높일 수 있는 기반이 되도록 해야 한다. 즉 다문화교육을 기반으로 서로 다른 사람

들이 상호 존중하여 인간의 존엄성을 스스로 지킬 수 있는 교육으로 나아
갈 수 있도록 하는 것이 중요하다. 결국 다문화교육은 다문화 학생만을 위
한 교육이 아닌, 모든 학생들을 위한 교육이라고 할 수 있다.

Banks(1993)에 따르면 다문화교육의 일반적인 구성 요소는 크게 다섯 가
지로 나눌 수 있다고 한다. 첫째는 내용 통합이다. 교과의 내용을 다양한
문화 집단에서 추출하는 것을 이야기한다. 둘째는 지식 구성과정이다. 어
떠한 지식이 형성되는 과정에서 내재되어 있는 문화나 관점, 편견 등이 어
떠한 영향을 미치는지 아는 것이다. 셋째, 편견 감소이다. 학생들이 다양
한 민족과 인종에 대해 긍정적인 태도를 가지는 것을 이야기한다. 넷째는
공평한 교수법으로 교수 과정 중에 다양한 집단의 학습, 문화적 특징을 반
영하는 교수법을 사용하는 것이다. 다섯째는 학교 문화의 재조직이다. 모
든 학생들이 평등한 기회를 가질 수 있는 문화를 만들어 가야 한다.[4]

이러한 과정을 가장 쉽게 만들어 갈 수 있는 것은 바로 STEAM 수업이다.
교과의 내용을 재구성하고 통합하며, 다양한 관점을 융합적으로 구성할
수 있는 여지가 충분하다.[5] 또한, 동화를 이용한 다문화교육은 학생들의
개방성, 수용성, 다양성 등 다문화에 대한 태도를 긍정적으로 발달시키는
효과가 있는 것으로 나타나기도 하였다.[6]

노벨 엔지니어링 기반 STEAM 수업을 통해 학생들이 온몸으로 받아들이
는 다문화 수업을 시작해 보자.

4.1   수업 돋보기

이 수업을 통해 학생들이 다문화사회에 대한 개념을 알고, 서로 다른 문화

에 대한 이해를 높여 모두의 다양성을 존중할 수 있도록 하는 것에 중점을 둔다. 다문화, 이주, 탈북 가정에 대한 단순한 자민족 중심주의의 동정 시선에서 벗어나 서로 다른 배경에서 같은 문화를 향유하고 있다는 문화민족정체성을 강조하는 것이 중요하다. 다문화사회와 관련된 책과 조사 활동, 산출물 제작 등을 통해서 이상적인 다문화사회에 대해서 고민하게 된다. 이 과정에서 학생들은 편견을 버리고 통합된 사회 공동체로 가는 경험을 하게 될 것이다.

성취기준

`4도 03-02` 다문화사회에서 다양성을 수용해야 하는 이유를 탐구하고, 올바른 의사결정과정을 통해 다른 사람과 문화를 공정하게 대하는 태도를 지닌다.

`9도 03-02` 보편 규범과 문화 다양성의 관계를 이해하고, 이를 바탕으로 문화적 차이와 다름을 존중하는 등 다양성을 긍정하는 자세를 지닐 수 있다.

`4사 04-06` 우리 사회에 다양한 문화가 확산되면서 생기는 문제 및 해결 방안을 탐구하고, 다른 문화를 존중하는 태도를 기른다.

`6사05-04` 민주적 의사 결정 원리(다수결, 대화와 타협, 소수 의견 존중 등)의 의미와 필요성을 이해하고, 이를 실제 생활 속에서 실천하는 자세를 지닌다.

`6사08-03` 지구촌의 평화와 발전을 위협하는 다양한 갈등 사례를 조사하고 그 해결 방안을 탐색한다.

9사 04-01 다양한 기준으로 문화 지역을 구분해 보고, 지역별로 문화적 차이가 발생하는 이유를 지역의 자연환경, 경제·사회적 환경의 관점에서 파악한다.

4국 05-04 작품을 듣거나 읽거나 보고 떠오른 느낌과 생각을 다양하게 표현한다.

수업 흐름

STEAM 수업의 핵심인 창의적 설계에서는 VR과 메이커 활동을 다룬다. 해당 활동의 목적은 다양성의 포용과 더불어 세계시민이 될 수 있는 발판을 마련해 주는 것이기에 '다문화' 주제의 도서라면 모두 적용이 가능하다. 최종적으로는 VR을 이용하여 이상적인 다문화사회를 소개하는 박람회를 개최해 보도록 한다. 이 과정에서 다문화와 관련된 문제에 주인의식을 느끼고 차별과 편견을 해소하려는 실천 의지를 되새길 수 있다.

차시	STEAM 준거 틀	노벨 엔지니어링 수업 단계	활동
1~2차시	상황 제시	①책 읽기 ②문제 인식	-책 읽기 -편견 일기 쓰기
3~6차시	창의적 설계	③해결책 설계 ④창작물 만들기	-VR 알아보고 조사하기 -VR 도구 CoSpaces Edu 체험하기 -VR 다문화 박람회 개최하기 (평가)
7차시	감성적 체험	⑤이야기 바꿔 쓰기	-이야기의 결말 바꿔 쓰기 (평가) -느낀 점 공유하기

4.2   상황 제시

책 읽기: 《세계 시민 수업 9 다문화 사회》 노벨 엔지니어링 ①

세계 시민 수업 9 다문화 사회

윤예림 글 | 김선배 그림 | 풀빛 | 2020

세계는 이주민을 둘러싼 갈등으로 신음을 앓고 있다. 유럽은 그간 추진했던 다문화정책의 실패를 선언했고, 지구 곳곳에서 민족 간 분쟁이 끊이지 않고 있다. 그러나 우린 앞으로 어느 나라에서든 다양한 배경을 가진 여러 사람들과 어울려 살아갈 수밖에 없다. 건강한 사회를 만들어 나가기 위하여 다문화사회를 바라보는 우리의 편견을 먼저 들여다보고 우리가 다양성을 인정할 수 있는 사회를 만들기 위한 역할을 고민해 보자.

제시된 도서는 현실의 여러 사례를 몇 가지 주제로 풀어낸 책이다. 책에서는 다문화사회와 다양성, 민족주의, 이주노동자, 다문화가족, 모자이크 사회, 건강한 다문화사회의 6가지 이야기를 작은 주제로 나누어서 설명한다. 우리가 가진 편견을 지적하고 이를 깰 수 있도록 경종을 울리는 이야기들이다. 내용은 크게 어렵지 않기 때문에 5~6학년 대상으로 2차시 정도의 시간을 준다면 충분히 읽을 수 있다. 초등 고학년~중학생을 대상으로 추천하나, 주요 활동인 VR에 관련한 컴퓨터 기초 소양이 어느 정도 갖취진다면 3~4학년도 이 책을 활용하여 수업을 진행할 수 있다.

학생들에게 총 6가지의 주제 중 자신이 원하는 주제를 탐구하도록 안내할 것이다. 책을 전부 읽어 보고 자신이 마음에 드는 부분을 선택해도 되고, 모두 같은 부분을 읽고 같은 주제로 조사해도 된다. 또는 모둠별로 주제를 정해 주고 조사하도록 해도 좋다. '다문화사회 속 편견과 어려움' 활동을 통해 조사 주제를 더 이해하고 공감할 수 있기 때문에 읽기 전-중 활동으로 연결 지어 진행해 볼 것을 추천한다.

학생들 스스로가 가지고 있는 편견을 깰 수 있도록 도와주어야 한다. 4학년 사회, 도덕 교과의 다문화 관련 내용과 관련해 수업할 수 있으며 중학교 1학년의 사회, 도덕과도 연결 지어 수업이 가능하다. 학생들이 자신들이 가진 편견을 하나씩 바꿔야 한다는 것을 깨달을 때, 이를 바꿀 수 있는 내재적 동기가 싹튼다.

문제 인식 `노벨 엔지니어링 ②`

편견 일기 쓰기

'편견 일기 쓰기' 활동은 자신의 일상 속 고정관념을 다시 한번 숙고하는 활동이다. 우리는 우리도 모르는 사이에 다른 피부색이나 문화를 가진 사람들에 대해 편견을 가지고 있다. 이 프로그램의 최종 목표는 서로 다른 문화를 가지더라도 존중할 수 있는 마음을 가지는 것이다. 학급에 다문화 학생이 많은 경우에도 통합적인 학급 분위기를 만들 때 활용할 수 있다. 해당 활동지는 읽기 전, 중, 후로 나눠져 있다. 읽기 전에 먼저 외국인이나 다문화 가족을 생각했을 때 자연스럽게 떠오르는 느낌이나 이미지를 그림, 단어, 마인드맵 등으로 자유롭게 표현하도록 한다. 이후 책을 읽고 나서 자신의 생각이 바뀐 부분을 쓸 수 있도록 한다. 그리고 자신의 편견으로 인해 다문화 가족이 가질 어려움에 대해서 상대의 입장에서 생각해 본다. 최종적으로는 책 속 인물의 입장에서 일기를 써 봄으로써 문제 해결에 대한 실천 의지를 다질 수 있다.

이때 편견을 끌어내기 위해서는 먼저 글쓰기를 시도하기보다, 학생들끼리 편하게 이야기하는 시간을 먼저 가진 후 이야기한 내용을 글로 옮겨 보도록 하는 것이 좋다. 자유롭게 자신의 생각을 표현해 보는 활동이므로 제한을 두지 않고 많은 생각을 떠올릴 수 있도록 유창성에 중심을 두고 진행한다. 초등학생의 경우에는 오히려 어른들보다 편견이 적으므로 교사가 억지로 편견을 주입할 필요는 없으며 학생들의 경험이나 이야기를 진솔하게 들어 주는 시간으로 운영하는 것이 좋다.

다문화 사회 속 편견과 어려움

〈읽기 전〉 우리가 생각하는 외국인과 다문화 가족에 대한 모습을 써 봅시다. (단어, 그림 가능)

〈읽는 중〉 다문화 가족에 대한 편견과 변화 내용을 적어봅시다.

편견	변화 내용

〈읽은 후〉 우리가 가지고 있었던 편견과 그 편견으로 인해 다문화 가정이 어떤 어려움을 겪을지 써 봅시다.

편견	
어려움	

〈읽은 후〉 다문화 가족의 입장(책 속의 인물)이 되어 느꼈던 것을 일기로 표현해봅시다.

<그림 4-1> '다문화사회 속 편견과 어려움' 활동지

> 외국인은 눈 색깔이 다르고 톤(말할때의 톤)도 다르고 피부색이나 머리카락 색깔도 다른것
>
> 다문화 가족은 우리나라의 엄빠(엄마,아빠)나 다른 나라의 엄빠가 결혼해서 아이를 낳는것

> 서로 달라 이해하는데 오래걸릴것 같다
>
> 의식주가 비슷하면서도 다르다

<그림 4-2> 학생들이 생각하는 외국인과 다문화 가족의 모습

책을 읽으면서 미리 적어 두었던 편견 중 책에 나온 사실을 통해 자신의 생각이 새롭게 바뀌었다면, 이를 기록하도록 한다. 학생들은 자신과 친구들이 가진 편견을 통해 사고의 틀을 한 단계 발전시킬 수 있다.

편견(예)	변화 내용
외국인은 범죄를 많이 일으킨다.	한국인의 범죄 발생 비율이 두 배 정도 높다.
한국인은 한민족의 혈통과 한국말을 사용해야 한다.	대한민국 국적을 가진 사람이다.
피부색이 다른 아이들은 한국어를 잘하지 못한다.	피부색이 달라도 한국에서 태어난 사람이 많다.
외국에서 들어온 노동자는 힘들고 어려운 일을 한다.	많은 분야에서 외국인이 활약하고 있다.

<표 4-1> 다문화가족에 대한 편견과 변화 내용 교사 예시

편견	변화 내용
피부색이 다르다.	피부색이 달라도 한국사람이다.
한국어를 잘 못한다.	한국어를 잘할 것 이다.
냄새가 난다.	향기가 난다.
못생겼다.	잘생기고 예쁘다.

편견	변화 내용
외국인은 한국말 이상하게 한다	외국인도 잘하는 사람은 한국사람보다 잘하는 사람도 있다
우리와 달라 이상하다	알아보다 보면 비슷한 점도 있다
외국인은 놀려도 된다.	외국인도 우리와 똑같기 때문에 놀려선 안된다.

<그림 4-3> 학생들이 실제 작성한 다문화 가족에 대한 편견과 변화 내용

이제 학생들은 스스로 가진 편견을 돌아보고, 인물의 입장에서 그 편견 때문에 생긴 아픔을 공감하기 위한 일기를 써 볼 것이다. 해당 활동은 인물로부터 시작하면서 동시에 다문화교육의 주체이자 객체의 입장에서 쓰는 것이므로 진지하게 참여할 수 있도록 분위기를 조성한다.

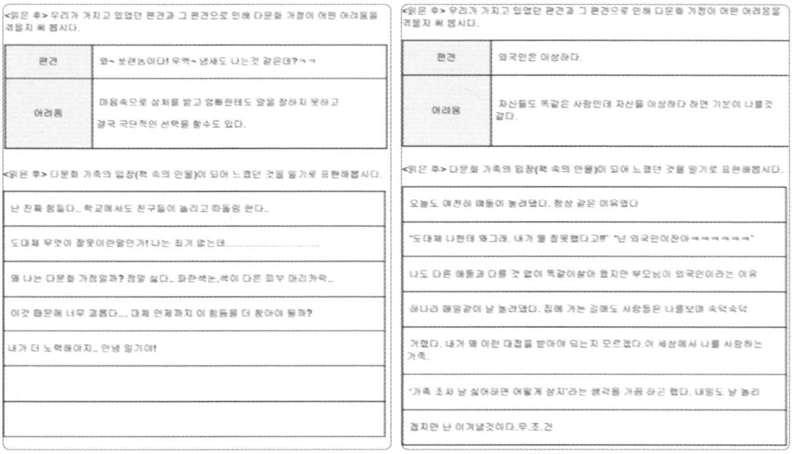

<읽은 후> 우리가 가지고 있었던 편견과 그 편견으로 인해 다문화 가정이 어떤 어려움을 겪을지 써 봅시다.

편견	와~ 보라눈이다! 우엑~ 냄새도 나는것 같은데?ㅋㅋ
어려움	마음속으로 상처를 받고 엄빠한테도 말을 잘하지 못하고 결국 극단적인 선택을 할수도 있다.

<읽은 후> 다문화 가족의 입장(책 속의 인물)이 되어 느꼈던 것을 일기로 표현해봅시다.

난 진짜 힘들다.. 학교에서도 친구들이 놀리고 따돌림 한다..
도대체 무엇이 잘못이란말인가! 나는 죄가 없는데............
왜 나는 다문화 가정일까? 정말 싫다.. 파란색눈,색이 다른 피부 머리카락..
이것 때문에 너무 괴롭다.... 대체 언제까지 이 힘듦을 더 참아야 될까?
내가 더 노력해야지.. 안녕 일기야!

<읽은 후> 우리가 가지고 있었던 편견과 그 편견으로 인해 다문화 가정이 어떤 어려움을 겪을지 써 봅시다.

편견	외국인은 이상하다.
어려움	자신들도 똑같은 사람인데 자신을 이상하다 하면 기분이 나쁠것 같다.

<읽은 후> 다문화 가족의 입장(책 속의 인물)이 되어 느꼈던 것을 일기로 표현해봅시다.

오늘도 여전히 애들이 놀려댔다. 항상 같은 이유였다
"도대체 나한테 왜그래. 내가 뭘 잘못했다고!!" "넌 외국인이잖아ㅋㅋㅋㅋㅋㅋ"
나도 다른 애들과 다를 것 없이 똑같이살아 왔지만 부모님이 외국인이라는 이유
하나라 매일같이 날 놀려댔다. 집에 가는 길에도 사람들은 나를보며 숙덕숙덕
거렸다. 내가 왜 이런 대접을 받아야 되는지 모르겠다.이 세상에서 나를 사랑하는 가족.
"가족 조차 날 싫어하면 어떻게 살지"라는 생각을 가끔 하곤 했다. 내일도 날 놀리
겠지만 난 이겨낼것이다.우.조.건

<**그림 4-4**> 다문화사회 속 편견과 어려움에 이입한 학생들의 모습

학생들은 스스로 가지고 있던 다문화 가족에 대한 편견을 하나씩 고쳐 보며, 책 속 주인공의 입장을 깊이 있게 이해하는 모습을 보였다. 우리와 다른 외양을 가졌다고 자신도 모르게 품고 있던 편견을 반성하기도 하였다.

이렇게 학생들이 다문화가족의 어려움에 공감하고, 관련된 책 속 상황을 통해 자신의 문제로 인식하였을 때 STEAM 수업을 위한 상황 제시가 충분히 되었다고 할 수 있다. 만일 학생들이 다문화 학생의 입장을 실제로 겪지 않아 충분히 공감하지 못할 경우, 편견과 차별에 관한 다양한 영상물을 활용하여 다른 입장에서 상황을 바라볼 수 있도록 도와주면 좋다.

4.3   창의적 설계

해결책 설계 `노벨 엔지니어링 ③`

VR 알아보고 조사하기

본격적으로 VR로 수업을 하기 전에 VR에 대해 간단히 알아보는 시간이
필요하다. VR의 경우 미디어에 곧잘 노출되어 알고는 있지만, 정확하게
모르는 경우도 있으므로 그 자세한 내용에 대해 알려 주는 것이 좋다. VR
기술에 대한 이해를 바탕으로 미래에 활용할 수 있는 분야를 구상할 수 있
도록 관련 영상을 보여주고 스스로 정보를 탐색할 수 있도록 한다. 정보
를 찾아보는 과정에서 VR의 활용 사례나 장단점을 자연스레 접하게 된다.
먼저 영상을 통해 대략적인 정보를 전달하고, 동기유발을 하는 것도 좋다.
정보를 조사하는 활동지의 경우 기술적인 것보다 개념과 사용처를 중심
으로 알아보도록 구성한다.

배 . 경 . 지 . 식 .

VR Virtual Reality은 컴퓨팅 시스템과 그래픽 기술을 이용하여 가상의 세계를 만든 것이
다. 실제와 비슷하지만 실제가 아닌 인공적인 현실을 의미한다. 일반적으로 가상현실
은 헤드 마운티드 디스플레이 Head Mounted Display, HMD를 착용하면 체험할 수 있다. 아직
까지 완전히 현실과 비슷한 가상현실은 구현하기 어려우나 3D 모델링 프로그램을 이
용하여 그래픽 기반의 가상현실은 만들어낼 수 있다. 게임에서 가장 폭넓게 도입되고
있으나 그 외 의학에서의 수술과 해부 연습, 비행조종훈련, 교육 등 다양한 분야에서
쓰이고 있다.

>   [참고 영상: 'VR과 AR의 차이는?'(youtu.be/11l6ly2Hu3Y)]

VR 알아보기

1. VR이란 무엇입니까? VR이 무엇인지 써 주세요.

| |
| |

2. VR을 활용할 수 있는 곳은 어떤 곳이 있습니까?

번호	활용사례
1	
2	
3	
4	

3. VR을 활용한다면 어떤 장점이 있습니까?

번호	활용사례
1	
2	
3	

<그림 4-5> 'VR 알아보기' 활동지

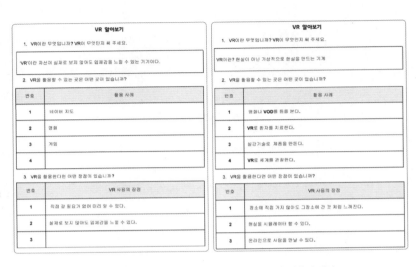

<그림 4-6> 학생들이 직접 조사해서 적은 VR의 정의, 활용처, 장점

학생들은 VR에 대해 조사하며 활용될 수 있는 분야에 대해서도 자연스럽게 구상하는 모습을 보였다. VR의 경우 워낙 활용 가능성이 무궁무진하며 여러 분야에서 폭넓게 사용될 수 있으므로 학생들과 그 사용처를 공유해 보고 미래에 어떻게 적용될 것인지에 대해 함께 이야기해 보는 시간을 잠시 가져도 좋다. 우리가 지향하는 다문화사회에 대해 담고 싶은 내용을 VR로 구현하는 이유도 많은 사람들에게 실감나게 전달할 수 있기 때문임을 강조하여 주자.

창작물 만들기 노벨 엔지니어링 ④

VR 도구 CoSpaces Edu 체험하기

코스페이시스 에듀CoSpaces Edu는 독일에서 만든 교육용 VR 메이킹 도구이다. VR/AR 세계를 블록형 코딩으로 손쉽게 구현할 수 있다는 장점을 가지고 있다. 먼저 코스페이시스 에듀(cospaces.io/edu)로 접속하여 보자.

반드시 Chrome 브라우저로 접속해야 한다. 홈페이지 중간의 [Get Started for FREE]를 선택하면 가입할 수 있다. 교사의 경우 [교사]를 선택하여 미리 가입해 두어야 하며 학생도 가입해야 사용 가능하다. Apple, Google, Microsoft 계정으로 가입할 수 있다. 교사가 먼저 가입하고 메일을 통해 인증하면 내 학급을 만들 수 있다. 학생들은 교사가 주는 코드를 통해 가입하면 된다. 따라서 다음 절차를 통해 미리 학급을 만들어 두도록 하자.

<그림 4-7> 코스페이시스 에듀 홈페이지

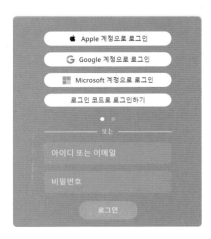

<그림 4-8> 가입과 로그인 화면

학급을 만든 뒤에는 [내 학급] 메뉴에서 [+과제 만들기]를 통해 미리 과제
를 제시할 수 있다. 과제를 만들어 두고 학생을 초대하면 학생들이 바로
과제에 접속하여 프로젝트를 할 수 있게 된다.

<**그림 4-9**> 코스페이시스 에듀에서 과제 만들기

[학급 만들기]를 통해 학급을 생성하면 초대 코드가 생성된다. 학생들은
이 초대 코드를 통해 접속할 수 있다. 맨 처음 홈페이지의 [Get Started for
FREE]로 들어가서 학생을 선택하고 코드를 입력하면 된다. 그 뒤 마찬가
지로 Apple, Microsoft, Google 계정을 입력하거나 아이디를 새로 만들어
접속할 수 있다. 코드를 알맞게 입력했다면 바로 [내 학급]에서 선생님이
개설한 학급으로 들어가 과제 등을 볼 수 있게 된다.

<그림 4-10> 학생 코드 입력 화면

교사가 과제를 생성해 두었다면 학생들은 바로 과제를 클릭하여 VR을 만
드는 공간으로 들어갈 수 있다. 과제를 생성하지 않았더라도 과제가 아닌
[프리플레이freeplay]를 선택하여 [+코스페이스 만들기] 실행이 가능하다.
[프리플레이]에는 [Welcome to Cospaces Edu]라는 이름으로 튜토리얼도
준비되어 있으니 배울 때 이를 활용 가능하다(edu.cospaces.io/LAR-ZHY에
서 한국어를 지원한다).

마우스 좌클릭	스페이스 바+좌클릭	휠 돌리기	오브젝트 클릭+V
(시점 이동)	(이동)	(줌인/줌아웃)	(가운데로 이동)
두 손가락 이용	한 손가락 이용	핀치 동작	

<그림 4-11> 코스페이시스 에듀 기본 조작

만들기를 시작하면 카메라 모양의 오브젝트가 있다. 이 카메라 오브젝트
는 VR 사용자의 시점이 되는 곳이다. 화면 오른쪽 위 ▶ 을 클릭하면 카
메라의 시점에서 체험해 볼 수 있다. 카메라의 시점에서는 VR을 이용하거
나 방향키 또는 키보드 W, A, S, D 키를 이용하여 움직일 수 있다.

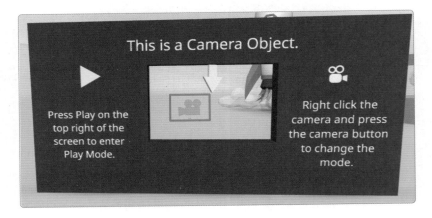

<그림 4-12> 카메라 오브젝트 설명

물체를 놓는 방법은 간단하다. 화면 하단의 ⊞ 버튼을 누르면 여러 라이
브러리를 사용할 수 있다. 사람 모양부터 시작해 다양한 물체가 있으며 업
로드를 통해 자신이 원하는 이미지를 넣을 수도 있다. 무료 버전을 사용
할 경우 업로드 가능한 이미지는 10개까지이며 오브젝트 역시 사용할 수
있는 종류에 제한이 있다. 그러나 무료 버전으로 충분한 상황을 만들어 낼
수 있다.

<그림 4-13> 체험판 계정 활성화하기(COSTEAM 입력)

그래도 프로로 업그레이드하고 싶다면, 교사용 계정 메뉴에서 가능하며 30계정 기준으로 1년에 180달러 정도이다. 또는 체험판 코드 'COSTEAM'을 입력하면 4주간 무료로 사용이 가능하다. [내 계정] → 하단의 [프로로 업그레이드 하기] → [체험판 활성화하기] → COSTEAM 입력 후 확인을 누르면 된다.

이제 들어가서 조작법을 익혀 보자. 오브젝트를 클릭하면 네 가지 조작이 가능하다. 첫 번째 축을 기준으로 회전, 위치, 높이, 크기를 조절한다.

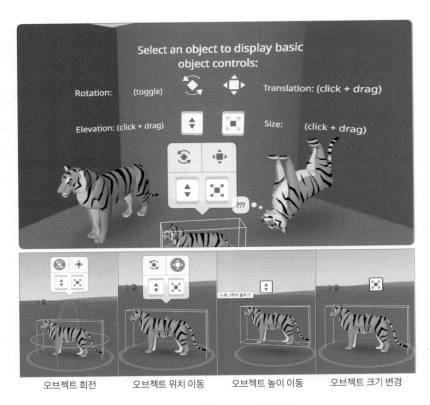

<그림 4-14> 코스페이시스 에듀 조작법 설명

[오브젝트 회전]에서는 해당 메뉴를 클릭하면 생기는 4개의 원 중, 돌리고 싶은 방향의 원을 클릭한 상태로 드래그하면 오브젝트를 해당 방향으로 돌릴 수 있다. [오브젝트 위치 이동]의 경우에는 메뉴를 클릭하지 않더라도 그냥 오브젝트를 클릭 앤 드래그하는 것으로 바닥과 수평으로 움직이는 게 가능하다. 그러나 메뉴를 클릭하면 오브젝트의 x축, y축, z축 방향으로 화살표가 생기면서 다양한 방향으로 움직이게 할 수 있다.

오브젝트의 높이나 크기를 바꿀 때에는 메뉴를 클릭한 채로 드래그해서 사용한다. [오브젝트 높이 이동]의 경우 오브젝트 기준의 위치 이동 메뉴와 다르게 바닥과 수직으로 이동시킬 수 있다. [오브젝트 크기 변경] 메뉴는 클릭한 채로 위쪽으로 드래그하면 크기가 커지고, 아래쪽으로 드래그하면 크기가 작아지므로 다양하게 크기를 변형하여 이용할 수 있다. 학생들에게 일일이 설명하는 것보다 4가지 메뉴 조작을 시범으로 보여주고 각자 직접 동작해 보도록 하면 어렵지 않게 익힐 수 있다.

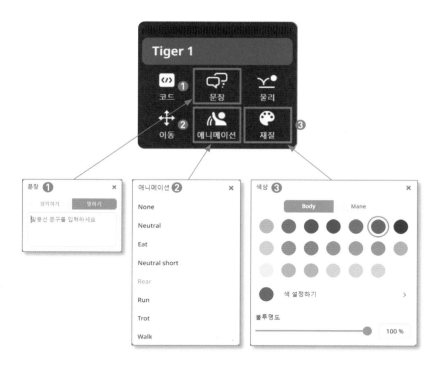

<그림 4-15> 오른쪽 클릭 메뉴 중 [문장], [애니메이션], [재질] 화면

또한 오브젝트 위에서 마우스 오른쪽 버튼을 클릭하면 오브젝트에 행동을 지정할 수 있다. [문장]은 해당 오브젝트가 무언가를 말할 수 있도록 하는 것이고, [물리]는 오브젝트에 무게를 적용하여 다른 오브젝트와의 충돌

이나 움직임을 만든다. [이동]은 x, y, z 좌표를 기준으로 정교하게 위치를 지정할 때 사용하고, [애니메이션]에서는 이미 지정된 움직임을 만들어 줄 수 있다. [재질]의 경우 오브젝트의 색이나 불투명도를 지정할 수 있다.

또한 [코드]를 선택하면 블록 기반의 코드를 이용하여 물체의 움직임이나 조건에 따른 여러 동작을 지정할 수 있다. 해당 기능을 원활히 사용하기 위해서는 기존에 엔트리와 같은 블록 프로그래밍을 익힌 경험이 필요하다. 따로 여기서 움직임을 위해 배우기 위해서는 최소 2차시 이상이 추가로 필요하게 된다. 따라서 여기서는 사용하지 않는다. 다양한 오브젝트 배치와 함께 애니메이션 정도만 잘 사용해도 좋은 화면을 완성할 수 있다.

간단한 조작법을 알려 주기만 해도 학생들은 여러 오브젝트와 행동을 추가하여 VR을 구현할 수 있다. 모르는 것은 이것저것 클릭하며 스스로 조작법을 익힐 것이다. 이렇게 학생들의 흥미와 호기심을 충족시켜 주는 STEAM 수업에서 학생들은 수업을 주도하고 스스로 끌어 가는 모습을 보인다.

다문화 박람회 개최하기

코스페이시스 에듀를 활용하여 다문화 박람회를 개최해 볼 것이다. 박람회의 내용은 다문화 현황 소개, 인식 개선, 편견 타파 등 학생들이 자유롭게 정할 수 있도록 한다. 곧바로 시작하기에는 어려움이 따르므로, 활동지를 준비하여 원활하게 기획할 수 있도록 도와주자.

다문화 박람회 개최하기

1. 다문화 박람회 VR의 형태를 정해봅시다. (상황극, 박물관 등)

2. 다문화 박람회 VR의 주제를 정해봅시다.

> 다문화 현황, 인식 개선, 편견 타파, 우리 주위의 이야기, 기타(　　　)

3. 박람회 VR에 들어갈 대사 또는 설명을 정리하여 봅시다.

4. VR로 표현될 이상적인 모습을 스케치하여 봅시다.

<그림 4-16> 다문화 박람회 준비 활동지

학생들에게 먼저 박람회의 형태와 주제를 정한 뒤, VR의 구체적인 모습을
시각화해 보도록 한다. 코스페이시스 에듀에서 박람회장을 꾸미고자 할
경우 벽을 세우고 원하는 이미지를 업로드하여 환경을 꾸밀 수 있다. 또는
바람직한 다문화사회 발전 방안에 대해 꾸미고자 하는 학생들은 다른 오
브젝트와 대화를 이용할 수도 있다.

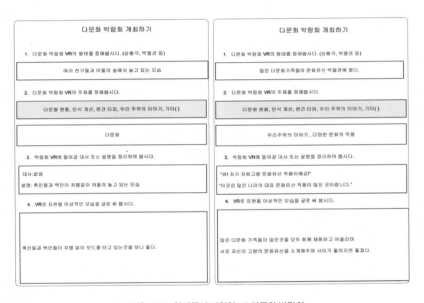

<**그림 4-17**> 학생들이 기획한 VR 다문화 박람회

학생들은 지향하는 다문화사회를 상상하며 VR로 구현할 박람회를 기획
하였다. 피부색이 다르더라도 함께 어울리는 모습을 구상하거나, 각자
의 문화 유산을 소개해 주며 상호 이해도를 높이는 모습을 생각하기도 하
였다.

<그림 4-18> 학생 과제 접속 화면과 박람회장 꾸미기 화면

교사가 미리 과제로 설정한 [내 학급]의 과제 모음에 접속하여 본격적으로 박람회장 꾸미기를 진행한다. 학생들은 다양한 방법으로 자신만의 박람회(전시회)장을 꾸밀 수 있다. VR은 현실에 기반한 모습으로 만들어지지만 물리적 한계가 존재하지 않으니 얼마든지 상상력을 펼칠 수 있다. 그렇지만 어려워하는 학생들에게는 일반적인 방법으로 [라이브러리]에 있는 벽을 배치하고 인터넷에서 사진을 내려 받아 [업로드]에 있는 이미지 업로드 기능을 이용하여 오브젝트로 하나씩 배치하는 방법을 안내해도 좋다.

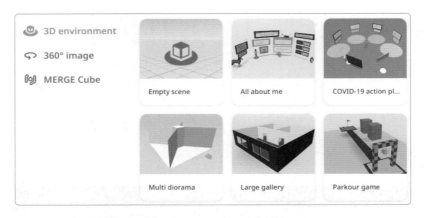

<그림 4-19> 박람회장 꾸미기 테마 사용

그리고 과제가 아닌 [프리플레이]에서 기존의 테마를 이용하여 쉽게 만드는 것도 가능하다. 프로 버전(체험판)의 경우 기존의 테마가 있으니 이를 변형하여 사용하자. 또한 코스페이시스 박물관 관련 영상을 검색하여 다른 사람들이 만들어 둔 작품의 동영상을 참고해도 좋다.

<그림 4-20> 교사 계정에서 공유 허용하는 방법

혹 이를 협업하여 진행하고 싶다면, 교사가 과제를 생성할 때 협업 과제로 설정하면 된다. 처음 [내 학급] → [과제 만들기]에서 과제를 설정할 때 학생들 간 공동작업을 하도록 하는 것이 가능하다. 학생 수가 많으면 오히려 복잡할 수 있으니 두세 명 정도가 적당할 것이다.

<그림 4-21> 학생들이 실제 개최한 다문화 박람회의 모습

학생들은 다양한 내용을 VR로 구현하였다. 피부색과 상관없이 함께 공을 던지고 자전거를 타는 모습을 만들기도 하였고, 실제로 다문화에 대한 정보를 수집하여 박람회를 구성하기도 하였다. 또 각자의 문화 유산에 대해 공유하는 모습을 구현하고 더 나은 다문화사회로 발전하자는 의지를 담기도 하였다. 학생들이 원하는 바를 오브젝트, 애니메이션, 문장 등으로 구성할 수 있다는 점에서 VR은 효율적인 수업 도구가 될 수 있다.

<그림 4-22> 코스페이시스 에듀에서 자기 작품 공유하기

학생들이 산출물을 완성하면 자신의 작품을 공유할 수 있도록 도와주자. 학생들의 작품을 공유하기 위해서는 먼저 교사의 [계정 관리]에서 학생들의 공유를 풀어 주어야 한다. 그럼 학생들의 제작 화면에 공유 버튼이 생겨 공유가 가능하다. 생성된 공유 링크를 웹 브라우저의 주소창에 복사하여 입력하면 다른 사람의 PC에서 바로 볼 수 있고, 공유 코드나 QR코드를 이용하면 스마트기기에서 바로 볼 수 있다.

<그림 4-23> 구글 카드보드와 코스페이시스 에듀(CoSpaces Edu) 애플리케이션 설치 화면

작업을 완료하면 [▶] 버튼을 클릭해 확인하고, 필요하다면 수정하자. 완전히 완성되면 스마트기기를 통해 VR을 체험해 볼 수 있다. 가장 좋은 방법은 구글 카드보드를 이용하는 것인데, 이를 활용하면 원근감 있는 VR을

볼 수 있다. 카드보드를 교구로 구비하지 못한 경우에는, 스마트폰을 카메라 삼아 그냥 보는 것도 가능하다.

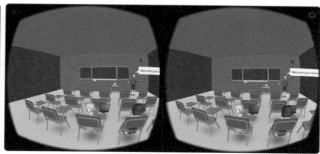

<그림 4-24> 코스페이시스 VR 모드 예시(왼쪽-스마트폰, 오른쪽-구글 카드보드)

스마트폰으로 코스페이시스 에듀 애플리케이션을 내려 받은 후에 로그인을 하면 자신의 작품을 수정하고 재생할 수 있다. 작품을 재생하면, 움직이면서 보거나 VR 모드로 볼 수 있다. PC의 코스페이시스 에듀에서 자신의 아이디를 누르면 로그인 코드를 통해 편리하게 로그인이 가능하다. 해당 학급방에서 친구들이 공유한 프로그램을 하나씩 살펴보도록 하자.

가상현실을 이용한 교육은 시청 그 자체로도 사용자의 현실이 강화되기에 현실 다문화사회의 다양성을 받아들이는 데 효과적이다. 더욱이 노벨 엔지니어링 기반 STEAM 수업에서는 스스로 해결책을 제시하고 설계한다는 점에서 더욱 그 효과가 크다. 이 활동에서 학생들은 자신이 직접 찾은 자료를 재구성하여 새로운 콘텐츠를 만들면서, 스스로의 행동을 강화하거나 태도를 바꿀 수 있다. 즉, 이상적인 다문화사회를 만드는 경험을 통해 이상적인 다문화사회로 이행하는 존중의 태도를 가질 수 있는 것이다.

> **평가기준** ▶ STEAM 과정 중심 평가

학생들의 다문화 박람회 개최 과정을 지켜보며 다음과 같은 평가를 진행할 수 있다.

구분	평가 항목	평가기준
동료평가	산출물	- 작품이 성의 있게 제작되었는가?
	몰입	- 전달하고자 하는 메시지가 주제에 알맞게 구성되어 있는가?
	협력	- 모둠이 서로 협력하여 작품을 제작하였는가?

동료평가를 진행하되 산출물을 시각적으로 평가하기보다는 다문화사회를 잘 나타내고 있는지에 중점을 두고 친구들의 작품을 자세히 살펴보도록 한다. '다문화'라는 주제에 대해 생각해 볼 수 있는 계기가 되도록 해야 할 것이다. 작품을 만들기 전에 동료평가를 고지하고 해당 기준을 미리 알려 주는 것도 학생들의 주제 이탈을 방지하는 좋은 방법이 될 수 있다. 작품 안에 전달하고자 하는 메시지가 협력적인 방향으로 담길 수 있도록 수업의 분위기를 유도해 주면 좋다.

다문화 박람회 둘러보기(동료평가)

학년   반   이름

1. **친구들의 작품을 보고 평가하여 봅시다.**

제작자	
주제	

평가내용	평가(◎, ○, △)
1. 바람직한 다문화의 주제에 맞게 제작되었는가?	
2. 전달하고자 하는 메시지가 잘 드러나 있는가?	
3. 모둠이 협력하여 콘텐츠를 충실하게 제작되었는가?	

<그림 4-25> 다문화 박람회 동료평가 예시

4.4   감성적 체험

이야기 바꿔 써 보기   노벨 엔지니어링 ⑤

이제 학생들은 새로운 다문화사회에 대해 이야기를 쓸 수 있다. 본인이 만들고 생각한 것을 토대로 이상적인 다문화사회에 대한 이야기를 이전의 이야기에 덧붙여서 쓸 수 있도록 한다. 설명하는 방식의 책인 경우 편지글, 역사서 등 다양한 형태의 글로 표현해 보는 것도 가능하다.

노벨 엔지니어링의 마지막 활동인 이야기 바꿔 쓰기 단계를 통해 학생들은 직접 VR을 통해 만들어 낸 다문화 사회의 모습을 글로 재구성할 수 있다. 자신이 기술로 구현해 낸 모습을 공유하면서, 어려운 현실일지라도 우리의 노력과 실천을 통해 변화를 가져올 수 있음을 스스로 느낄 수 있도록 돕는다. 이 수업은 공학적 문제 해결보다 VR을 활용하여 현실 문제를 해결할 수 있다는 의지를 가지게 하는 것에 목적이 있으므로 해당 활동을 진행하며 일련의 수업 과정을 잘 떠올릴 수 있도록 한다.

이야기 바꾸어 써보기

1. 우리가 가지고 있었던 편견을 여러 단어로 써 봅시다.

2. 앞으로 내가 실천해야 할 일을 써 봅시다.

3. 나와 내 친구, 모두가 2의 일을 실천했을 때, 다문화 가족의 입장(책 속의 인물)을 상상하여 다시 써 봅시다.

<그림 4-26> 다문화 이야기 바꿔 쓰기 활동지

차별하지마!!!!!!!! 내가 외국에 살다와서 눈색깔이다른거란 말이야!!!!!!! 그리고 우리
지역은 비가많이 안와서 이란 복장도 입은거고 그러니깐 다른나라에서 왔다고
한국인이 않되는건 아니야 그래서 나도 한국인이 될수있으니깐 차별하지마
알겠지? 어;; 알겠어 그럼이제부터 단짝(단짝친구)하자. 알겠어 그럼 나말고도
외국인이 있어도 차별하지마! 알겠지? 어;; 알겠어 그럼 지금 축구하러 가자. 응.

친구들이 며칠전부터 나를 외면하지않고 나와 계속 친해지고 싶다고 나에게
다가온다.

몇몇친구들은 날 외면해서 미안하다고, 그땐 힘들지 몰랐다고 사과해준다.

예전에는 학교가 싫고, 두렵고, 세상이 미웠는데 지금은 다르다.

학교에 가는게 즐겁고, 기대가 되고, 세상이 너무 좋다.

전학을 가고싶은 마음도 있었지만 안 가길 잘 한것같다.

친구도 엄청 많아졌다!

현중, 연지, 서진, 미나 등 정말 많아져서 기쁘다

하빈이와 같은반인 친구들은 하빈이와 사이 좋게 지냈다

그리고 하빈이는 나중에 어른이 되어 과학자가 되어 꿈을 이뤘다

이제 하빈이는 꿈을 이뤄 기뻤다

이렇게 하빈이는 반쪽짜리 한국인 이라고 차별 받지 않게 되었다

<그림 4-27> 학생들이 바꿔 쓴 이야기

학생들은 다문화사회에 대해 본인들이 가지고 있던 편견을 타파하고 이
상적인 사회를 VR로 구현해 보았다. 일련의 수업 과정을 통해 느낀 점이
이야기 속에 드러났다. 차별 없이 함께 어울리는 모습, 차별보다는 서로를
존중하는 모습들을 확인할 수 있었다. 인상적인 것은 다문화로 차별받는
입장에 대한 공감도 드러났다는 것이다. 책을 활용한 노벨 엔지니어링 수
업을 통해 상대방의 입장을 깊이 있게 이해하고, 존중하고자 노력하는 모
습으로 발전하고 있었다.

학생들은 자신이 만든 콘텐츠를 통해 달라지는 사회를 써 봄으로써 변화
에 대한 기대감을 가질 수 있고, 긍정적인 행동의 강화를 할 수 있게 된다.

이는 성공의 기쁨이 되기도 하며 경험하고 체험하는 감동이 되기도 한다. 이 과정을 통해 학생들이 문제는 해결할 수 있으며 자신의 행동으로부터 세상이 하나씩 바뀌어 나갈 수 있다는 믿음을 가질 수 있도록 도와주어야 한다.

평가기준 ▶ STEAM 과정 중심 평가

교사의 경우 학생들의 작품을 보고 다음 체크리스트를 통해 작품을 평가할 수 있다.

구분	평가항목	평가기준
교사평가	산출물	- 실천해야 할 계획이 구체적이고 실현 가능한가?
	태도	- 이야기에 문제를 해결하고자 하는 마음이 담겨 있는가?

이야기에 학생들의 수업 과정이 잘 담길 수 있도록 상기시켜 주도록 한다. 내가 가지고 있던 편견으로부터 자신의 생각이 어떻게 변화하였는지, 또 어떤 행동으로 배운 점을 실천할 것인지 등, 학생들의 실천을 통해 새로운 세상으로의 이야기가 진행될 수 있도록 분위기를 조성해 주면 좋다.

다문화 이야기 바꾸어쓰기 학생 평가 체크리스트

⊙ 학생 관찰/서술 체크리스트

번호	평가기준
1	학생이 실천해야 할 내용이 구체적이고 실현 가능한가?
2	바꿔쓴 내용이 이상적인 다문화 사회와 가까운가?
3	자신이 보여준 내용을 통해 해결한 내용인가?

번호	이름	기준1	기준2	기준3	비고
1					
2					
3					
...					

<그림 4-28> 다문화 이야기 바꿔 쓰기 교사용 체크리스트

4.5 실천-내면화

노벨 엔지니어링 수업이 끝나고 교실에서 연계하여 실천, 내면화할 수 있는 활동을 소개한다. 학생들과 다문화와 관련된 내용을 익히고 실천할 수 있는 방법이다.

문화다양성 축제 MAMF 참여하기

<그림 4-29> MAMF 홈페이지(mamf.co.kr)

경남 창원에서 2005년부터 시작된 문화다양성 축제로, 대한민국 이주민들의 문화적 권리를 보호하고 자긍심을 고취하기 위해 개최된다. 다양한 문화를 소개하고 공연을 하는 등 각국의 문화를 만나고 이해할 수 있는 자리이다. 여러 문화가 함께 어울리는 역동성과 화려함을 느낄 수 있다. 온라인에서도 다양한 사전 행사를 함께 진행하고 있다. 축제 기간에는 토크쇼, 음악회 등을 인터넷을 통해 시청하면서, 축제 진행을 직접 돕거나 설문조사에 응할 수 있다. 또한 주최측에서 진행하는 가요제와 같은 행사에 참여할 수도 있다. 이에 대한 학급 단위의 인증은 따로 존재하지 않으며 교사의 주도 아래 같은 내용을 시청하거나 특정 프로그램을 체험한 후 소

감문을 쓰는 형태로 독려할 수 있다. 시기별로 오프라인으로 진행될 수 있으니 때에 알맞게 활용하는 것이 좋다.

» **[참고 영상:** youtu.be/_rXBoihGI9A**]**

각종 공모전 참가하기

<그림 4-30> 각종 다문화 관련 공모전 포스터

다문화와 관련해서는 각종 공모전이 수시로 열리는 편이다. 언어생활의 불편 해소나 차별, 편견을 철폐하고자 노력하는 일은 모두 다문화의 다양성과 관련된 일이기도 하다. 언어 속에 들어 있는 차별을 없애거나 우리가 모르게 내재되어 있는 의식을 바꿀 수 있는 형태의 공모전에 참여해 보는 것도 의미 있는 일일 것이다.

주로 인권위원회 또는 지역 주최의 공모전이 많다. 다문화 공모전의 경우 곳곳에서 열리고는 있으나 대부분 일회성으로 같은 공모전을 진행하는 경우가 많지 않으므로 수업 기간에 공모전을 직접 검색하여 보는 것이 좋다. 공모전의 내용에 따라 언어생활 관련인 경우 국어 단원과 연계할 수 있고, 인식 개선의 경우 도덕과 사회 교과에서 차별과 차이, 평등 관련 내용과 함께 진행이 가능하다. 또한 어린이날 그림대회와 같이 시기별로 진행되는 경우 주제가 한정적이나 다문화를 주제로 하여 학급 전체가 작품을 출품하는 것도 가능하다.

»   [참고 영상: youtube.com/watch?v=FodDGKePDDA]

그 밖의 활용 가능한 도서

블루시아의 가위바위보

김중미 외 글 | 창비 | 2004

다섯 가지의 이야기가 담겨 있는 우리들의 부끄러운 면을 들추는 책. 동남아시아인에게 이중적인 잣대를 가진 우리의 부끄러운 모습을 조명한다.

돈가스 안 먹는 아이

유혜진 글 | 김은주 그림 | 책읽는달 | 2018

이상한 친구 아부, 베트남 엄마를 둔 민호가 반 친구들과 갈등을 겪으면서 서로를 이해해 간다.

잊을 수 없는 외투

프랭크 코트렐 보이스 글 | 칼 헌터, 클레어 헤니 사진 | 이유림 옮김 |논장 | 2017

몽골에서 온 칭기즈와 네르구이는 다른 친구들에게는 한참 낯설고 다르다. 모자조차 벗지 않으려는 아이들이 하나씩 서로의 문화에 적응하면서 조금은 이상한 우정이 발전한다.

나 엄마 딸 맞아?

이윤학 글 | 전종문 그림 | 새움 | 2012

필리핀 아빠와 한국인 엄마 사이에서 태어난 한비는 친구들에게 놀림을 받는다. 친구에게 복수하고도 싶고 자신을 놀린 친구의 머리도 쥐어뜯는 한비의 내면을 따라가 볼 수 있다.

Why? 와이 세계의 축제

김승렬 글 | 김정진 그림 | 오순환 옮김 | 예림당 | 2015

학생들에게 익숙한 Why? 시리즈이다. 나라별 축제를 살펴보고 축제 속에서 각 문화가 가진 특징을 통해 다른 것을 이해하고 존중하는 태도를 기른다.

달라도 괜찮아 더불어 사는 다문화 사회

스트로베리 글 | 최희옥 그림 | 뭉치 | 2020

다문화에 관한 의미 있고 재미있는 4가지의 주제를 이야기로 각각 풀어냈다. 학생들에게 생각할 거리를 던져 주어 이를 통해 토론이 가능하다.

PART

III

변화하는 미래,
4차 산업혁명

슬기로운 정보 생활,
디지털 시민성 교육

디지털 시민성은 4차 산업혁명으로 맞이할 정보사회의 필수 역량으로 인공지능, 로봇, 사물인터넷, 빅데이터 등 첨단 과학기술로 빠르게 변화하는 디지털 공간에서의 시민성을 말한다. 유네스코에서는 디지털 시민성을 **효과적으로 정보를 찾고 접근하여 사용할 수 있는 능력, 윤리적 방식으로 타인과 소통하고 콘텐츠를 제작할 수 있는 능력, 온라인 및 ICT 환경을 안전하고 책임감 있게 탐색하는 능력**으로 정의하였다.[1] 과거의 정보통신윤리교육과 좁은 의미에서 비슷하지만, 좀 더 나아가 자신이 가진 지능과 기술을 활용해서 정보를 재생산할 수 있는 관점에서까지 바라보는 개념이다. 최근 미디어 환경의 빠른 변화로 대부분의 학생들이 유튜브, 틱톡, 페이스북 등을 활용하여 디지털 환경에서의 활동을 활발히 하고 있다. 이러한 사회 변화 속에서 디지털 기술을 효과적으로 사용하고, 네트워크로 연결된 사람들 간 소통과 협력을 통해 문제를 해결하며 조화롭게 살아가기 위해서는 디지털 시민성에 관한 교육이 꼭 필요하다.

디지털 시민성은 일반적으로 다음 표와 같이 범주화할 수 있다.[2]

범주	하위 주제
윤리로서의 시민성(ethics)	-기술과 인터넷의 안전하고, 책임 있고, 윤리적인 사용 -디지털 인식(의식) -디지털 책임과 권리
매체와 정보 리터러시로서의 디지털 시민성(MIL)	-디지털 접근성 -인터넷과 새로운 디지털 매체의 기술적 활용 능력 -높은 수준의 심리적 능력
참여로서의 디지털 시민성(P/E)	-정치적 참여 -개인적 관심이나 흥미에 의한 참여
비판적 저항으로서의 디지털 시민성(CR)	-현존하는 권력 구조에 대한 비판 -정치적 행동

<표 5-1> 디지털 시민성의 범주와 범주별 하위 주제

첫째, 디지털 윤리는 온라인상에서 안전하고 올바르게 기기와 인터넷을 사용하면서 인터넷 활동에 책임 있게 관여하는 것을 말한다. 둘째, 미디어 및 정보 리터러시는 온라인 환경에 접근할 수 있고 정보를 사용, 생성, 창조할 수 있으며 타인과 적극적으로 소통할 수 있는 개인의 능력을 말한다. 미디어와 정보를 활용한 문해력으로 볼 수 있다. 셋째, 온라인을 통한 정치, 사회, 문화적 참여로서의 디지털 시민성이 있다. 제일 대표적으로 인터넷을 통한 온라인 청원을 예로 들 수 있다. 넷째, 공동체 문제를 해결하고 새로운 변화를 모색하기 위하여 적극적으로 참여하는 비판적 저항이 있다. 세 번째 범주였던 참여보다 더욱 비판적이고 급진적인 관점을 취하지만, 그 둘 사이의 구분이 항상 명확하게 드러나지는 않는다.

전통적인 시민성 교육에서는 토의토론, 역할놀이, 도덕적 공감, 감정이입, 쟁점 토론, 도서 활용 등의 활동을 진행한다. 디지털 시민성은 ICT를 활용한다는 점에서 일반적인 시민성 교육과는 차별성을 가지며,[3] 효과적인 수업을 위해서 노벨 엔지니어링을 적용할 수 있다.

노벨 엔지니어링 기반 STEAM 수업이 필요한 이유는 다음과 같다. 첫째, 디지털 공간에서의 문제 상황에 대한 충분한 이해를 갖출 수 있다. 사이버 괴롭힘, 온라인 범죄, 악성 댓글, 가짜 뉴스와 같은 문제가 눈에 보이지 않는 공간에서 일어나기 때문이다. 이런 점에서 책을 활용한 상황 제시는 학생들의 공감과 감정이입을 끌어내기에 좋은 수업 설계이다. 디지털 공간에서 일어나는 문제점을 자기의 문제로 인식하고, 정보가 빠르게 확산되는 사회의 문제점에 대해 논의하는 경험은 학생들에게 꼭 필요하다.

둘째, 학생들에게 ICT를 활용하여 문제 상황을 해결할 기회를 줄 수 있다. 오늘날의 학생들은 디지털 문명 속에서 태어난 디지털 원주민으로, 급속히 변화하는 디지털 환경이 당연한 집단이다.[4] 디지털 원주민은 자발적으로, 협업을 통해 정보를 검색하고 재조합하거나 변형하는 것이 익숙하므로 과거의 단순 전달 교육에는 쉽게 흥미를 잃는다.[5] 따라서 효과적인 디지털 시민성 교육을 위해서는 학습자가 자기 결정을 통해서 지식을 구성할 기회를 주어야 하며, 구체적인 문제 상황에서 스스로 지식과 정보를 연결하여야 한다.[6] 따라서 문제 해결 환경이 디지털, ICT 공간이어야 학습자의 실생활과 연결이 가능할 것이다.

이렇게 문제 상황에 대한 충분한 이해를 책을 통해 제시하고, ICT를 활용하여 학생이 스스로 문제를 해결한다는 점에서 디지털 시민성 교육과 노벨 엔지니어링 수업은 그 맥락을 함께하고 있다.

5.1   수업 돋보기

학생들은 인터넷 공간에서 가짜 뉴스가 어떻게 생산, 확대되는지 책 속 상황을 통해 이해하고, 이것이 야기할 문제점을 확인할 수 있다. 가짜 뉴스뿐만 아니라 인터넷 공간에서 지켜야 할 여러 디지털 윤리에 관한 수업도 가능하다. 악성 댓글, 불법 다운로드, 초상권 침해, 사생활 침해, 음란물, 허위사실 유포 등 다양한 문제들이 디지털 공간에서 일어나고 있다. 학생들은 직접 문제 해결에 참여하면서 거짓 정보나 불필요한 내용을 걸러내고, 비판적으로 사고하는 과정을 체험하게 되는데 이를 '디지털 문해력'이라고 한다. 수많은 정보가 생성되고 연결되는 빅데이터 시대에, 정보에 접근하고 사실을 가려내는 능력은 매우 중요하며 올바른 디지털 시민으로서의 자양분이 될 것이다.

성취기준

4사 01-06 옛날과 오늘날의 통신수단에 관한 자료를 바탕으로 하여 통신수단의 발달에 따른 생활 모습의 변화를 설명한다.

6도 02-01 사이버 공간에서 발생하는 여러 문제에 대해 도덕적 민감성을 기르며, 사이버 공간에서 지켜야 할 예절과 법을 알고 습관화한다.

6국 01-05 매체 자료를 활용하여 내용을 효과적으로 발표한다.

6국 02-04 글을 읽고 내용의 타당성과 표현의 적절성을 판단한다.

6국 05-06 작품에서 얻은 깨달음을 바탕으로 하여 바람직한 삶의 가치를 내면화하는 태도를 지닌다.

수업 흐름

STEAM 수업의 핵심이 되는 창의적 설계와 노벨 엔지니어링의 창작물 만들기에서 활용될 수업 요소는 Arts와 Technology이다. 먼저 가짜 뉴스 사례와 가짜 뉴스가 가져오는 피해에 대해 직접 조사하여 그 심각성을 인지한다. 그런 다음 각자 조사한 가짜 뉴스의 주제를 멘티미터에 입력한다. 워드 클라우드를 만들어 가짜 뉴스 데이터를 시각적으로 확인할 수 있다. 워드 클라우드 결과와 함께 구글 사이트 도구를 활용하여 가짜 뉴스를 예방하는 방법에 대해 소개하거나 정정 기사를 작성할 수 있다. 스스로 예방법에 대해 조사하고 그 내용을 바탕으로 간단한 산출물을 제작함으로써, 디지털 생산자로서의 경험도 가지게 될 것이다. 학생들이 주체가 되어 학습하고 그 해결책을 공유하게 된다면 디지털 시민으로 실천하려는 자세를 기를 수 있을 것이다.

차시	STEAM 준거 틀	노벨 엔지니어링 수업 단계	활동
1~2차시	상황 제시	①책 읽기 ②문제 인식	-책 읽기 -포스트잇 찬반 토론
3~5차시	창의적 설계	③해결책 설계 ④창작물 만들기	-가짜 뉴스에 대해 조사하기 -멘티미터를 활용하여 워드 클라우드 만들기 -구글 사이트 도구로 팩트체크 기사쓰기 (평가)
6차시	감성적 체험	⑤이야기 바꿔 쓰기	-이야기의 결말 바꿔 쓰기 (평가) -느낀 점 공유하기

5.2 상황 제시

책 읽기: 《가짜 뉴스를 시작하겠습니다》 노벨 엔지니어링 ①

가짜 뉴스를 시작하겠습니다

김경옥 글 | 주성희 그림 | 내일을여는책 | 2019

친구 사귀는 게 어려운 주디는, 같은 반 친구 진미를 질투하게 된다. 왜 진미를 둘러싼 모든 것들은 달콤하고 향기롭고 다정할까?

그러던 어느 날, 엄마의 권유와 친구들의 관심으로 '주디의 생생 뉴스'라는 1인 방송을 하게 된 주디. 진미에 대한 질투심으로 작고 교묘한 거짓말을 하게 된다. 그 작은 거짓말이 결국 진미뿐만 아니라 진미네 가족, 이웃에까지 영향을 미치게 되었다. 가짜 뉴스는 왜 만들어지고 어떻게 전달되며, 어떤 결과를 가지고 오는지 알아보자.

제시된 도서는 초등학교 4학년 학생이 주인공인 130쪽가량의 동화책이다. 학교 친구들 간의 관계, 1인 방송 등 디지털 원주민인 요즘 학생들과 공감대를 형성할 수 있기 때문에 4~6학년 학생들은 1차시 정도면 모두 읽을 수 있을 것이다.

노벨 엔지니어링 수업을 위해서는 학생들이 책 속 문제 상황을 이해하는 것이 중요한데, 해당 도서에서는 딜레마 상황이 나타난다.

'사소한 일까지 뉴스로 만들어서 방송해야 하는가? 그 방송으로 인한 다른 문제는 없는가? 방송으로 생긴 좋은 일은 없는가?'

책에 드러난 상황에 대해 학생들의 의견을 물으며 간단하게 포스트잇 토론을 진행할 수 있다. 이런 토론에서 중요한 것은 협력적인 맥락에서 이루어져야 한다는 것이다. 책 속에서도 주디와 진미의 각자 입장이 있듯이, 학급 아이들도 다른 구성원의 입장을 통해 서로 배울 수 있다. 서로의 입장과 생각을 들어 보며 학생들은 서로의 입장을 이해하고 책을 바라보는 관점을 넓히게 된다.

문제 인식 노벨 엔지니어링 ②

포스트잇 토론

포스트잇 토론은 딜레마에 관해 서로의 생각을 간단하게 확인해 볼 수 있는 활동이다. 교사는 색깔이 다른 포스트잇을 활동지에 붙여 나누어 주고, 학생들에게 책 속 딜레마 상황에 대한 입장을 생각해 보도록 한다. 학생들은 책 속 두 주인공의 입장이 되어서 문제 상황을 탐색해 볼 수 있다. 각자의 포스트잇 색깔을 보고 다른 입장에 대해 의견을 나누어 볼 수도 있다. 서로 다른 관점을 마주하는 것이 목적이다.

<그림 5-1> 포스트잇 토론 수업 장면

1. 주디의 생생 뉴스로 인해 생긴 좋은 점을 책에서 찾아봅시다.

2. 주디의 생생 뉴스로 인해 생긴 피해를 책에서 찾아봅시다.

3. 주디의 생생 뉴스에 대한 자신의 의견을 골라봅시다.

　　주디의 생생뉴스는 문제가 된다　　　　　　　주디의 생생뉴스는 문제가 되지 않는다

4. 친구들과 이야기를 나눈 후 최종적으로 의견을 정해봅시다.

최종 의견	
이유	

<그림 5-2> '포스트잇 토론' 활동지

먼저 이슈가 되는 주디의 생생 뉴스에 관한 두 입장을 정리해 보자. 주디의 생생 뉴스는 학급에서 있었던 일이나 학교 주변의 사건을 전달하는 역할을 했다. 본디 뉴스의 기능인 정보 전달의 면에서는 그 역할을 톡톡히 한 셈이다. 하지만 그 과정에서 사실이나 근거 확인이 부족했고, 주디가 예상하지 못한 다양한 피해가 생겨났다. 이렇게 책 속에 드러나 있는 내용을 먼저 찾아보도록 한다. 내용을 이해하였는지 확인할 수 있을 뿐만 아니라, 책 속에 드러난 딜레마에 대한 양쪽 입장을 깊이 있게 공감할 수 있다.

1. 주디의 생생 뉴스로 인해 생긴 좋은 결과를 책에서 찾아봅시다.

같은반 어머님들이 자기 자녀가 뭐하는지 알수있고 입학을 앞둔 자녀가 있는부모들은 학용품 등,등 어린이날 선물 학생들이 좋아하는 것을 공유하며 자기 자녀에게 뭐가 필요한지 뭐를 좋아하는지 깨닫고 그걸 고려해 사줄수있습니다

2. 주디의 생생 뉴스로 인해 생긴 피해를 책에서 찾아봅시다.

친구들의 이름이 들어나 명예회손이 조금씩 생기며더럽다고 말한 가게는 장사의피해를 받은 사람은 매출이 안올리며 장사하는데 영향을 미칩니다 그리고 학교생활 브이로그로 인해 학생들이 원치않는 우리반의 소개 등으로 피해를 입습니다

1. 주디의 생생 뉴스로 인해 생긴 좋은 결과를 책에서 찾아봅시다.

학교에서 생긴 일 (짝꿍을 정한것, 여자아이들의 패션과 헤어스타일, 아이들이 좋아하는 학용품)등을 자세하게 알려주어서 친구들과 엄마들이 좋아하였다.

2. 주디의 생생 뉴스로 인해 생긴 피해를 책에서 찾아봅시다.

태식이와 진미를 않좋게 얘기 하여 친구들이 기분이 나빴다.

분식집을 자세하게 취재하지 않고 건물이 지저분해 보여서 음식도 비위생적으로 만든다고

잘못된 뉴스를 내보냈다. 그래서 아이들이 분식집을 못가게 되었다.

<그림 5-3> 학생들이 정리한 주디의 생생 뉴스의 명암

이처럼 책 속에 드러난 사실을 찾는 것은 자신의 의견을 정립하는 데 좋은 사전 활동이 된다. 이제 주디의 생생 뉴스가 문제가 되는지, 아닌지에 대한 자신의 의견을 골라 보자. 자신의 입장과 맞는 포스트잇에 근거를 작성하도록 안내하고, 다른 색의 포스트잇을 고른 친구와 이야기를 나눌 수 있는 시간을 조성한다.

Q. 주디의 생생 뉴스가 문제가 되는가?

A. 문제가 된다: 주디의 생생 뉴스로 인해서 학교 앞 떡볶이 집이 피해를 입고, 엄마들이 학교에서 생긴 일을 시시콜콜 알게 되어 잔소리를 듣게 되었다. 또 케이크에서 발톱처럼 생긴 이물질이 나왔는데 어느 빵집인지 밝히지 않아서 진미네 가게가 피해를 입었다. 또 거기서 아르바이트를 하던 언니, 가게에 밀가루를 팔던 아저씨까지 모두 피해를 입지 않았는가?

A. 문제가 되지 않는다: 주디의 생생 뉴스에는 거짓말은 없다. 실제로 주디의 뉴스로 인해서 문방구 아주머니도 친절해지시고, 분식집도 건물을 깨끗하게 했다. 그리고 동네 빵집들도 위생에 더욱 신경 써서 신선한 빵을 먹게 됐다. 뉴스에 방송되었기 때문에 해결된 문제들도 있다.

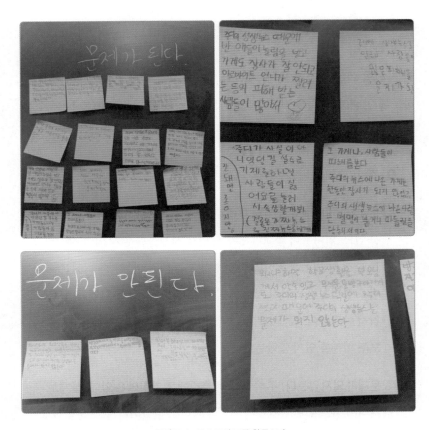

<**그림 5-4**> 포스트잇 토론 활동 모습

책 속에 드러나는 딜레마 상황에 관한 단서들을 찾으며 학생들은 두 입장을 모두 고려하면서 책을 더 깊이 있게 이해하는 모습을 보였다. 포스트잇 토론 시 대부분의 학생은 주디의 생생 뉴스가 문제가 된다고 생각했는데, 그 이유에 대해 서로 이야기를 나누면서 자연스럽게 '뉴스'가 문제가 아니라 뉴스를 만드는 사람이 좀 더 사실 관계에 입각하여 방송을 해야 한다는 것, 또 뉴스를 보는 사람도 비판적으로 확인해야 한다는 것을 깨닫는 모습을 보였다.

서로의 생각을 확인하며 이야기를 나누어 본 후 최종적으로 한 쪽 입장을 선택하게 하였는데, 학생들은 뉴스 자체가 문제라기보다는 뉴스에 담긴 내용이 가짜였다는 것에 초점을 맞추는 모습을 보였다. 또 정확한 사실을 담는다면 주디가 하는 채널이 문제가 되지는 않는다고 생각하는 학생도 있었다.

2. 친구들과 이야기를 나눈 후 최종적으로 의견을 정해봅시다.	
최종 의견	주디의 생생뉴스는 문제가 된다.
이유	주디의 뉴스는 가짜뉴스라서 죄없는 사람들이 피해를 보기 때문에

2. 친구들과 이야기를 나눈 후 최종적으로 의견을 정해봅시다.	
최종 의견	문제가 안된다
이유	주디가 앞으로도 가짜뉴스만 인올리면되서

<그림 5-5> 포스트잇 토론 최종 의견

책 속 내용을 국어 교과의 <뉴스> 단원과 관련 지어 수업을 진행해도 좋다. 뉴스나 광고에 나타난 정보의 사실성, 타당성을 파악하는 방법에 대해 배우고, 스스로 뉴스 원고를 작성하여 영상을 제작해 보는 단원이다. 1인 미디어 사회로 발전하고 하루에도 수백만 가지 정보가 유통되는 시대에 학생들이 직접 정보 생산자가 되는 경험은 꼭 필요하다. 이런 활동을 통해 학생들은 가짜 뉴스 문제가 심각함을 알고 해결하기 위한 방법을 탐색하게 된다.

5.3 창의적 설계

해결책 설계 노벨 엔지니어링 ③

디지털 공간에서 일어나는 문제점에 관해 조사하기

디지털 공간에서의 활동이 자연스러운 학생들에게 디지털 권리와 책임을 다루는 것은 꼭 필요한 수업이다. 디지털 공간에서 일어나는 문제점과 예방 방법에 대해 스스로 조사할 수 있다. 해당 도서는 가짜 뉴스에 관한 이야기이므로 허위 사실 유포, 가짜 뉴스 등에 대한 문제점을 조사하였으나 주제만 바꾸면 조사 활동은 얼마든지 응용이 가능하다.

빠르게 정보가 생산되고 유포되는 요즘, 가짜 뉴스로 인한 많은 피해가 발생하고 있다. 이러한 가짜 뉴스에는 어떤 것들이 있는지, 또 어떤 피해를 주고 있는지 스스로 정보를 수집하며 그 심각성을 인지하게끔 하자. 서울대학교 언론정보연구소에서 운영하는 SNU팩트체크 사이트(factcheck. snu.ac.kr)와 네이버 고침 기사 모음을 활용할 수 있다. 이 과정에서 학생들은 가짜 뉴스를 구별하는 방법, 필요 없는 정보는 걸러내고 필요한 정보만 취하는 방법 등을 익히게 된다.

<그림 5-6> SNU팩트체크 웹사이트에서 제공하는 뉴스별 팩트체크 화면과 팩트체크 과정 안내

SNU팩트체크 웹사이트에 접속하여 [출처]를 누르면 가짜 뉴스가 생성된 뉴스, 커뮤니티가 나타나며, 검증 결과에 대해서도 확인할 수 있다. 다양한 주제별로 뉴스에 대한 사실 정도를 체크해 주는 플랫폼이다. 절대적으로 신뢰할 수 있는 것은 아니나, 다양한 근거 자료를 바탕으로 많은 언론사가 참여하고 있다.

학생들과 수업을 할 때에는 반드시 SNU팩트체크 사이트에서도 근거 자료를 수집하는 정도에 따라 결과를 다르게 판단할 수 있음을 알려 주어야 한다. 실제로도 수업을 하는 일주일 동안 사실 관계가 '전혀 사실 아님'에서 '절반의 사실'로 바뀐 사례가 있었다. 더 많은 근거 자료가 모일수록 팩트체크의 신뢰성이 높아지고, 결과가 가변적일 수 있음을 강조하여 수업하는 것이 좋다.

<**그림 5-7**> 네이버 고침 기사 서비스와 실제 정정 보도문

포털 사이트 네이버의 뉴스 페이지(news.naver.com) 우측 제일 하단에 고침 기사 서비스가 있다. 잘못 보도한 내용에 대해 정정하여 새로 올려 주는 플랫폼으로 가짜 뉴스가 얼마나 많이 발행되는지, 또 어떤 내용이 거짓이었는지 확인할 수 있다.

1. 해당 뉴스를 보고, 가짜 뉴스로 인한 피해를 조사하여 봅시다.

> 2020년 3월, 자신의 25개월된 딸이 성폭행 당했다며, 가해자인 초등학교 5학년 어린이를 처벌해 달라는 청원이 청와대 국민 청원 게시판에 올라왔다. 가해 학생 부모와 나눈 카톡을 공개하며 작성한 이 청원은 53만명이나 동의할 정도로 국민적 공분을 샀다. 하지만 경찰 조사 결과, 허위 청원이었다. 문제는 청원 내용을 제대로 확인하지 않고 기사로 작성하여 삽시간에 허위 정보가 퍼진 것이었다. 가짜 뉴스가 퍼지자 경찰은 조사에 착수했는데, 가해 아동이 실존하지 않았으며 카카오톡 대화나 피해 어린이 진료 기록도 청원 내용과 달랐다. 이 청원을 가짜로 쓴 30대 여성은 공무 집행 방해 혐의죄로 경찰 조사를 받았다.
>
>   [YTN 뉴스, 차정윤 기자 53만 동의했는데 '가짜 청원'.. 공무집행 방해 혐의조사] 발췌

가짜 뉴스 사례	
피해	

2. 가짜 뉴스를 예방하기 위한 방법을 조사하여 봅시다. 내 생각을 써도 좋습니다.

뉴스 생산자의 입장에서 :

뉴스를 보는 사람 입장에서 :

법적 측면에서 :

기술적 측면에서 :

3. 2번 내용을 친구들과 함께 이야기 나누고, 느낀 점을 써 봅시다.

<그림 5-8> '디지털 공간에서 일어나는 문제점 조사하기' 활동지

뉴스를 생산하는 사람 입장에서도, 또 뉴스를 보는 사람 입장에서도 올바른 정보를 알리고 확산시키기 위해 지켜야 할 수칙들을 조사할 수 있다. 또 가짜 뉴스를 예방하기 위한 법적, 기술적 측면을 생각해 볼 필요가 있다. 학생들이 친구들과 자유롭게 생각을 나누며 사고의 폭을 확장하도록 해 주자. 이때 교사는 가짜 뉴스 예방에 제일 중요한 것은 받아들이는 사람의 판단 능력임을 학생들이 깨닫도록 유도해 주어야 한다. 가짜 뉴스는 생길 수밖에 없고, 유튜브나 각종 SNS를 통해서 쉽게 퍼질 것이다. 이런 시대를 사는 학생들이 가져야 할 역량이 무엇일지, 스스로 깨달을 수 있도록 해야 한다.

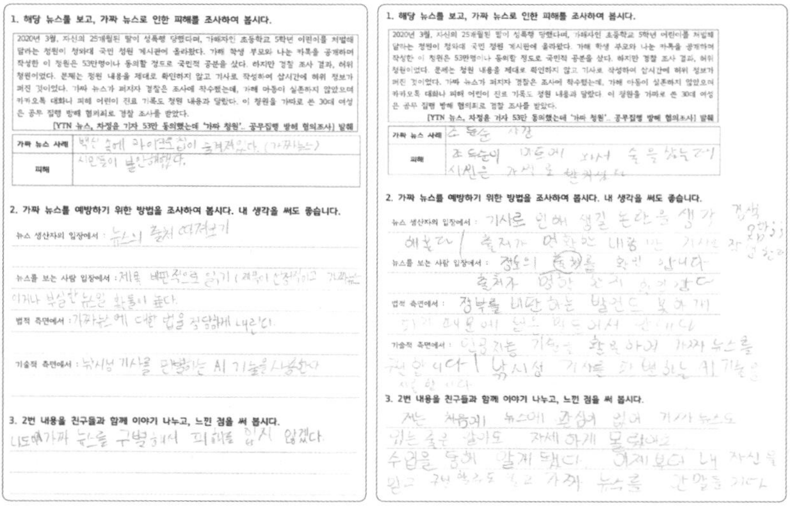

<그림 5-9> 학생들이 직접 조사하고 작성한 가짜 뉴스 피해와 예방법

학생들은 다양한 가짜 뉴스를 조사하며 가짜 뉴스가 가져다주는 피해나 결과에 대해 놀라는 모습을 보였다. 또 가짜 뉴스를 완벽하게 없앨 수 없다면, 스스로 가져야 할 능력이 무엇일지 생각하기도 하였다. 뉴스의 출처

를 따져 보거나, 그 근거가 명확한지 확인하여 가짜 뉴스를 구별할 수 있는 사람이 되는 것이 중요함을 인식하였는데, 이는 정보사회를 살아갈 학생들이 꼭 지녀야 할 태도이다.

워드 클라우드 만들기

그렇다면 어떤 내용의 가짜 뉴스가 많을까? 가짜 뉴스는 사람들의 흥미와 본능을 자극하여 시선을 끌어 클릭 수를 증가시키거나 여론을 유도하기 위한 뉴스를 말한다. 학생들이 직접 조사한 가짜 뉴스의 주제를 입력하여 워드 클라우드를 만들어 볼 것이다.

<그림 5-10> 워드 클라우드 예시

워드 클라우드는 어떤 데이터의 주제, 키워드, 개념 등을 직관적으로 볼 수 있도록 하는 기법이다. 많이 언급되거나 누적된 단어를 크게 표현하는 것이다. 어떤 이슈에서 가짜 뉴스가 많이 생길까? 학생들이 조사한 데이터에서부터 가짜 뉴스의 특징을 정의할 수 있다.

<그림 5-11> 멘티미터 웹사이트 메인 화면

워드 클라우드를 만들기 위한 툴은 많지만, 우리가 사용해 볼 것은 멘티미터mentimeter이다. 멘티미터의 장점은 별도의 애플리케이션을 설치할 필요가 없으며, 학생들은 회원가입을 할 필요가 없다는 것이다. 또 실시간으로 입력한 정보가 계속 업데이트되는 편리함도 있다.

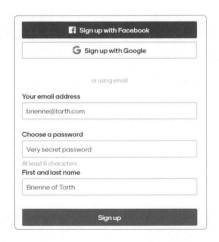

<그림 5-12> 멘티미터 교사용 가입 안내

교사용 주소는 mentimeter.com이고, 활동을 위해서 교사는 회원가입을 해야 한다. 영문 이름과 이메일 주소, 계정 비밀번호만으로 쉽게 가입할 수 있으며, 원한다면 기존 페이스북이나 구글 계정의 연동도 가능하다.

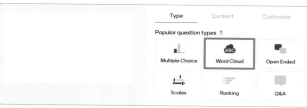

<그림 5-13> 멘티미터 프레젠테이션 생성 방법

회원가입이 끝나면 [New presentation] 버튼을 눌러 새로운 프레젠테이션을 만든다. 타입을 워드 클라우드로 선택한다. 학생들에게 묻고 싶은 질문을 1번에 입력할 수 있다. 2번 [Entries per participant]는 한 명의 참여자가 몇 개의 응답을 입력할 수 있는지 묻는 메뉴이다. 수업과 학생 수에 따라 조절이 가능하다. 3번 [Let participants submit multiple times]는 한 기기에서 중복 응답을 허용할 것인지 묻는 메뉴이다. 모둠별로 태블릿을 사용하는 상황일 때 이 메뉴를 활성화시키면 수업 진행이 용이할 것이다. 이렇게 멘티미터 프레젠테이션 생성이 끝나면, 만들어진 프레젠테이션의 코드가 화면 상단에 뜬다. 이 코드를 학생용 페이지에서 입력해 주면, 학생들은 회원가입 없이 데이터를 입력할 수 있다.

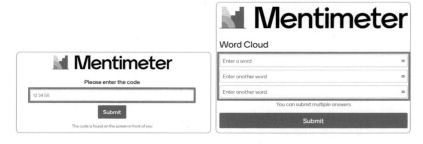

<그림 5-14> 멘티미터 학생용 페이지 화면

학생들이 접속할 주소는 menti.com이다. 코드만 알려 주면 바로 질문과 함께 대답을 입력할 수 있는 창이 뜬다. 직접 조사한 가짜 뉴스의 주제를 데이터로 입력하면, 워드 클라우드가 즉시 생성될 것이다.

이 수업에서는 가짜 뉴스에 대한 내용을 데이터로 수집하지만, 다양한 주제에서 얼마든지 활용이 가능하다. 악성 댓글과 관련된 뉴스 제목을 수집해도 좋고, 사이버 폭력과 관련된 인터뷰를 진행해도 좋다.

다음은 SNU팩트체크에서 가짜로 판명이 난 뉴스 데이터를 입력한 결과이다. 가짜 뉴스 하나하나의 내용보다는 그 주제를 간단하게 입력할 수 있도록 한다. 가짜 뉴스의 주제어, 핵심어를 입력할 수 있도록 지도해야 워드 클라우드에서 핵심이 잘 드러난다.

<그림 5-15> 직접 만들어 본 워드 클라우드 예시

2021년 3~4월의 가짜 뉴스들로 만든 워드 클라우드를 살펴보자. 가장 핵심적으로 보이는 것은 코로나와 백신이다. 그리고 선거, 담뱃값, 부동산, 김치 등의 키워드가 크게 시각화되어 나타났다. 이런 가짜 뉴스 주제를 바탕으로 어떤 뉴스가 허위 정보로 퍼지는 것일지 학생들과 이야기를 나누어 보았다.

가짜 뉴스는 코로나19나 백신과 같이 사람들의 공포감을 조장할 수 있는 주제로 많이 생성된다.[7] 또 정확한 정보가 없는 경우에도 사람들의 추측으로 부풀려지기도 한다. 한편 사람들의 공감과 관심을 얻을 수 있는 사건의 경우에도 가짜 뉴스가 많이 생긴다.[8] 선거, 마스크, 삼계탕, 김치 등 사람들의 관심이 쏠리는 이슈가 그 예시이다.

수많은 정보가 생겨나고 사람들의 관심사가 계속 변화하는 시대에서 가짜 뉴스를 완벽하게 없앨 수 있을까? 기술의 발전으로 일부는 걸러낼 수 있겠지만 완벽하게 가짜 뉴스를 없애진 못할 것이다. 가짜 뉴스에 대응하기 위한 가장 좋은 방법은 뉴스를 보는 학생들이 스스로 정보를 검토할 수 있는 사람이 되는 것이다. 이러한 결론에 학생들이 스스로 도달할 수 있도록 교사가 유도해 줄 필요가 있다.

창작물 만들기 노벨 엔지니어링 ④

구글 사이트 도구로 팩트체크 기사 쓰기

구글 사이트 도구는 간단하게 웹사이트를 만들고 컨텐츠를 게시할 수 있는 플랫폼이다. 레이아웃도 자유롭게 지정할 수 있고 이미지, 텍스트, 영상 등을 직관적으로 작성할 수 있어 수업에 활용하기 좋다. 구글 사이트 도구를 활용하기 위해서는 교사와 학생들이 구글 계정을 가지고 있어야 한다. 학생용 구글 계정 발급이 다소 복잡한 과정이긴 하나 구글 계정 발급을 한다면 구글 사이트 도구 외에도 다양한 수업이 가능하니 발급해 두는 것을 추천한다. 주소는 sites.google.com이며 Chrome이나 Microsoft Edge 브라우저로 접속 가능하다. 구글 사이트의 수정 및 게시는 PC로 가능하고, 완성된 사이트는 스마트폰이나 태블릿에서도 볼 수 있다.

<그림 5-16> 사이트 도구 접속 화면

구글 계정만 있으면 쉽게 접속하여 다양한 사이트를 만들 수 있다. 우측 하단의 플러스 모양 버튼을 눌러 사이트를 제작해 보자. 사이트 화면 구성은 직관적으로 확인할 수 있다. 페이지 제목이나 배너 이미지를 화면 중앙부에서 수정할 수 있으며, 좌측 메뉴에서 텍스트, 이미지, 동영상 링크 삽입과 레이아웃 설정이 가능하다. 따라서 꼭 책에서 예시로 보여주는 팩트체크 기사문 작성이 아니더라도 다양하게 활용할 수 있다.

필자는 활동을 위해서 페이지 제목을 '팩트체크'로 수정하고 사이트 이름은 모둠 이름으로 설정하였다. 또 본격적으로 팩트체크 사이트를 구성하기 전에 간단하게 레이아웃 설정, 이미지 파일 삽입, 유튜브 링크 게시하는 방법에 대해 안내하였다.

<그림 5-17> 페이지 배너 변경 화면

가짜 뉴스와 팩트체크를 상반되게 게시하기 위해 레이아웃을 다음 화면과 같이 지정하였다. 플러스 모양을 누르면 사진이나 유튜브를 게시할 수있고, 텍스트도 클릭하여 입력할 수 있다. 이 중 왼쪽 레이아웃은 가짜 뉴스로, 오른쪽 레이아웃은 팩트체크로 제목을 지정해 주었다. 물론 학생들이 자유롭게 변경해도 좋다.

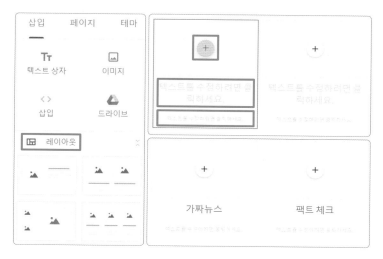

<그림 5-18> 페이지 레이아웃 변경 및 제목 지정

여기까지 교사가 준비했다면, 이 사이트 도구 편집 페이지 링크를 학생들에게 줄 수 있다. 모둠별로 공동 수정, 작성도 가능하다. 다만 유의할 점은 사이트 도구 편집을 하기 위해서는 PC로 접속해야 한다는 것이다.

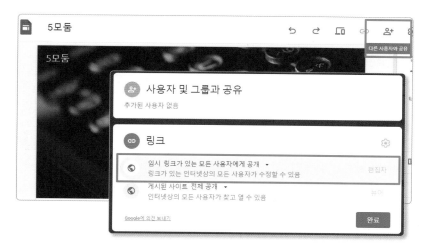

<그림 5-19> 공동 작성을 위한 권한 부여하기

[다른 사용자와 공유] 메뉴에서 링크와 사이트 공유에 관해 설정할 수 있다. 모든 사용자에게 '편집자' 권한으로 공유하도록 설정한 후 링크를 공유해 주면, 학생들이 손쉽게 사이트 도구를 편집할 수 있다. 이때 유의할 점은 앞서 설명하였지만, 학생들도 구글 계정 로그인이 필요하다는 것이다. 아래쪽의 사이트 권한의 경우에는 완성된 웹사이트를 보는 권한을 말하므로 [뷰어]로 공개하면 된다.

학생들에게 해당 사이트 수정 권한을 주고 팩트체크 기사를 써 보도록 한다. 학급 상황에 맞게 개별 활동, 모둠 활동으로 진행할 수 있다.

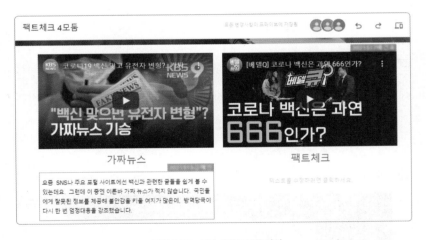

<그림 5-20> 구글 사이트 공동 작성

팩트체크 기사를 쓸 때에는 SNU팩트체크 사이트에서 검증한 결과를 활용할 수 있도록 하였다. 검증 근거가 많고, 확실히 사실이 아닌 것으로 분류된 내용을 검색하도록 강조하였다. 출처도 작성할 것을 안내하면 더욱 좋다. 학생들은 기사와 관련된 이미지나 유튜브 동영상을 검색하여 사이트를 구성하였다.

<**그림 5-21**> 자료 수집 및 사이트 구성하는 모습

활동이 끝나면 홈페이지 주소를 입력하여 사이트로 게시할 수 있다. 만든 팩트체크 기사문을 서로 공유하고 확산시키는 것이 활동의 목적이니 링크 주소도 의미 있게 작성할 수 있도록 안내한다.

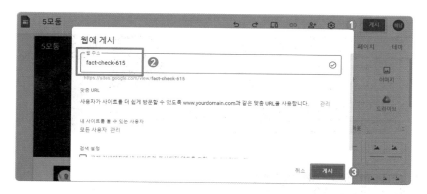

<**그림 5-22**> 사이트 게시 주소 작성하기

학생들은 자신들이 만든 사이트가 인터넷에 게시된다는 것에 설레하였으며, 그렇기에 더 정확한 내용을 담으려고 노력하였다. 모둠별로 구축한 사이트를 함께 공유하며 서로의 기사를 읽어 보고 팩트체크 내용을 확인해 보기도 하였다. 이렇듯 학습자가 스스로 참여하여 문제를 해결할 수 있도

록 창의적 설계 활동을 구성하였을 때 학습자의 실생활 지식이 구성된다. 또 노벨 엔지니어링 기반의 수업이기 때문에, ICT를 활용하여 문제를 해결함으로써 전통적인 시민성 교육과의 차별점도 확실하게 드러난다.

<그림 5-23> 학생들이 실제 작성한 팩트체크 기사문

<그림 5-24> 학생들이 추가 작성한 가짜 뉴스 구별법

학생들은 코로나19, 파오차이-김치 등 현재 이슈가 되고 있는 가짜 뉴스를 활용하여 팩트체크 기사문을 작성하였다. 그리고 가짜 뉴스를 구별하기 위해 우리가 취해야 할 자세에 대한 코너를 자발적으로 추가하기도 하면서 적극성을 보였다.

평가기준 ▷ STEAM 과정 중심 평가

학생들이 만든 구글 사이트를 바탕으로 과정 중심 평가를 진행할 수 있다. 성취기준에 의거한 다음의 평가기준을 참고하여도 좋다.

구분	평가 항목	평가기준
동료평가	적극성, 협력	-구글 사이트 구성 논의에 적극적으로 참여하였는가? -동료들과 협업하며 모둠의 주장을 전달하기 위해 노력하였는가?
	아이디어 발현	-워드 클라우드, 구글 사이트를 바탕으로 타당성과 적절성을 담은 주장을 전달하였는가? -정확하고 신뢰할 수 있는 자료를 적절하게 재구성하였는가?
자기평가	몰입, 참여도	-문제 상황에 몰입하여, 가짜 뉴스를 예방하기 위해 노력하였는가? -모둠 논의와 발표 준비에 적극적으로 참여하였는가?

구글 사이트 도구를 활용하여 모둠별 팩트체크 기사를 작성한 후 동료평가와 자기평가를 진행할 수 있다. 동료평가와 자기평가 모두 어떤 자료를 사용했고, 구글 사이트를 어떤 레이아웃으로 구성했는지, 가짜 뉴스와 팩트체크 기사문을 어떻게 배치했는지 등, 서로의 협업과 참여도에 관련한 평가가 진행될 수 있도록 한다. 서로 협업하며 문제를 해결하고 그 과정을 공유하는 것도 STEAM 수업의 주요 목적이다.

또 디지털 공간에서의 시민성에 초점을 맞춘 수업이므로 다양한 매체 자료를 활용할 수 있었는지, 또 제시한 자료가 적절하고 타당했는지 등을 평가해야 한다. 특히 이 수업은 가짜 뉴스를 예방하는 것이 목적이기 때문에 학생들이 구성한 팩트체크 기사의 출처와 신뢰도 등을 여러 번 확인하는 것이 좋다.

◎ 우리 모둠의 활동을 평가하여 봅시다. (매우 잘함 / 잘함 / 보통)

친구 이름	구글 사이트 구성 논의에 적극적으로 참여하였는가?	동료들과 협업하며 모둠의 주장을 전달하기 위해 노력하였는가?

◎ 나의 활동을 평가하여 봅시다. (매우 잘함 / 잘함 / 보통)

문제 상황에 몰입하여, 가짜 뉴스를 예방하기 위해 노력하였는가?	모둠 논의와 발표 준비에 적극적으로 참여하였는가?

◎ 다른 모둠의 사이트를 확인하여 봅시다.

모둠명			
가짜뉴스 내용 요약		팩트체크 내용 요약	
워드 클라우드, 구글 사이트를 바탕으로 타당성과 적절성을 담은 주장을 전달하였는가?		매우 잘함 / 잘함 / 보통	
정확하고 신뢰할 수 있는 자료를 적절하게 구성하였는가?		매우 잘함 / 잘함 / 보통	
잘한 점			

<그림 5-25> 동료 및 자기평가지 예시

5.4   감성적 체험

이야기 바꿔 써 보기 [노벨 엔지니어링 ⑤]

학생들은 가짜 뉴스가 가져오는 여러 가지 문제의 위험성, 심각성에 대해 느끼고 이를 예방하기 위해 팩트체크 기사문을 직접 작성하여 웹 페이지를 구성해 보았다. 이러한 경험을 바탕으로 책 속 결말을 새롭게 바꾸어 쓸 수 있다. 이때, 가짜 뉴스를 생산하고 유포하는 디지털 생산자로서의 입장, 정보를 받아들이는 사람으로서의 입장 중 하나를 골라서 쓸 수 있도록 제시한다.

해당 도서에서는 또 다른 가짜 뉴스가 등장하며 열린 결말로 이야기가 끝난다. 학생들에게 자신이 생각한 방법으로 결말에 제시된 가짜 뉴스 문제를 해결하는 이야기를 쓰도록 독려해 준다.

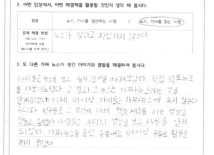

<그림 5-26> 학생들이 바꿔 쓴 이야기

1. **〈가짜뉴스를 시작하겠습니다〉의 결말을 바꾸어 써 봅시다.**

> 학교에서 수업을 마친 반 아이들이 우르르 진미 빵집으로 몰려갔다. 개업 파티가 있기 때문이었다.
> 진미랑 송미가 주디에게 손짓을 했다. 주디는 여전히 어색했지만, 진미 곁으로 가 나란히 앉았다.
> 아이들은 무척 즐거웠다. 오랜만에 먹는 초코빵이 너무나 맛있는 데다 친구들과 함께 있으니 말이다.
> 주디는 집으로 돌아와 오늘의 훈훈한 소식을 뉴스로 만들어 올렸다. 어떤 빵집인지는 간접광고가 되니
> 까 올리지 못하지만, 우리 반이 이렇게 화해하고 즐거운 시간을 보낸 것에 대해 뉴스를 올린 것이다.
> 뉴스를 올린 다음 날, 조회수를 확인하기 위해 유튜브에 들어간 주디의 가슴이 '쿵!' 하고 내려 앉았다.
>
> **아이들 모아놓고 파티를 하는 이 빵집, 어느 빵집?**
> **얼마 전, 불미스러운 일로 새 단장을 한 어느 빵집에서 아이들의 환심을 사려고**
> **빵을 나누어주면서 과장광고와 허위 광고를 하고 있다.**

2. **어떤 입장에서, 어떤 해결책을 활용할 것인지 생각 해 봅시다.**

입장	뉴스, 기사를 생산하는 사람　　　/　　　뉴스, 기사를 읽는 사람
문제 해결 방법 (예-뉴스, 기사 마지막에 자동 메시지를 뜨게 한다.)	

3. **또 다른 가짜 뉴스가 생긴 이야기의 결말을 해결하여 봅시다.**

_____

_____

_____

_____

_____

_____

_____

_____

<그림 5-27> '이야기 바꿔 써 보기' 활동지

학생들은 수업 과정에서 배우고 체험한 것을 바탕으로 저마다의 해결책으로 책 속 문제를 해결했다. SNU팩트체크 사이트에 직접 문의를 한다거나, 직접 팩트를 체크한 영상을 다시 만들어 올리는 이야기를 작성하였다. 인상적인 것은 어떤 해결책이라 하더라도 출처를 직접 확인하고, 근거를 따져 보는 '매체와 정보 리터러시로서의 디지털 시민성'이 드러난다는 것이었다.

책 속 상황을 재해석하여 자신의 언어로 표현하는 것은 매우 중요한 경험이며, 이런 노벨 엔지니어링 기반 STEAM 수업을 통해 학생들은 비판적 사고 역량을 기를 수 있다. 가짜 뉴스를 비롯한 디지털 공간에서 일어나는 문제점에 대해 스스로 입장을 밝히고, 관련 정보와 자료를 조사하고 수집하여 해결을 위한 프로그램을 만들어 봄으로써 디지털 시민성을 체득하고, 실제 삶과 연결 지을 수 있을 것이다.

> **평가기준** ▶ STEAM 과정 중심 평가

학생들이 바꾸어 쓴 이야기를 바탕으로 과정 중심 평가가 가능하다. 성취기준에 의거하여 다음과 같은 평가기준을 제시할 수 있다.

구분	평가 항목	평가기준
교사 평가	몰입	-문제 상황에 몰입하여 나의 문제로 인식하고 있는가?
	글쓰기	-문제 해결 과정에서 깨달은 내용을 바탕으로 이야기를 바꾸어 썼는가? -이야기에 가짜 뉴스를 예방하기 위한 실천 의지가 드러나 있는가?

평가 시 교사는 학생이 가짜 뉴스와 같은 디지털 공간에서의 문제점을 자신의 문제로 인식하고 있는지를 유의하여 평가해야 한다. 일련의 STEAM 수업 과정에서 배우고 느낀 점이 학생들이 바꿔 쓴 이야기 속에 잘 녹아들어 있는지 확인하며 글을 읽을 필요가 있다. 학생들이 직접 체험한 구글 사이트 도구와 같은 툴 기반의 문제 해결 방법을 제시하는 것도 좋지만, 학생들이 개인적으로 실천할 수 있는 일에 대해 서술해도 좋다.

가짜 뉴스를 걸러내기 위해 AI 기술을 도입하고 있지만, 매 분초마다 생산되는 모든 뉴스를 검열할 수는 없는 일이다. 가장 효과적인 예방법은 읽는 사람이 자료의 출처, 신뢰도를 확인하고 스스로 팩트를 체크하는 습관을 들이는 것이며, 노벨 엔지니어링 기반 STEAM 수업의 궁극적인 목적은 일련의 활동을 통해 학생들의 삶의 태도에 이러한 변화가 생기는 것이다. 제시된 도서의 전체 흐름을 크게 왜곡하지 않는 선에서는 자신만의 다양한 이야기를 재미있고 실감나게 작성하도록 분위기를 조성해 줄 필요가 있다.

5.5   실천-내면화

노벨 엔지니어링 수업이 끝나고 교실에서 연계하여 실천, 내면화할 수 있는 활동을 소개한다. 수업에서 익힌 가짜 뉴스 예방에 대해 실제적으로 참여해 보고 한 단계 업그레이드할 수 있는 활동이다.

청소년 체커톤 참여하기

<그림 5-28> 2022년 청소년 체커톤 포스터(checkathon.org)

교육부와 문화체육관광부 주최로 이루어지는 청소년 체커톤 대회가 있다. 2019년부터 시작되었으며 매년 주최되니 참여해 봐도 좋겠다. 체커톤은 팩트체크와 마라톤의 합성어로 미디어에 공개된 다양한 정보를 청소

년들이 검증하고 사실 관계를 확인하는 활동이다. 일회적 행사가 아니라 장기간 프로젝트 형식으로 진행되며, 프로젝트 성과물을 위한 지원금, 튜터, 매니저가 매칭된다. 초등학생부터 고등학생까지 참여가 가능하며, 팩트 알리미 프로그램 개발, 교내 캠페인, 이모티콘 개발, 포스터 제작, 캘린더 개발, 영화 제작 등 다양한 활동이 가능하다. 학생들이 익힌 디지털 문해력을 바탕으로 디지털 사회 참여, 사회적 실천까지 달성할 수 있는 활동이다.

가짜 뉴스 예방 스티커 만들기

학생들이 배우고 느낀 점을 바탕으로 스티커를 만들어 봐도 좋다. 가짜 뉴스를 예방하기 위한 방법들을 스티커로 제작하여 나누어 주는 캠페인으로도 운영이 가능하다. 앞서 1장 차별을 반대하는 공익광고 만들기에서 활용하였던 미리캔버스로 손쉽게 나만의 스티커를 디자인할 수 있다. 미리캔버스에서 제공하는 스티커 템플릿을 이용하면 된다. 학생들이 만든 스티커 파일을 모아서 라벨지에 인쇄하여 주면 더 활동의 효과가 좋다. 학생들의 디지털 시민성 향상 및 내면화에 도움이 될 것이며 배움과 삶이 연결되는 경험을 갖게 될 것이다.

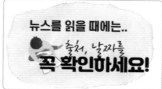

<그림 5-29> 미리캔버스에서 제공하는
스티커 템플릿 목록과 가짜 뉴스
예방 스티커 예시

악플 전쟁

이규희 글 | 한수진 그림 | 별숲 | 2013

전학 온 서영이에 대한 질투로 미라는 얼굴과 이름을 공개하지 않고 인터넷상에서 서영이에 관한 근거 없는 소문을 만들어내기에 이른다! 어떻게 헛소문이 만들어지고 퍼지는지 학생들의 관점에서 잘 보여준다. 가짜 뉴스 예방과 더불어 디지털 공간에서의 학생 생활지도도 가능한 도서이다.

도깨비폰을 개통하시겠습니까?

박하익 글 | 손지희 그림 | 창비 | 2018

지우는 학교 도서관에서 이상한 스마트폰을 발견하게 된다. 바로 도깨비들이 쓰는 스마트폰이었는데, 이걸 쓰면 뭐든지 할 수 있었다. 지우는 점점 도깨비폰에 중독되어 간다. 중독에서 벗어나기 위해 노력하는 지우의 모습을 지켜보며 학생들의 스마트폰 사용에 대해 이야기 나눠 볼 수 있다.

노아의 스마트폰

디나 알렉산더 글 | 신수진 옮김 | 김광희 감수 | 나무야 | 2020

스마트폰은 인공 젖꼭지 같다. 아기가 공갈 젖꼭지를 끊기 어려워하듯이, 어른들도 스마트폰을 끊기 어려워한다. 스마트폰을 사용하는 자세에 대해 이야기 나눌 수 있는 책이다.

봉쮼TV, 가짜 뉴스를 조심해!

윤선아 글 | 국민지 그림 | 위즈덤하우스 | 2021

주인공 준희의 친구 유미가 가짜 뉴스에 휘말리는 과정을 겪으며, 우리가 미디어를 얼마나 비판적으로 바라봐야 하는지 알 수 있다. 유튜브 크리에이터가 되고 싶어하는 초등학생들과 공감대를 형성하기 좋은 책이다.

휴대폰 전쟁

로이스 페터슨 글 | 고수미 옮김 | 푸른숲주니어 | 2013

휴대폰 중독인 다리아는 '접속' 상태에서만 자신의 의미를 느낄 정도다. 요즘 청소년들의 휴대폰 중독이 어느 정도인지 생생하게 보여준다. 책 속 문제와 해결 과정을 학생들이 직접 찾아본다면 자신의 스마트폰 사용 습관도 돌아볼 수 있을 것이다.

가짜 뉴스 방어 클럽

임지형 글 | 국민지 그림 | 국민서관 | 2020

소담이는 슈프림 스타의 팬이다. 어느 날 소담이가 올라온 글을 의심 없이 믿고 이야기하자 친구 윤호가 가짜 뉴스를 판별하는 방법에 대해 이야기해 준다. 책 속에 직접 뉴스의 출처를 조사하는 장면이 있어, 이를 수업으로 구성할 수 있다.

똑 소리 나는
인공지능 활용교육

우리 사회는 큰 패러다임의 변화를 맞고 있다. 지식과 정보가 기반이 되는 4차 산업혁명을 넘어, 인공지능 기반 빅데이터를 활용하며 기술이 서로 융합·발전하는 '지능정보사회'가 된 것이다.[1] 이에 따라 지능 정보화 사회의 핵심 기술 중 하나인 인공지능Artificial Intelligence, AI 기술에 대한 교육적 필요성이 대두되고 있다. 단순히 산업 현장이나 일상생활에서 인공지능을 활용하는 데 그치는 것이 아니라, 더 나아가 인공지능의 핵심 기술을 이해하고 설계하는 능력이 필요해졌기 때문이다. 이에 국가를 비롯하여 다양한 기관과 단체가 인공지능교육에 대한 교육과정과 지침을 개발하고 있다.[2]

최근 교육부는 2020년 교육부 업무계획을 통해 초·중·고 인공지능교육의 방향을 제시하였다.[3] 이에 따르면, 초등학생은 놀이·체험 중심 교육을 통해, 중·고등학생은 원리 이해를 통한 실생활 적용 중심의 교육을 통해 인공지능의 기본 원리를 이해하고 실생활에 활용하는 능력을 함양해야 한다. 인공지능교육의 주요 내용으로는 인공지능의 개념·원리의 이해 및 체험, 사회현상의 공감·분석을 통한 문제 발굴, 데이터·통계를 활용한 창의적 문제 해결, 인공지능 윤리를 포함한 사회적 영향 등이 열거되어 있다.

인공지능교육의 방향		인공지능교육의 내용
초등학생	놀이·체험 중심 교육	- 인공지능의 개념·원리의 이해 및 체험 - 사회현상의 공감·분석을 통한 문제 발굴 - 데이터·통계를 활용한 창의적 문제 해결 - 인공지능 윤리를 포함한 사회적 영향
중·고등 학생	원리 이해를 통한 실생활 적용 중심의 교육	

<표 6-1> 교육부가 제시한 인공지능교육의 방향

교육부가 제시한 인공지능교육의 방향을 풀어서 이야기하자면, 놀이와 체험학습 위주로 흥미를 유발할 수 있어야 한다는 것이다. 특히 초등학생 수준에서는 인공지능 기술을 산업 현장 수준으로 구현할 필요 없이, 간단한 체험을 통해 인공지능의 개념과 원리를 이해할 수 있도록 활동을 구성해야 한다.[4] 인공지능 알고리즘을 이해하고 구현하기 위해서는, 다양한 기술의 융합 및 컴퓨팅 사고력이 필요하다. 이상의 조건을 고려할 때, 노벨 엔지니어링 수업은 인공지능교육을 바람직하게 구현할 수 있는 방법 중 하나이다.

노벨 엔지니어링을 활용하면 자연스럽게 책 속 문제 상황을 해결하려는 동기가 생겨 인공지능의 원리를 직접 체득하기 수월할 뿐 아니라, 알고리즘이 '어떻게' 만들어져서 '왜' 돌아가는지 이해하는 체험 중심 수업이 가능하다. 또한 인공지능교육은 단순히 과학기술적 관점에서만 이루어지기보다는 인공지능을 윤리, 사회적으로 잘 활용할 수 있도록 인문학적 관점에서도 이루어져야 한다.[5] 노벨 엔지니어링을 통해 인공지능과 연계 가능한 책을 선정하여 직접 문제를 해결하고 인공지능의 원리를 체험한다면 자연스럽게 인문학적 교육도 가능하다.[6]

일례로 '사회 현상의 공감·분석을 통한 문제 발굴' 및 '인공지능 윤리를 포함한 사회적 영향'과 같은 윤리·인문학적 요소를 포함한 균형 잡힌 수업을 할 수 있다. 더 나아가 인공지능 기술을 바탕으로 문제를 해결하는 경험은 학생들의 AI 활용 능력을 고취시킬 것이다.

노벨 엔지니어링으로 유익하고 즐거운 인공지능 활용교육 수업을 만들어 보자.

6.1   수업 돋보기

'지능정보사회'를 맞아 인공지능, 머신러닝의 원리(AI 기초 지식, AI 활용 능력)를 익히는 것은 물론, 인공지능사회에서의 윤리 문제에 관해 이야기를 나누는 수업을 꾸려 보고자 한다. 학생들은 인공지능과 함께 사는 세상에서 인간과 인공지능 간에 어떠한 문제점들이 발생하는지 책 속 상황을 통해 이해하고, 인간과 인공지능이 조화롭게 살아가는 방식에 대해 생각해 볼 수 있다.

현재 사회 안팎에서는 인공지능이 한 행위의 책임 문제, 데이터 학습에 따라 작동하는 인공지능의 원리상 발생하는 문제, 인공지능이 안전하고 신뢰할 수 있는지에 대한 문제(AI 윤리·가치관) 등, 다양한 인공지능 윤리 문제들이 거론되고 있다. 학생들은 인공지능과 함께 살아가는 세상에서 발생하게 될 문제들을 책 속 이야기를 통해 예측해 보고, 인간과 인공지능이 조화롭게 살아갈 수 있는 방법에 대해 설계해 봄으로써 미래 사회에 필수적인 AI 문해력을 기를 수 있다. 또 직접 책 속 AI 선생님과 인간이 겪는 갈등의 해결책을 알고리즘으로 구현하는 등, AI 개발 경험도 가능하다.

성취기준

4사04-05 사회 변화(저출산·고령화, 정보화, 세계화 등)로 나타난 일상생활의 모습을 조사하고, 그 특징을 분석한다.

4사04-06 우리 사회에 다양한 문화가 확산되면서 생기는 문제(편견, 차별 등) 및 해결 방안을 탐구하고, 다른 문화를 존중하는 태도를 기른다.

6사08-03 지구촌의 평화와 발전을 위협하는 다양한 갈등 사례를 조사하고 그 해결 방안을 탐색한다.

6실04-07 소프트웨어가 적용된 사례를 찾아보고 우리 생활에 미치는 영향을 이해한다.

6실05-06 생활 속에서 로봇 활용 사례를 통해 작동 원리와 활용 분야를 이해한다.

6국05-06 작품에서 얻은 깨달음을 바탕으로 하여 바람직한 삶의 가치를 내면화하는 태도를 지닌다.

수업 흐름

STEAM 수업의 핵심이 되는 창의적 설계와 노벨 엔지니어링의 창작물 만들기에서 활용될 수업 요소는 Arts와 AI 프로그래밍이다. 먼저 인공지능의 특징과 머신러닝에 대해 조사한다. 머신러닝을 이용하여 인간과 AI가 조화롭게 살아갈 수 있도록 인공지능을 학습시키는 방법에 대해 이야기해 본다. 이 활동은 추후에 설계할 티처블 머신 프로그램과도 관련이 있다. 머신러닝에 대해 조사한 내용을 바탕으로 AI가 인간과 어울려 살 수 있는 능력을 학습하는 간단한 프로그램을 만들어 봄으로써 미래 사회에 대비하는 AI 문해력 또한 갖출 수 있다.

차시	STEAM 준거 틀	노벨 엔지니어링 수업 단계	활동
1~2차시	상황 제시	①책 읽기 ②문제 인식	-책 읽기 -핫시팅 활동
3~5차시	창의적 설계	③해결책 설계 ④창작물 만들기	-인공지능의 특징과 머신러닝에 대해 조사하기 (평가) -티처블 머신을 활용하여 'AI 선생님 보호 프로그램' 만들기 -프로그램 공유하기
6차시	감성적 체험	⑤이야기 바꿔 쓰기	-이야기의 결말 바꿔 쓰기 (평가) -느낀 점 공유하기

6.2   상황 제시

책 읽기: 《담임 선생님은 AI》 노벨 엔지니어링 ①

담임 선생님은 AI

이경화 글 | 국민지 그림 | 창비 | 2018

미래초등학교 5학년 1반에는 아주 특별한 선생님이 있다. 바로 AI 선생님인 김영희 선생님이다.

'AI 선생님이면 수업에 늦게 들어가도 되겠지?'라는 기대도 잠시, 한치의 오차도 없는 벌점 폭탄을 선물해 주시는 담임 선생님의 모습에 5학년 1반 친구들은 어안이 벙벙해졌다. 몇몇 친구들은 쫓겨난 인간 담임 선생님

을 그리워하기도 했다. 그러나 시간이 흘러 점점 깨닫게 되는 AI 선생님의 멋진 능력과 특별함에 아이들은 마음을 열게 된다. 그러던 어느 날, 프로그램에 오류가 생긴 AI 선생님! 친구들은 폐기 처분 위기에 놓인 선생님을 구할 수 있을까?

제시된 도서는 5학년 교실을 배경으로 하는 이야기로, 160쪽가량의 동화책이다. 학교에서의 선생님과 학생의 관계, 그 사이에서 일어나는 다양한 사건들을 다루고 있으므로 4~6학년 학생들은 1차시 정도면 모두 읽을 수 있을 것이다. 시간에 제약이 있는 경우 9장(74쪽)까지만 읽어도 수월하게 활동을 진행할 수 있다.

책 속에서 드러나는 문제 상황은 AI 선생님이 담임 선생님이 되면서 발생한다. 책 속의 몇몇 아이들은 나와 다른 AI 선생님에게 불쾌함을 느끼며 깡통이나 달걀을 던지고 욕을 한다. 인간인 학생의 입장을 살펴보았을 때는 나와 가족, 우리 친구들과는 다른 인공지능 로봇이 낯설고 불쾌하게 느껴질 수 있다. 내가 아닌 다른 대상을 이해하기 위해서, 또 앞으로 인공지능과 함께 살아가야 할 학생들을 위해서 상대방의 입장을 공감해 보는 활동이 필요하다.

문제 인식   노벨 엔지니어링 ②

핫시팅 활동

'핫시팅 hot seating'이란 교육연극에서 사용하는 기법으로, 배우를 의자에 앉히고 궁금한 점을 물어보는 것이다. 학생 누구나 배우가 될 수 있고 의자에 앉는 순간 이야기 속 등장인물이 되어 질문을 받고 대답할 수 있다. 핫시팅 활동을 통해 학생들은 책 속 'AI 선생님'의 입장이 되어 질문을 받고 대답하게 된다. 인공지능 로봇의 입장이 되어 책 속 상황을 직면하게 된다면 이전에 느꼈던 낯섦과 불쾌함보다는, 인공지능을 인간과 함께 살아가야 할 존재로서 인식하게 될 것이다.

<그림 6-1> 핫시팅 활동 모습

책 속에는 여러 문제 상황이 등장한다. 5학년 2반 학생들은 복도로 난 창문을 통해 5학년 1반 AI 담임 선생님에게 빈 음료수 깡통들과 달걀을 던지며 괴롭힌다. 다행히 5학년 1반 친구들이 깡통과 달걀은 우산으로 막아 주었지만, AI 선생님의 수난은 끝난 게 아니었다. 2반 담임 선생님이 찾아와 AI 담임 선생님에게 몹쓸 말을 하기도 한다. AI 선생님에 대한 애정이 점점 커진 5학년 1반 아이들은 선생님을 열심히 보호하려고 하지만, AI 선생님에게 오류가 발생하게 된다. 1반 아이들은 AI 선생님과 재회하기 위해 고군분투하고, 그 과정에서 AI 선생님을 미워했던 사람들도 오해를 풀면서 새롭게 돌아온 AI 선생님과 슬기롭게 공존하게 된다.

인공지능 시대에는 2반 선생님과 같이 인공지능 로봇에 적대적인 감정을 가진 사람들이 점점 더 늘어날 것이다. 인공지능과 함께하는 사회에서 발생하는 갈등을 해결하기 위해서는 인공지능을 대하는 새로운 태도를 정립해 나갈 필요가 있다. AI 선생님의 입장이 되어 보는 핫시팅 활동은 인공지능에 대한 공감과 이해를 통해 인공지능 시대에서 발생할 수 있는 갈등 문제를 해결할 수 있는 태도를 길러 줄 것이다.

또한 제시된 도서에 관련된 내용이 아니더라도, 인공지능 시대에 인간이 겪게 될 변화에 대한 막연한 두려움을 공감해 보는 활동으로 변형하여 적용하는 것도 가능하다. 핫시팅 활동의 궁극적인 목적은 책 속 주인공의 입장과 감정을 공감하고 이해하도록 돕는 데에 있다.

책 내용과 국어 교과의 <연극> 단원을 연계하여 수업을 진행해도 좋다. 국어 6-1 나 연극 단원의 '일상 경험을 극본으로 표현하기' 차시나 국어 6-2 나 연극 단원의 '인물이 처한 상황에 알맞게 표현하기' 차시를 활용하면 온책읽기 활동과 연계된 수업이 가능하다.

<담임 선생님은 AI> 핫시팅 활동

학년   반   이름:

인터뷰 대상	AI 담임선생님 / 5-1 학생 / 5-2 학생 / 5-2 담임선생님	
질문1	인터뷰할 사람	
	질문할 내용	
	예상되는 답변	
질문2	인터뷰할 사람	
	질문할 내용	
	예상되는 답변	
질문3	인터뷰할 사람	
	질문할 내용	
	예상되는 답변	

<그림 6-2> 핫시팅 활동지

질문1	인터뷰할 사람	2반 선생님
	질문할 내용	2반 선생님은 왜 자신의 반 학생이 묶여 있는 것을 보고 담임선생님께 화를 내었나요?
	예상되는 답변	깡통이 우리반 아이를 묶을 권리는 없어! 로봇은 사람을 가르칠 수 없어! 라며 로봇에 대한 불만을 늘어놓을 것 같다.
질문2	인터뷰할 사람	담임선생님께 계란을 던진아이
	질문할 내용	왜 담임선생님께 계란을 던졌나요?
	예상되는 답변	그 선생님은 로봇이에요! 깡통이라고요! 로봇을 물리치는데 꼭 이유가 있어야 하나요? 라며 자기가 한 짓이 잘못된 행동이라는 것을 모를 것 같다.

질문1	인터뷰할 사람	AI담임선생님
	질문할 내용	5-2 선생님과 5-2 학생이 담임선생님께 AI로봇이 학생들을 지도한다고 무시하셨는데 그 때 어떤 기분이 들었나요?
	예상되는 답변	처음에는 속상했어요. 하지만 저 같은 AI로봇이 지도한다는 것이 무시당할 수 있다고 생각했어요.
질문2	인터뷰할 사람	5-1 학생
	질문할 내용	새로운 담임선생님이 AI로봇 이었는데 첫인상이 어땠나요?
	예상되는 답변	AI로봇이 저희를 가르친다는게 이상했어요. 하지만 일반적인 사람선생님과 별 다른점이 없다는 걸 알게됐어요.

질문1	인터뷰할 사람	5-2반 담임선생님
	질문할 내용	왜 AI를 무시하나요?, 왜 AI를 싫어하나요?
	예상되는 답변	당연히 AI는 아직 사람을 따라가지 못했기 때문이죠. 생각해 보세요. AI는 아직 믿지 못해요. AI발명가 들은 안전하다고 하지만 그걸 어떻게 믿겠어요? 그래서 그럽니다.
질문2	인터뷰할 사람	AI담임선생님
	질문할 내용	사람들이 당신을 싫어하는데 당신은 괜찮나요? 기분이 나쁘지는 않나요?
	예상되는 답변	사람들이 저를 싫어하는것은 제가 익숙하지 않기 때문이라고 생각합니다. 하지만 저는 이해합니다. 저는 AI라 기분을 느끼지 못합니다. 그러므로 질문에 답해드리기가 어렵습니다. 죄송합니다.

질문1	인터뷰할 사람	AI 담임 선생님
	질문할 내용	왜 학생들이 깡통이라고 욕하는데 뭐라고 하지 않는 건가요? 그리고 아이들이 경찰관을 해치는데 가혹하게 여기지 않는 건가요?
	예상되는 답변	인공지능은 사람들을 그렇게 쉬지않고 도움이 되기위해서 옛고 저는 감정이없어서 그런거다
질문2	인터뷰할 사람	5학년1반학생
	질문할 내용	왜? 선생님을 경호하는 건가요? 5학년2반이 괴롭혀서 입니까?
	예상되는 답변	5학년2반 애들이 선생님을 괴롭혀서

<그림 6-3> 학생들이 진행한 핫시팅 활동 내용

학생들은 핫시팅 활동을 통해 AI가 선생님이 되었을 경우의 문제점이나 단점을 깊이 있게 이해하는 모습을 보였다. 특히 AI가 선생님이 되었을 때, 감정이나 기분을 이해하지 못하리라는 우려가 가장 많이 제기되었다. 이와 관련하여 AI 윤리나 AI와 관련된 사건을 주제로 토론을 진행해 봐도 좋겠다.

6.3 창의적 설계

해결책 설계 노벨 엔지니어링 ③

인공지능의 특징과 머신러닝에 대해 조사하기

인공지능과 함께 사는 세상에서 일어나는 문제들을 예상하고 해결 방안을 설계하기 위해서는 인공지능의 특징에 대한 이해가 우선되어야 한다. 학생들은 인공지능의 특징에 대한 조사를 통해 인간의 삶을 편리하게 해주는 인공지능의 이점을 알게 되고, 이와 더불어 인공지능과 함께 살아갈 때 필요한 윤리적인 태도에 대해 생각해 보는 발판을 마련할 수 있다. 더나아가 인공지능과 함께 살아가는 세상을 예측하는 활동과 연결 짓는 것도 가능하다.

인공지능에 대한 특징을 조사하는 것과 더불어 머신러닝에 대해서도 조사해 보자. 머신러닝에 대한 이해를 통해《담임 선생님은 AI》속 문제 상황을 해결할 방법을 떠올려 보고 친구들와 의견을 공유할 수 있다.

인공지능과 머신러닝에 대해 조사하기

학년　반　이름:

1. 인공지능이란 무엇인지 조사하여 요약하여 써봅시다.

 인공지능 [artificial intelligence] 천재학습백과 초등 소프트웨어 용어사전

컴퓨터가 인간처럼 생각하고 학습하고 판단하여 스스로 행동하도록 만드는 기술. 인공지능이란 사람의 학습하는 능력, 생각하는 능력, 말하는 능력 등을 컴퓨터 프로그램으로 실현한 기술입니다. 인공지능을 통해 컴퓨터나 로봇이 인간처럼 지능적인 행동을 하기도 합니다. 지금은 저장된 정보를 바탕...

<네이버 지식백과- '인공지능' 검색- 어린이 백과 클릭>

2. 머신러닝이란 무엇인지 조사하여 요약하여 써봅시다.

 머신러닝 [machine learning] 천재학습백과 초등 소프트웨어 용어사전

컴퓨터가 스스로 방대한 데이터를 분석해서 미래를 예측하는 기술. 머신러닝을 우리말로 옮기면 '기계 학습'이라고 할 수 있는데 이것은 인공 지능을 가능하게 하는 방법 중 하나입니다. 컴퓨터는 데이터를 분석하고 스스로 학습하는 과정을 거치고 나면 패턴을 인식할 수 있는 능력을 갖추게 됩니다...

<네이버 지식백과- '머신러닝' 검색- 어린이 백과 클릭>

<그림 6-4> '인공지능과 머신러닝에 대해 조사하기' 활동지

초등학생들에게 무작정 생소한 개념인 인공지능과 머신러닝에 대해 조사하라고 하면 난감해할 수 있으므로, 예시와 같이 활동지에 구체적인 가이드를 제공하여 스스로 찾아볼 수 있게끔 독려해 주자. 학생들의 수준에 따라 사전에 인공지능과 머신러닝에 대해서 각각 기초적인 설명을 해 주어도 좋다. 다음 [배경지식]을 참조할 수 있다.

배 . 경 . 지 . 식 .

인공지능 또는 AI는 인간의 학습능력, 추론능력, 지각능력, 그 외에 인공적으로 구현한 컴퓨터 프로그램 또는 이를 포함한 컴퓨터 시스템이다. 쉽게 말해 지능을 갖고 있는 컴퓨터 시스템이며, 인간의 지능을 기계 등에 인공적으로 시연(구현)한 것이다. 일반적으로 범용 컴퓨터에 적용한다고 가정한다. 이 용어는 또한 그와 같은 지능을 만들 수 있는 방법론이나 실현 가능성 등을 연구하는 과학 분야를 지칭하기도 한다.

기계학습 또는 머신러닝은 경험을 통해 자동으로 개선하는 컴퓨터 알고리즘의 연구이다. 인공지능의 한 분야로 간주된다. 컴퓨터가 학습할 수 있도록 하는 알고리즘과 기술을 개발하는 분야야. 가령, 기계학습을 통해서 수신한 이메일이 스팸인지 아닌지를 구분할 수 있도록 훈련할 수 있다. 이때 알고리즘의 유형에 따라 지도 학습, 비지도 학습, 강화 학습 등으로 나뉜다.

제시된 도서에서는 5학년 1반 학생들이 AI 선생님을 변화시키기 위해 '인지 쌤 사용설명서'에 몇 가지 내용을 추가하고, 이 내용을 학습한 AI 선생님이 이전과 다른 새로운 행동을 하기도 하였다. 5학년 1반 학생들이 했던 것처럼, 데이터 학습을 통해 훈련되는 인공지능의 원리를 이해한다면 AI 선생님이 겪고 있는 갈등 문제를 해결할 수 있는 방법을 떠올리는 데 도움이 될 것이다.

감정을 느낄 수 없다.

스스로 생각 할 수 없다.

학습 할 수 있는 능력이 있다.

여러가지 용도에 사용된다.

인공지능은 여러종류가 있습니다.

인공지능은 스스로 생각 할 수 있습니다.

인공지능은 감정을 느낄 수 없고 여러용도로 사용됩니다.

인공지능(AI)은 경험을 통해 배우는 컴퓨터 시스템을 의미합니다. 새로운 입력에 맞게 컴퓨터가 자체적으로 조정이 가능하여 사람과 아주 흡사하게 작업이 가능하게 되는것입니다.

인공지능은 사람이 만든 지능으로 사람이 할 수 없는일을 도와주는 로봇 이다.

<그림 6-5> 학생들이 조사한 인공지능의 특징

머신 러닝은 컴퓨터 과학 중 인공지능의 한 분야로, 패턴인식과 컴퓨터 학습 이론의 연구로부터 진화한 분야이다

인간이 다양한 경험과 시행착오를 통해 지식을 얻는것 처럼 컴퓨터 에게 많은 지식을 주고 거기에서 일반적인 패턴을 찾아내게 하는 방법

기계 학습(機械學習) 또는 머신 러닝(영어: **machine learning**)은 경험을 통해 자동으로 개선하는 컴퓨터 알고리즘의 연구이다. 인공지능의 한 분야로 간주된다. 컴퓨터가 학습할 수 있도록 하는 알고리즘과 기술을 개발하는 분야이다.

인공지능의 연구분야중 하나로 사람들의 학습능력을 컴퓨터에 실현하고자 하는 기술 및 기법이다.

<그림 6-6> 학생들이 조사한 머신러닝의 정의

실제로 활동 결과 학생들은 스스로 인공지능과 머신러닝에 대해 저마다의 정의를 내리는 모습을 보였다. 일련의 수업 과정을 통해 추후 자신이 내린 정의를 수정하거나 재구성할 수 있을 것이다. 또 한편으로는 창의적설계 단계에서 사용하는 티처블 머신에 대한 선행지식도 쌓을 수 있다.

평가기준 ▶ STEAM 과정 중심 평가

학생들이 인공지능과 머신러닝의 특징에 대해 조사한 내용을 바탕으로 과정 중심 평가를 진행하여 보자. 성취기준에 의거하여 다음과 같이 평가기준을 제시할 수 있다.

구분	평가항목	평가기준
교사평가	과학기술 기반 문제 해결력	-인공지능과 머신러닝의 특징에 대해 설명할 수 있는가?
	산출물	-인공지능의 특징, 장점과 단점을 조사하여 설명할 수 있는가? -머신러닝의 특징을 조사하여 설명할 수 있는가?

평가를 진행하기 전, 학생들이 PC, 인터넷 사용법과 더불어 검색 포털 사용법에 대해 충분히 숙지하도록 안내한다. 필요에 따라 시간을 할애하여 컴퓨터실을 이용해 조사 활동 연습을 해 보아도 좋다. 또, 평가 시행 장소는 학교 인프라 구축 상황이나 교과 시간에 따라 교사 재량으로 선택할 수 있다. 예컨대 교과 시간이 충분하고 컴퓨터실 환경이 좋다면 컴퓨터실에서 함께 조사할 수 있고, 환경이 여의치 않으면 과제로 수행평가를 진행할 수 있다.

이때 유의할 점은 활동과 평가 모두 차후 제작하게 될 프로그램을 위해 기본 지식을 쌓는 과정이므로 학생들이 이론적인 부분에 너무 몰두하게 해서는 안 된다는 점이다. 인공지능과 머신러닝의 특징을 간단히 알아보고 기본적인 수준에서 조사하여 기록할 수 있도록 안내한다.

창작물 만들기 노벨 엔지니어링 ④

'AI 선생님 보호 프로그램' 만들기

인공지능에 대해 이야기하다 보면 머신러닝이라는 용어가 함께 등장하는 경우가 많다. 머신러닝은 AI를 학습시키는 방법으로 **학습 모델을 제공해 데이터를 분류하는 데 사용되는 기술**이다. 우리가 'AI 선생님 보호 프로그램' 만들기에 사용하게 될 티처블 머신Teachable Machine 역시 머신러닝을 작동하는 방법을 쉽게 이해해 볼 수 있게 만든 체험 페이지이다.

프로그램 사용 전에 시간이 된다면 학생들과 사이트에 방문하여 사용법을 익혀 보는 것도 좋다. 최신 버전은 teachablemachine.withgoogle.com에 방문하면 된다. 그러나 최신 버전은 물체를 인식해서 퍼센트를 알려 주는 것에서 끝나기 때문에 우리는 인식된 물체에 따라 반응도 설계할 수 있는 구버전을 활용할 것이다. 구버전은 teachablemachine.withgoogle.com/v1에서 컴퓨터와 모바일 상관없이 이용 가능하다.

<그림 6-7> 티처블 머신 웹사이트 메인 화면

티처블 머신 구버전 사이트에 접속하면 이 같은 화면이 등장한다. 아래의
파란 버튼을 눌러 시작한다.

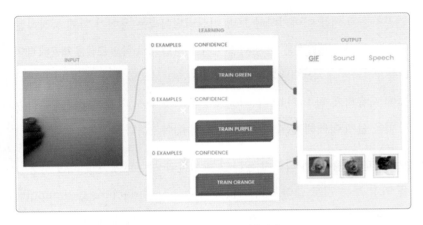

<그림 6-8> 티처블 머신 실행 화면

가장 왼쪽 [INPUT]에는 현재 카메라 화면이 실시간으로 뜬다. 중간에
는 이미지를 학습시킬 수 있는 [LEARNING] 칸이 있다. 가장 오른쪽
[OUTPUT]에는 각각의 샘플에 따라 반응하게 될 결과가 나오는데, 이미
지GIF, 소리Sound, 말Speech 모두 가능하다. 참고로 티처블 머신 최신 버전
에서는 이미지, 소리, 포즈 세 가지 프로젝트 중에 한 가지를 선택할 수 있
으며, 이미지를 선택할 경우 구버전처럼 웹캠 카메라를 이용하거나 기존
에 있던 이미지 파일을 불러와 학습시킬 수도 있다. 또, 구버전에서는 인
공지능이 학습할 샘플을 **그림 6-8**과 같이 그린, 퍼플, 오렌지로 표시하여
분류하는데 최신 버전에서는 Class1, Class2 등으로 분류한다.

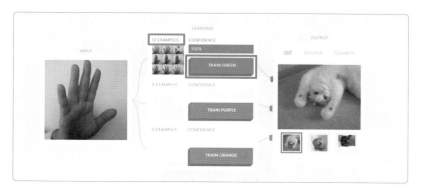

<그림 6-9> 티처블 머신에 '손' 학습시키기

우리는 각각 손, 깡통, 달걀 이미지를 차례로 학습시킬 것이다. 첫 번째로 [GREEN]에 손을 학습시킨다. 화면 뒤에는 흰 종이를 대지로 대면 좋다. 손을 학습시키기 위해 [TRAIN GREEN] 버튼을 길게 누르면 카메라에 손

의 모양이 실시간으로 여러 장 찍힌다. 버튼을 누르는 시간이 길면 길수록 샘 플이 많이 찍힌다. 머신러닝은 훈련 데 이터가 충분하면 충분할수록 정확해지 므로 샘플을 충분히 모으기 위해 버튼 을 길게 누르고 카메라상의 이미지를 다각도로 움직이면 좋다. 단, 과도하게 많은 샘플을 찍을 경우 학습 시간이 길 어져 느려질 수 있으므로 4~50장 정도 찍는 것이 적당하다.

<그림 6-10>
손 이미지를 인식하면 할 말 입력하기

오른쪽 [OUTPUT]으로 가서 기존에 있던 GIF 고양이가 아닌 [Speech] 탭 을 눌러 AI 선생님이 할 말을 적는다. [GREEN]에는 단순한 손 이미지를

학습시켰기 때문에 선생님의 말은 'hello'로 적었다. 프로그램을 설계하는 학생들의 생각에 따라 다른 메시지를 전달해도 좋지만, 영어 기반의 사이트이므로 영어로 적도록 주의한다(Good morning, How are you? 등).

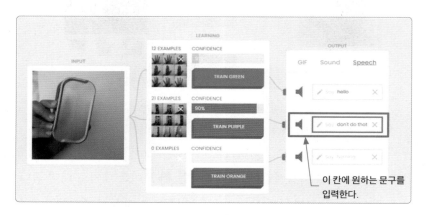

<그림 6-11> 티처블 머신에 '깡통' 학습시키기

두 번째 [TRAIN PURPLE]에는 깡통 사진을 학습시킨다. 이때도 마찬가지로 보라색 버튼을 길게 눌러 충분히 학습시킨다. 그리고 깡통 사진이 학습되면 어떤 말을 할지 [OUTPUT]에 입력한다.

책에서 AI 선생님은 학생들이 자신에게 깡통을 던져도, 그저 깡통에 대한 정보를 읊어 주기만 한다. 이는 정상적인 상황이 아니다. 보통 학생들이 선생님에게 깡통을 던진다면, 혼을 내거나 예의에 어긋남을 알려 주지 않을까? AI 선생님이 깡통을 인식했을 때 어떤 말을 해야 할지 학생들과 이야기를 나누고, 하고 싶은 말을 쓰도록 한다. 예시로는 'Don't do that'을 입력하였다.

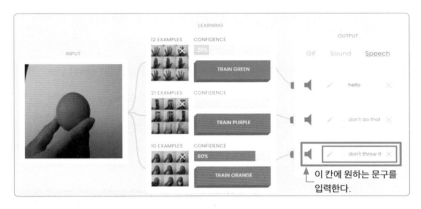

<그림 6-12> 티처블 머신에 '달걀' 학습시키기

세 번째 [TRAIN ORANGE]에는 달걀 사진을 학습시킨다. 이때도 마찬가지로 오렌지색 버튼을 길게 눌러 충분히 학습시킨다. 또 달걀을 보고 어떤 말을 해야 할지도 입력하도록 한다. AI 선생님이 달걀을 인식하면 할 말은 달걀의 신선도, 구매정보 등이 아니다. 예시로는 'Don't throw that'을 입력하였다.

학습이 완료되면 이제부터는 카메라에 보이는 대상에 따라 색깔 버튼 위에 있는 퍼센트 막대가 실시간으로 움직인다. 예컨대 **그림 6-12**의 경우 카메라에 비친 대상이 달걀이므로 오렌지색 막대가 80%로 가장 길게 표시되고, 우리가 [OUTPUT]에 입력한 'Don't throw that'이라는 말이 실행된다.

기존의 AI 선생님은 깡통, 달걀 등을 인식하였을 때 단순히 그 대상에 대한 지식백과를 읊어 주었다면 새롭게 데이터 학습을 한 AI 선생님은 학생들에게 '하지 마세요^{Don't do that}', '던지지 마세요^{Don't throw that}' 등의 말을 하게 됨으로써 자연스러운 소통이 가능해질 것이다.

또, 예시에서 제시한 말들 외에도 학생들의 아이디어로 새로운 대사를 지정해 주어도 좋다. 예컨대 하트 손모양이나 웃는 얼굴을 학습시킨 후 AI 선생님이 '감사해요^{Thank you}', '나도 여러분을 사랑합니다^{I love you, too}' 등의 긍정적인 대사를 하도록 해 줄 수 있다. 이렇게 직접 AI가 작동하는 원리에 대해 이해하고 구현해 본다면 AI와 어떻게 공존해야 할지 생각하는 기회가 될 것이다.

<그림 6-13> 머신러닝 작동하는 모습 녹화하기

마지막으로 하단에 있는 [Record a video]를 클릭해 내가 만든 머신러닝이 작동하는 모습을 영상으로 담는다. [Start Recording]을 누르면 10초짜리 시연 영상이 촬영된다.

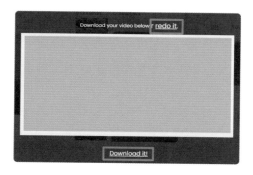

<그림 6-14> 녹화한 영상 내려 받기

촬영된 결과물이 마음에 들면 [Download it!] 버튼을 눌러 내려 받으면 된다. 마음에 들지 않으면 [redo it]을 클릭하여 재촬영한다. 이때 주의할 점은 촬영을 시작하기 전에 나이에 대해 동의하는 체크박스가 있으므로 이 부분은 학생들의 보호자를 통해 미리 동의를 받아 두어야 한다는 점이다. 여의치 않다면 마지막 영상 촬영 단계는 생략해도 된다.

<그림 6-15> 학생들이 머신러닝을 작동하는 모습

활동 결과, 학생들은 티처블 머신의 원리를 쉽게 이해하고 구현하였다. 깡통이나 달걀이 없더라도, 필통이나 공책 등으로 대체하여 수업에 참여하였으며 자신이 학습시킨 결과가 출력될 때 신기해하고 즐거워하는 모습을 보였다.

6.4　감성적 체험

이야기 바꿔 써 보기　노벨 엔지니어링 ⑤

학생들은 인공지능과 인간이 함께 살아갈 때 필요한 윤리적 태도에 대해 생각해 본 뒤, 책 속 AI 선생님과 학생들의 갈등을 해결하기 위한 프로그램을 설계해 보았다. 또 머신러닝의 작동 원리에 대한 이해를 바탕으로 데이터를 학습하는 프로그램도 설계해 보았다. AI 기초 지식, AI 활용, AI 개발, AI 윤리·가치관을 담은 일련의 수업에 참여한 학생들은 AI와 함께 살아갈 역량을 배우게 되었다. 이제 책 속의 9장 내용을 새롭게 바꾸어 쓸 수 있다.

| 수행평가 | 담임선생님은 AI | 6학년 반 번 |
| 6학년 1학기 | **이야기의 결말 바꿔쓰기** | 이름 |

◎ '담임선생님은 AI'의 일부분을 바꾸어 써봅시다.

> "야, 이 깡통아!"
> 하는 무식한 소리와 함께 빈 음료수 깡통이 날아왔다.
> "여기도 있다. 깡통아!"
> 시간 차를 두고 복도로 난 창문을 통해 깡통들이 돌진해 오기 시작했다.
> ...
> 그리고 얼굴은 익히 보아 온 2반 아이가 복도에 나타났다. 무언가를 쥔 양손을 허리에 얹고 있었다.
> "산란 일자 이달 5일인 유정란입니다."
> 담임의 말과 동시에 아이들의 야유가 복도를 울렸다. 2반 아이는 만세를 하듯이 두 팔을 들었다. 과연 양손에 달걀을 쥐고 있었다. 담임 양옆에 있던 아이들이 재빨리 우산을 폈고 달걀 두 개는 각각의 우산을 맞고 쭈르르 미끄러졌다

◎ 다음 기준에 맞게 이야기를 썼는지 스스로를 돌아봅시다.

| 문제 상황에 몰입하여, 문제를 해결하기 위해 적극적으로 참여하였는가? | 매우 잘함 / 잘함/ 보통 |
| AI 선생님이 겪는 어려움에 공감할 수 있는가? | 매우 잘함 / 잘함/ 보통 |

<그림 6-16> '이야기 바꿔 써 보기' 활동지

아, 이 깡통아!
하는 무식한 소리와 함께 빈 음료수 깡통이 날아왔다.
여기도 있다. 깡통아!
아, 깡통이라고 하지마!
1반아이가 말했다.
시간차를 두고 복도로 난 창문을 통해 깡통들이 돌진해 오기 시작했다.
...
그리고 얼굴은 익히 보아온 2반 아이가 복도에 나타났다. 무언가를 쥔 양손을 허리에 얹고
있었다. 산란 일자 이달 5일인 유정입니다. 담임은 갑자기 손을 2반아이를 향해 뻗었다.

그 행동과 동시에 아이들의 야유가 복도를 울렸다. 2반아이는 양손에 있던 달걀을 담임께
던졌다. 와, 이렇게 치사할 수가 있을까? 혹시 조준을 잘 못할 수 있어, 계란이 담임에게
맞지않을 때를 대비하여 2반아이는 조그만한 바늘로 달걀을 바느질 실이 들어갈 정도로만
뚫어, 던진 것이다. 그 구멍으로 흘러나오면 담임이 피해도 달걀이 묻을 수 밖에 없으니까.
하지만 담임이 최근에 업데이트가 되었을 때 새로운 기능이 인식되었다. 학교에서 이런일이
일어날 수 있는 가능성이 있다며 계란을 인식해, 계란이 날라와도 멀뚱멀뚱 가만히 서 있는
일이 없도록 했던 것이다. 담임에게 계란이 새롭게 인식되어, 담임은 더이상 가만히 있지
않았다. 달걀을 맞기 10초전, 2반아이를 향하던 담임의 손은 사라지고 어느새 프라이팬으로
변해 있었다. 담임의 손을 본 2반아이는 어쩔 줄 몰라 당황하고 있을 때, 계란은 무사히
프라이팬 안으로 들어가고, 담임의 뒤에서 1반아이들이 물총을 가지고 2반아이를 조준해,
2반아이는 홀딱 젖어, 자신의 반 안으로 들어갔다. 이 사건이후 담임은 깡통 등 자신에게
던져지는 물건은 피하는 것이라고 인식을 하게 되었다. 이후 담임은 깡통을 축구공처럼
차고 손이 어느새 야구 배트로 바뀌어, 야구를 하듯 깡통을 치며, 더 많은 운동 종목이
인식되었다. 몇 차례이후 담임이 너무 잘 막으니까 아이들도 지친나머지 더이상 말썽을
피우지 않았다. 아, 그 2반아이만 빼고.

AI선생님이 아이들이 던지는 깡통이 오는 속도랑 거리를 분석해서 다 받아냈다.
아이들은 깜짝 놀랐다! 우리가 생각했던 결과가 나오지않아서.... 아이들이 던지려고
했던 깡통을 다던지기도 했고 그것을 AI선생님이 다잡아서 스레기통에 다
넣어버렸기 때문에 아이들이 계란을 가지고 와서 던졌다 아이들이 던진 계란이 복도
바닥에 깨져서 5학년1학생들이 다 나왔다 .아이들이 구경을 하고 있을때 한아이가
선생님 뒤로가서 계란을 피하는 시스템을 다르게하고, 그 아이는 다시 친구들 옆으로
갔다. 또다시 계란을 던지는데 선생님이 계란이 오는것을 보고 계란이 오는
반대쪽으로 피했다. 아이는 기뻐했다. 선생님이 시스템을 인식하였기 때문이다.
AI선생님이 던져서 오는 계란을 받아서 옆반 아이들에게 던졌다! 그것을보고
아이들은 후다다닥 교실로 뛰쳐 들어갔다. 아이가 속 마음으로 생각했다 이제 아무도
우리 AI선생님을 못건드릴꺼야!^^

2반 아이들은 '에이~' 나 '아깝다~' 라는 말을 하였다. 1반 아이들은 화가나서

"아! 우리가 너희 선생님한테 그렇게 달걀 던지면 좋겠냐!"하였다.

그런데 2반아이들이"괜찮은데~어쩔건데~하였다.

그래서 우리는 각자 역할을 맡아서 어떻게 하면 선생님(AI)을 도와줄수 있을까?

하다가 우리는 티쳐블머신이라는 걸 알게되었고, 학교에 몰래 가서 선생님한테

프로그램을 심었다.

(다음날...)

2반아이들이 또 달걀을 던졌다. 하지만 우리가 입력한대로 달걀을 탁탁!

잡아내시고, 선생님께서는 이렇게 말씀하셨다."한번 더 그러면 교장선생님께

이야기 하겠습니다." 그래서 2반아이들은 더이상 선생님(AI)을 괴롭히지 않았고,

이제는 다시 평화로운 학교가 되었답니다~ 이야기 끝~^^

<그림 6-17> 학생들이 직접 바꿔 쓴 이야기

학생들은 티처블 머신의 원리를 바탕으로 책 속 문제 상황을 해결하는 모습을 보였다. AI 선생님과 인간 학생들이 겪는 갈등을 자신들이 체험한 기술로써 해결한 학생들은 AI와 공존하는 사회에 한 걸음 더 다가가는 모습을 보여주었다.

평가기준 ▶ STEAM 과정 중심 평가

이야기 바꿔 써 보기 활동을 통해 과정 중심 평가를 진행하여 보자. 성취기준에 의거하여 다음과 같이 평가기준을 제시할 수 있다.

구분	평가 항목	평가기준
교사평가	과학기술 기반 문제 해결력	-이야기에 인공지능과 함께 하는 사회의 문제를 해결할 방법이 드러나 있는가?
	글쓰기	-인공지능 시대의 올바른 태도에 대한 실천 의지가 글쓰기에 드러나는가?
자기평가	몰입, 공감	-문제 상황에 몰입하여, 문제를 해결하기 위해 적극적으로 참여하였는가? -인공지능 시대의 진정한 인간다움에 대해 공감할 수 있는가?

교사평가를 진행할 때에는 이 수업을 통해 기른 올바른 태도를 자신의 생활에서 실천하고자 하는 실천 의지에 유의해서 평가해야 한다. 이때, 바꾸어 쓰기 전 원문을 함께 읽어 보면서 등장인물의 상황과 감정에 대해 다시 한번 공감한다면 실천 의지를 다지는 데 도움이 될 것이다. 또, 학생들에게도 문제 상황에 대한 공감과 해결 방법에 대한 실천 의지가 평가의 주안점임을 설명한다.

자기평가 진행 시에도 마찬가지로 학생들의 실천 의지와 몰입도, 공감도 등 태도 면에 유의하여 평가가 이루어질 수 있도록 지도한다. 학생들이 맞춤법이나 국어 문법, 글쓰기 형식 등에 얽매이거나 치우치지 않고 얼마나 진정성 있는 내용의 글을 썼는지에 집중할 수 있는 환경을 조성해 준다. 스스로 알게 된 점, 느낀 점, 앞으로의 실천 의지를 담아 이야기를 바꾸어 쓰도록 안내한다.

해당 도서에는 9장의 사건 말고도 인공지능과 인간이 함께 살아가면서 발생하는 여러 가지 갈등 상황이 나타나 있다. 이와 더불어 처음에는 AI 선생님을 껄끄러워했던 학생들이 시간이 지나면서 인공지능 선생님의 능력과 특징을 파악하고 '인지 쌤 사용설명서'에 내용을 추가하여 선생님이 좀더 인간과 잘 어울릴 수 있게 도움을 주는 훈훈한 모습도 담겨 있다.

이러한 내용을 활용하여 '인간과 조화를 이루며 살아갈 수 있는 AI 선생님 사용설명서' 만들기를 해 보아도 좋다. 책에서는 줄글로 된 사용설명서로 표현되었지만, 창의적 설계 단계에서 머신러닝과 티처블 머신을 경험한 학생들은 사용설명서가 인공지능을 학습시키는 데이터 역할을 한다는 것을 이해할 수 있을 것이다.

이렇게 인공지능 선생님을 이해하기 위한 기술을 공부한 학생들은 인공지능과 공존하기 위한 윤리적 관점 또한 생각하게 된다. 노벨 엔지니어링 기반 STEAM 수업을 통해 인공지능 기술의 원리를 체험하고 인공지능이 사회에 미칠 영향까지 생각해 볼 수 있다.

노벨 엔지니어링 수업이 끝나고 교실에서 연계하여 실천, 내면화할 수 있는 활동을 소개한다. AI 문해력을 심화시킬 수 있는 활동이다.

인공지능 자율탐구 프로그램 참여하기

<그림 6-18> 인공지능 자율탐구 프로그램 포스터

국립중앙과학관에서 운영하는 '인공지능 자율탐구 프로그램'이 있다. 초·중등학생 중심으로 인공지능에 대한 관심과 탐구 분위기를 확산시키고자 운영하는 프로그램으로, 인공지능에 관심 있는 초·중·고등학생 50명 내외를 모집한다. 머신러닝 및 데이터 마이닝에 관한 부분도 탐구하기 때문에 머신러닝에 관심이 있는 학생들에게 실제적인 인공지능 체험 기회를 제공할 수 있다. 매년 진행되는 행사이므로 국립중앙과학관 홈페이지(science.go.kr)에서 정보를 찾아보고 신청할 수 있다.

전국 인공지능 코딩 경진대회 참가하기

<그림 6-19> 인공지능 코딩 경진대회 포스터

KT에서 주최하는 '전국 인공지능 코딩 경진대회'가 있다. 인공지능 코딩
에 관심이 있는 초·중·고등학생이 참가하는 대회로 1팀당 2인 이내로 결
성하여 참가가 가능하다. 예선은 제시된 코딩 툴을 사용하여 자유주제로
프로젝트를 작성하여 온라인으로 제출하는 것이다. 본선에 진출하면 정
해진 장소에 모여 주최 측에서 제시한 과제를 해결하는 인공지능 프로젝
트 코딩을 하게 된다. 예선에서 각 참가 부문별 10팀을 선발하여 실시한
다. 비록 2020년 제1회 대회는 코로나19의 확산으로 잠정 연기되었으나,
향후 재개 가능성이 있는 만큼 챙겨 보면 좋을 것이다. 전국 인공지능 코
딩 경진대회 홈페이지(aicontest.co.kr)에서 정보를 찾아보고 신청할 수
있다.

그 밖의 활용 가능한 도서

인공 지능, 내 친구를 구해 줘

고희정 글 | 국민지 그림 | 백은옥 감수 | 주니어김영사 | 2020

인공지능이 가족 구성원이 되어 일어나는 사건을 다룬 동화이다. 이 책을 통해 《담임 선생님은 AI》와 같이 인공지능과 함께하는 세상에 대해 고민해 볼 수 있다.

인공 지능 논쟁

오승현 글 | 이경국 그림 | 풀빛 | 2019

인공지능의 편리함과 함께 인공지능이 가지는 위험성에 대해 다룬다. 멀지 않은 미래에 인공지능과 함께 세상을 살아갈 학생들에게 인공지능 시대에 대해 생각해볼 수 있는 기회를 제공할 수 있다.

로봇

나타샤 셰도어 글 | 세브린 아수 그림 | 이충호 역 | 길벗어린이 | 2016

인공지능 로봇과 친구가 되는 법에 대해 이야기하는 책이다. 우리 사회의 구성원이 되어가는 인공지능 로봇과 인간이 함께 어울려 살아가는 방법에 대해 알아보고, 책을 토대로 내가 생각하는 방법에 대해 이야기 나누는 시간을 가져 볼 수 있다.

로봇시대 인성사전

남상욱 글 | 허경미 그림 | 상상의집 | 2017

《담임 선생님은 AI》는 인공지능 시대의 진정한 '인간다움'에 대해 고민해 보는 기회를 제공한다. 이 책 역시 인공지능 로봇과 함께 살아가는 사회에서 가장 인간다운 것에 대해 생각해 보게 한다.

엘릭스와 함께하는 미래 세계

야신 아이트 카시 글그림 | 이성엽 역 | 세용 | 2017

인공지능뿐만 아니라 우리 학생들이 미래 세계에서 맞닥뜨리게 될 이야기들을 다루고 있다. 우리 삶에 직접적으로 영향을 끼치는 이야기들 위주이기 때문에 상황 제시가 중요한 STEAM 수업에 알맞은 도서이다.

학교가 사라진 날

고정욱 글 | 허구 그림 | 한솔수북 | 2017

인공지능의 발달로 '교육'이 필요 없어진 세상에 대해 저학년 수준의 눈높이에서 동화로 풀어 내는 책이다. 재미있는 비유를 통해 자칫 어려울 수 있는 인공지능 시대에 대해 쉽게 이해할 수 있다. 또, 인공지능 사회 속에서 사라지고 있는 다양성과 인간 고유성에 대해 생각해 볼 수 있다.

안전한 세상,
함께 걷는 우리

자나깨나 조심!
안전교육

안전교육은 인간 사회에서 발생할 수 있는 가능성에 대해 알고 이에 대해 적극적으로 대처하는 방법을 익히는 것이다. **잠재적인 위험과 발생된 위험 앞에서 적절한 판단을 할 수 있는 개개인의 능력**을 향상시키는 것이 안전교육의 궁극적인 목적이라 할 수 있다.[1] 예로부터 인간은 각종 자연재해에 노출되어 있었고, 과학기술과 문명이 고도로 발전한 뒤로도 자연재해 앞에서는 속수무책일 수밖에 없었다. 더욱이 기후변화와 인간의 발걸음이 국경을 넘어 전 세계에 영향을 미치는 현재, 대형 재난은 점점 그 심각성을 더해가고 있다.

그러나 정건희(2014)의 연구에 따르면, 관련 종사자와 초중고 학생들을 포함한 전 국민에게 안전교육을 실시할 경우 재난 상황에서 약 48%까지 재난 위험도가 감소하는 것으로 나타났다.[2] 또한 유엔 산하 국제 기구인 ISDRInternation Strategy for Disaster Reduction이 공표한 <재난 안전을 위한 효고Hyogo 행동계획>에서도 재난안전교육에서 학교가 갖는 중요성을 역설하며, 학교야말로 재난안전 지식과 기술을 효과적으로 공유하고 보급할 수 있는 대표적 기관이라고 강조하고 있다.[3]

따라서 우리나라 역시 '학교안전법', '아동복지법', '학교보건법' 등에 학교에서 실시하는 안전교육의 내용과 횟수를 규정하고 창의적 체험활동

등을 통해 이를 실시하도록 하고 있다. 더불어 초등학교 1, 2학년에는 '안전한 생활'이 정식 교과로서 자리 잡고 있으며, 초·중등학교의 체육 교과역시 '안전'을 별도 영역으로 두고 교육을 실시하고 있다. 2015 개정 교육과정에서의 안전교육은 7가지 주제를 표준으로 하여 진행된다. 재난안전, 생활안전, 교통안전, 폭력·신변안전, 약물·유해물질안전, 인터넷 중독, 직업안전, 응급처치의 7가지 주제는 교과 및 비교과에 포함되어 있다.

무엇보다 안전 없이는 학생들의 발전을 기대하기가 어렵다. 매슬로우의욕구 단계 이론에 의거할 때, 학생들은 기본적인 욕구 중 하나인 안전을충족하지 않고서는 그 이상의 욕구, 특히 자아실현을 하고자 하는 의지를발현할 수 없다. 따라서 인간의 자아실현을 목표로 하는 학교 교육이 성공적으로 이루어지려면, 적절한 안전교육을 통해 안전의식을 고취하고 육체적, 심적으로 안전한 사회를 만들어 주는 것이 필수적이다.

이러한 안전교육은 학생들의 실제 삶에서 이루어져야 더욱 그 의미를 가질 수 있다. 우리가 학교에서 배우는 어떤 내용보다 우리 생존과 직결된 문제이며 우리 삶에서 빈번하게 이루어지는 일이기 때문이다. 따라서STEAM을 통한 몰입감을 극대화하는 것은 좋은 안전교육 방법이라고 할수 있다. 융합을 통한 안전교육은 안전의식의 실제적인 향상을 기대할 수있는 교육 방법이다.[4]

본래 안전이란 개념은 최종적으로 '안전하다고 느끼는 마음 속 상태'를의미하며 큰 틀에서는 학교폭력 예방교육 등과 같은 부분도 포함되나 이번 장에서는 물리적이고 사회적인 재난, 생활 안전에 한정하여 다루기로한다.

7.1 수업 돋보기

우리 사회에는 다양한 위험이 도사리고 있다. 사회가 고도화되면서 예전처럼 호랑이에 물려 가는 불상사는 없어졌으나 교통, 신변, 생활 등 우리의 안전을 위협하는 요소들이 도처에 점차 늘어나고 있다. 안전을 지키는 길은 위험한 행동을 소극적으로 피하는 것이 아닌 위험한 행동을 미리 예지하고 이를 적극적으로 방어하는 데 있다. 이를 위해 학생들은 먼저 책 속에서 안전을 위협하는 온갖 상황을 접함으로써 다양한 재난에 대해 알아보고 이를 실제 삶 속으로 내재화할 수 있다. 직접 위험한 상황에 처하지 않고서도 재난에 대해 이해하게 되는 것이다.

또한 책 속에서 제시하는 다양한 재난 상황에 대한 일반적인 대처 방법에 대해 배우도록 한다. 그러나 해당 방법은 소극적인 방안에 그치는 바, 기술적인 접근을 통하여 위험을 미리 방어할 수 있는 적극적인 방안을 생각하고 이를 설계해 봄으로써 안전에 대해 민감하게 대처하는 노하우를 기를 수 있을 것이다. 여기서는 인간보다 더 예민한 감각을 지닌 피지컬 도구를 이용하고자 한다. 이 과정에서 안전과 함께 센서의 인지 과정, 아날로그의 디지털화 방식을 익히게 된다.

성취기준

4과11-04 지진 발생의 원인을 이해하고 지진이 났을 때 안전하게 대처하는 방법을 토의할 수 있다.

4체05-01 신체활동에서 자주 발생하는 안전사고의 종류와 원인을 탐색한다.

4체05-02 수상활동에서 발생하는 안전사고의 사례를 조사하고 예방 및 대처 방법을 익혀 위험 상황에 대처한다.

4체05-03 신체활동 시 발생할 수 있는 위험 상황을 인지하며 안전하게 신체활동을 수행한다.

4체05-05 게임 활동에서 발생하는 안전사고의 사례를 조사하고 예방 및 대처 방법을 익혀 위험 상황에 대처한다.

6사01-04 우리나라 자연재해의 종류 및 대책을 탐색하고, 그와 관련된 생활 안전 수칙을 실천하는 태도를 지닌다.

6체05-03 일상생활이나 운동 중 발생할 수 있는 위험 상황에서 약속된 절차를 떠올리며 침착하게 행동한다.

6체05-04 운동 시설 이용 시 발생할 수 있는 안전사고의 종류와 원인을 탐색한다.

6체05-05 야외 활동에서 발생하는 안전사고의 사례를 조사하고 예방 및 대처 방법을 익혀 위험 상황에 대처한다.

6체05-06 신체 부상이 우려되는 위험한 상황이나 재난 발생 시 피해 상황을 신속하게 판단하여 안전하게 대처한다.

6과07-03 일상생활에서 속력과 관련된 안전 사항과 안전장치의 예를 찾아 발표할 수 있다.

6과15-03 연소의 조건과 관련 지어 소화 방법을 제안하고 화재 안전 대책에 대해 토의할 수 있다.

6실02-08 생활 안전사고의 종류와 예방 방법을 알아 실생활에 적용한다.

9체05-03 응급 상황이나 안전사고 발생 시, 해결 방법과 절차를 올바르게 판단하고 적용한다.

9체05-07 야외 및 계절 스포츠 활동에서 발생할 수 있는 안전 문제를 이해 하고 바람직한 예방 및 대처 방법을 설명한다.

수업 흐름

STEAM의 창의적 설계와 노벨 엔지니어링의 창작물 만들기에서 주요 활용될 요소는 Engineering, Technology 그리고 Physical Computing이다. 먼저 지진에 관하여 알아본 뒤 지진계의 원리를 이해한다. 그다음 지진계의 원리를 마이크로비트Micro:bit를 이용하여 직접 구현해 보도록 한다. 이후 마이크로비트에 있는 다양한 센서들의 역할과 사용방법을 알아보고 각자 재난을 감지할 수 있는 프로그램을 만들어 본다. 이러한 프로그램에는 마이크로비트를 웹상에서 바로 사용할 수 있는 Let's Code(makecode. microbit.org)를 이용한다. 블록 프로그래밍의 대표격인 스크래치나 엔트리에서도 마이크로비트를 사용할 수 있으나 연결에 별다른 오류가 발생하지 않는 Let's Code가 가장 편리하므로 이를 사용한다. 그러나 혹 이미 마이크로비트를 이용하여 다른 블록 프로그래밍 언어를 다뤄 본 경험이 있다면, 스크래치나 엔트리에서 훨씬 더 시각적이고 실제감 있는 프로그램을 만들고 적용할 수 있으므로 다른 교육용 프로그래밍 언어EPL를 사용해 보아도 좋다. 수업의 흐름을 표로 정리하면 다음과 같다.

차시	STEAM 준거 틀	노벨 엔지니어링 수업 단계	활동
1~2차시	상황 제시	①책 읽기 ②문제 인식	-책 읽기 -경험 이야기하기
3~5차시 (+2차시)	창의적 설계	③해결책 설계 ④창작물 만들기	-센서란 무엇인지 알아보기 -센서 체험해 보기 -마이크로비트 지진계 만들기 (평가) -(심화)여러 가지 재난 알아보기 -(심화)자신만의 재난 안전 도우미 만들기 (평가)
6차시	감성적 체험	⑤이야기 바꿔 쓰기	-이야기의 결말 바꿔 쓰기 -느낀 점 공유하기

7.2   상황 제시

책 읽기: 《재난에서 살아남는 10가지 방법》 노벨 엔지니어링 ①

도서소개   **재난에서 살아남는 10가지 방법**

강로사, 류재향 글 | 이창섭 그림 | 종이책 | 2018

만일 지진이 나서 집이 마구 흔들리거나 정전이 되었다면 어떻게 할까? 갑자기 집에 불이 났다면 어떻게 해야 할까? 설마라고 생각하기에는 우리 주변에서 각종 재난은 흔하게 일어나고 있고, 지금도 어딘가에는 이러한 재난들로 고통을 받는 사람들이 많다. 이 책에서는 누구나 맞닥뜨릴 수 있는 재난 10가지(지진, 태풍, 폭설, 폭염, 바이러스 감염, 화재,

조난, 건물붕괴, 블랙 아웃, 해양 사고)를 10가지의 짧은 동화로 풀어내고 있다. 각 동화의 주인공들은 이를 슬기롭게 극복하는 모습을 보여준다. 각 장이 끝나면 해당 재난의 발생 이유와 대처법을 짧게 가르쳐 주고 있다.

제시된 도서는 다양한 재난을 소개하는 책이다. 150쪽가량의 분량에 10가지 주제를 가지고 있으며 각 주제마다 재난을 슬기롭게 헤쳐 나가는 주인공의 짧은 이야기가 실려 있다. 10가지 주제를 모두 읽더라도 약 1.5시간 이내에 모두 읽을 수 있는 분량이고 모든 주제가 옴니버스식으로 구성되어 있기 때문에 필요한 장을 골라 읽고 수업하는 데 무리가 없다.

이번 장의 첫 번째 창의적 설계 소재인 '지진'은 1장에서 다루고 있는데,

10쪽 내외의 짧은 이야기다. 부모님께서 외출하시고 동생과 둘이서만 집에 있을 때 지진이 일어나자, 주인공 지아가 동생을 데리고 적절하게 행동하여 위기에서 벗어나는 모습을 보여준다. 모든 이야기의 주인공이 의연하고 올바르게 대처해 나가지만, 이를 조금 더 안전하게 만들 도구들을 설계한다면 더 바랄 나위 없을 것이다. 책을 모두 읽어도 좋고, 1장만 먼저 읽고 같이 활동을 한 후 두 번째 창의적 설계 전에 다른 장을 읽어 보는 것도 좋다. 먼저 1장을 같이 읽어 보도록 하자. 한 장은 5분 정도에도 읽을 수 있다.

문제 인식   노벨 엔지니어링 ②

경험 이야기하기(두 줄 생각하기) 활동

'경험 이야기하기 활동'은 언제나 해 왔던 활동 중의 하나이다. 넓은 주제에 대한 경험 이야기하기는 어려울 수 있으나 특정 주제로 이야기하는 것은 많은 참여를 이끌어 낼 수 있다. 해당 경험이 없을 수 있으므로 모두가 이야기하지는 않아도 되지만, 서로의 생각을 들어 보고 함께 생각을 모으는 것은 중요하다. 생각을 돋우기 위한 도구로 '두 줄 생각'이라는 디자인 사고 기법을 이용하여 서로의 생각을 확인해 보도록 한다.

먼저 학생들에게 지진과 관련한 경험이 있는지 발표하도록 한다. 몇 가지 경험을 들어 본 후 지진에 관한 여러 생각을 나눌 수 있도록 한다. 이 과정을 책 내용을 떠올려 보면서 진행한다면 문제를 조금 더 명확하게 인식할 수 있다. 지진의 위험성을 알고 무엇이 위험한지, 어떻게 해야 하는지에 대하여 학생마다의 창의적인 생각을 들어 보자.

두 줄 생각하기

1. 주제와 관련하여 떠오르는 생각을 모두 적어봅시다.

> (지진)

2. 위에서 적은 내용을 하나 골라 '지진'과 관련된 생각을 써 봅시다.

지진은 ＿＿＿＿＿＿＿＿＿입니다.

왜냐하면 ＿＿＿＿＿＿＿＿＿＿＿＿＿＿＿＿＿＿＿＿＿＿＿

＿＿＿＿＿＿＿＿＿＿＿＿＿＿＿＿＿＿＿＿＿＿＿＿＿＿＿＿＿

＿＿＿＿＿＿＿＿＿＿＿＿＿＿＿＿＿＿＿＿＿＿＿＿＿＿＿＿＿

<그림 7-1> '두 줄 생각하기' 활동지 예시

'두 줄 생각'이란 디자인 사고 기법 중 하나로 새로운 생각을 만들어 내기 위한 방법이다. 특히 이 활동은 문제에 대해 정의하고 공감하기 좋은 방법이면서도 동시에 창의적인 생각을 이끌어 내는 효과도 있다. 서로의 생각을 수렴하는 과정에서 지진에 대한 다양한 시각을 공유한다면 더욱 창의적인 설계로 나아갈 수 있다.

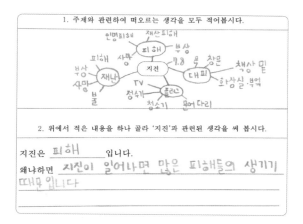

<그림 7-2> 학생이 직접 그리고 쓴 '지진' 마인드맵과 두 줄 생각

학생들은 지진과 관련된 단어로 피해, 재난, 대피 등을 꼽았다. '왜냐하면'에 초점을 맞춰 다양한 의견을 청취할 수 있도록 하고 지진의 위험성에 대해서도 서로 공유하여 보자. 그리고 다음 창의적 설계 활동을 위해 재난이 일어났을 때 우리가 느끼는 정도와 강도에 대해서도 이야기하는 것이 좋다. 센서를 사용하는 이유는 인간이 알아채지 못하는 미세한 떨림이라도 먼저 감지하고 대응할 수 있도록 하기 위함이다. 학생들의 발표 또는 선생님의 직접 제시를 통해 재난에 대한 민감도(지진이라면 떨림을 느끼는 정도가 다름)가 다 다름을 이야기할 수 있다. 다음에 제시한 지진의 진도표를 참고 자료로 사용하면 좋다.

또한 해당 활동은 꼭 지진이 아니더라도 다양한 주제에 대해 자신의 생각을 간편하게 정리할 수 있는 방법이기도 하다. 따라서 책 속의 다른 주제 또는 다른 수업에서 이를 사용하여 학생들의 생각을 짧지만 힘들지 않게 표현하도록 유도할 수 있다.

배.경.지.식.

단계	계급 분류 및 설명
1단계	대부분의 사람은 느낄 수 없는 정도
2단계	조용한 상태나 건물 위층의 소수 사람들만 느낌
3단계	실내 또는 건물 위층에 있는 사람들은 느낄 수 있음
4단계	실내의 많은 사람들이 지진을 느끼며 밖에 있는 사람 중 소수가 느낌. 창문이 조금씩 흔들리고 차가 조금씩 흔들리는 것이 보임
5단계	거의 모든 사람들이 진동을 느끼고, 불안정한 물체가 넘어짐
6단계	모든 사람이 진동을 느끼고 일부 무거운 가구들이 움직임. 벽의 석회 가루가 떨어질 수 있음
7단계	부실한 건물에서 피해가 발생함
8단계	지진에 잘 설계된 건물도 약간의 피해가 생김. 보통 건물에서는 일부가 붕괴될 수 있음. 부실 건물은 심각한 피해를 입음
9단계	잘 설계된 건물도 상당한 피해를 입음. 건물이 부분 붕괴됨
10단계	잘 설계된 목재 건축물은 붕괴되고 석재 건물의 기초가 붕괴됨. 철로가 휘어짐
11단계	건물 대부분이 붕괴되고 다리가 파괴됨. 땅에 넓은 균열이 생기며 지하 매설 배관이 파괴됨
12단계	모든 것이 피해를 입고 땅이 물결치며 지표면이 뒤틀림

<표 7-1> 지진 진도 단계표

7.3   창의적 설계

해결책 설계   노벨 엔지니어링 ③

센서란 무엇인지 알아보기

본격적으로 지진계를 만들기 전에, 먼저 센서에 대해 알아봐야 한다. 센서
란 **열이나 빛, 소리 등의 물리적인 변화를 감지하여 일정한 신호로 알려주는 부품**
을 의미한다. 현관문에 들어서면 자동으로 불이 켜지는 것은 등에 달린 적
외선 센서가 움직임을 감지하여 불을 켜 주기 때문이다. 즉 사람으로 따지
면 소리, 맛, 냄새, 촉감 등을 느낄 수 있게 하는 귀, 혀, 코, 피부와 같은 셈
이다. 센서는 자연 속에 존재하는 대상의 정보를 디지털 정보(숫자, 전기신
호)로 바꿈으로써 기계나 컴퓨터가 활용할 수 있게 한다. 센서는 우리 삶
을 편리하게 해 주는 사물인터넷과 같은 기술에서 필수적인 역할을 하며,
앞으로도 자율주행 자동차 등 인간을 돕는 모든 기계에 더 널리 사용될 것
이다.

보통 지진계는 틀에 설치된 용수철에 추를 매달아 추의 진자 운동을 통해
지진을 감지한다. 또는 자석의 흔들림에 따른 전자기적인 방법을 이용한
다. 그러나 이 방법은 범용적이지 않고 다양하게 적용하기에는 무리가 있
다. 한 가지 원리를 이용하여 다양한 것을 제작할 수 있는 마이크로비트를
이용하여 각자의 산출물을 설계할 수 있도록 여러 센서에 대해 조사해 보
는 것이 좋다. 단, 해당 수업에서 사용할 가속도 센서는 꼭 조사할 수 있도
록 안내하자.

센서란 무엇일까요?

1. 센서란 무엇인지 알아봅시다.

2. 여러 가지 센서에 대해 알아보고 이를 조사하여 봅시다.

예) 가속도 센서, 온도 센서, 빛 센서, 나침반 센서 등

센서 종류	하는 일

<그림 7-3> '센서 조사해 보기' 활동지 예시

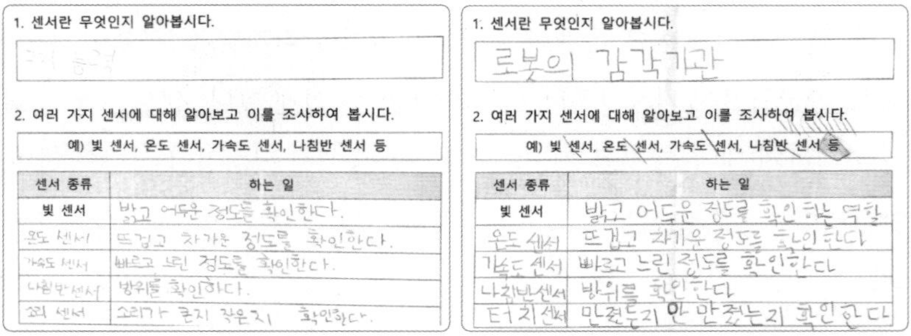

1. 센서란 무엇인지 알아봅시다.

2. 여러 가지 센서에 대해 알아보고 이를 조사하여 봅시다.

예) 빛 센서, 온도 센서, 가속도 센서, 나침반 센서 등

센서 종류	하는 일
빛 센서	밝고 어두운 정도를 확인한다.
온도 센서	뜨겁고 차가운 정도를 확인한다.
가속도 센서	빠르고 느린 정도를 확인한다.
나침반센서	방위를 확인한다.
소리 센서	소리가 큰지 작은지 확인한다.

1. 센서란 무엇인지 알아봅시다.

로봇의 감각기관

2. 여러 가지 센서에 대해 알아보고 이를 조사하여 봅시다.

예) 빛 센서, 온도 센서, 가속도 센서, 나침반 센서 등

센서 종류	하는 일
빛 센서	밝고 어두운 정도를 확인하는 역할
온도 센서	뜨겁고 차가운 정도를 확인한다
가속도 센서	빠르고 느린 정도를 확인한다
나침반센서	방위를 확인한다
터치센서	만졌는지 안 만졌는지 확인한다

<그림 7-4> 실제 학생들이 센서에 대해 조사한 내용

센서에 대한 이해를 바탕으로 우리 주변에서 얼마나 많은 아날로그 정보가 디지털로 바뀌어 사용되는지 확인할 수 있다. 또한 이때 조사한 다양한 센서는 차후 다른 활동에서 작품을 만드는 데 도움을 준다. 다만, 센서의 경우 내용을 깊이 조사하면 어려우므로 단순히 그 기능 정도를 알아볼 수 있게 한다.

센서 체험해 보기

마이크로비트 micro:bit는 영국의 BBC에서 출시한 작은 교육용 프로그래밍 보드로 다양한 센서와 칩셋을 포함한 피지컬 컴퓨팅(센서 활용) 도구이다. 가속도 센서, 온도 센서, 자기 센서 등을 포함하고 있으며 버튼과 출력이 가능한 LED를 포함하고 있다. 합리적인 가격(2만원 내)과 작은 크기로 전 세계적으로 사용되고 있다. 최근 2021년도에는 내장 마이크, 스피커, 터치 센서 등을 포함한 마이크로비트 v2를 출시하여 더욱 다양한 활용이 가능하게 되었다.

<그림 7-5> 마이크로비트 v2 (출처: micro:bit 공식 홈페이지)

센서를 체험해 보기 위해서 이 마이크로비트를 이용할 것이다. 마이크로비트를 통해 센서를 실제로 사용해 보고 값이 어떻게 들어오는지 확인하도록 한다. 이를 위해서 마이크로비트를 연결하고 간단한 프로그래밍을 실시한다. 물론 마이크로비트가 아니더라도 센서가 있는 피지컬 컴퓨팅 도구라면 다른 것을 사용하여도 좋다.

<그림 7-6> 마이크로비트 홈페이지

먼저 마이크로비트 공식 홈페이지에 있는 Let's Code(makecode.microbit.
org)에 접속한다.

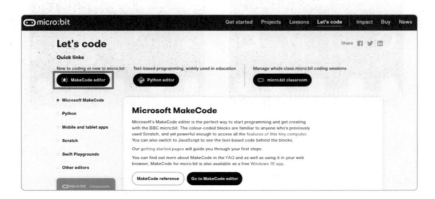

<그림 7-7> 메이크코드 에디터 선택 화면

접속한 후 좌측 상단의 [MakeCode editor]를 선택하여 블록형 프로그래밍
도구로 접속하도록 한다.

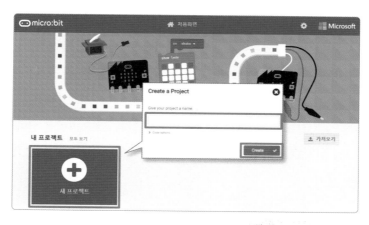

<그림 7-8> 마이크로비트 프로젝트 만들기

접속하면 마이크로비트의 여러 가지 프로젝트를 구경하거나 자신의 프로
젝트를 만들 수 있는 화면이 나온다. 해당 화면에서 [새 프로젝트]를 선택
하여 이름을 정하고 프로그래밍할 수 있는 곳으로 접속한다. 만약 영어로
되어 있다면 오른쪽 위의 톱니바퀴를 선택하여 [Language]에서 한국어를
선택한다.

<그림 7-9> 마이크로비트 기본 화면

프로그래밍 화면으로 접속하면 좌측에는 마이크로비트가 어떻게 실행될지 나오는 가상 마이크로비트가 있으며, 가운데에는 블록 팔레트, 즉 블록들이 모여 있는 곳이 있다. 그리고 오른쪽에는 블록들을 조립하여 프로그래밍하는 프로그래밍 공간이 존재한다. 아래에는 [다운로드] 버튼이 있다. 이 버튼은 프로그래밍한 코드를 내려 받는 것인데, 코드 파일을 받아 외장하드처럼 인식되는 마이크로비트에 넣으면 마이크로비트가 프로그래밍한 대로 동작한다.

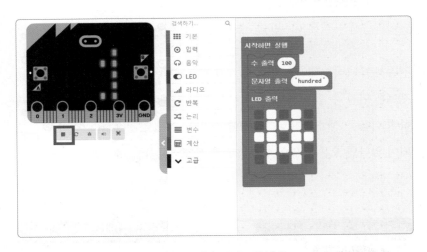

<그림 7-10> 마이크로비트 기본 출력

먼저 체험을 위해 간단한 센서를 웹상에서 작동해 보도록 하자. 모든 블록은 해당 블록 팔레트에서 같은 색에 존재하므로 색을 기준으로 하여 찾아 보면 좋다. 먼저 기본에서 시작하여 다양하게 이것저것 출력해 보도록 하자. LED상에 해당 숫자, 문자, 모양 등이 나타난다. 쓰기 공간에 프로그래밍한 뒤 마이크로비트 아래 있는 [▶] 버튼을 누르면 마이크로비트가 어떻게 동작할지 알 수 있다.

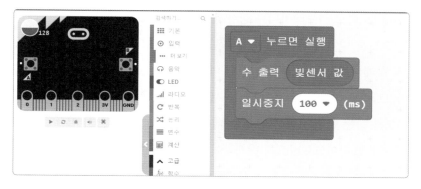

<그림 7-11> 마이크로비트 빛 센서

화면이 정상적으로 작동한다면 이제 센서를 사용해 보자. 마이크로비트의 여러 센서 중 빛 센서를 사용해 볼 것이다. 기존 코드는 지우고 새로 **그림 7-11**과 같이 코드를 만든다. 버튼 A를 누르면 현재 조도를 화면상에 출력해 주는 코드이다. 코딩을 마친 후 마찬가지로 [▶] 버튼을 누르면 마이크로비트 시뮬레이터 왼쪽 위 동그라미를 마우스로 조작해 빛의 양을 임의로 조절할 수 있다. 그런 뒤에 A 버튼 역시 마우스로 클릭하면 LED로 출력되는 것을 볼 수 있다.

<그림 7-12> 마이크로비트 장치 페어링하기

마이크로비트 시뮬레이터가 정상 작동하면 마이크로비트에 프로그래밍
한 코드를 넣어 주어야 한다. 좌측 아래 다운로드 옆에 추가 메뉴를 눌러
[장치 페어링]을 선택하고 연결된 마이크로비트를 선택하면 된다. 혹 마
이크로비트 버전이 낮으면 [Update Firmware]를 통해 펌웨어를 업데이트
하도록 하는 안내가 나온다. 일단 페어링이 되면 [다운로드] 버튼 클릭만
으로 바로 마이크로비트에 탑재되어 실행되게 된다. 만약 컴퓨터의 사정
으로 인해(예: 익스플로러 사용 등) 페어링이 잘 되지 않으면 프로그램 파일
(HEX)을 내려 받아 실행하는 것도 가능하다.

<그림 7-13> 내 컴퓨터의 마이크로비트 드라이버에 HEX 파일 복사하기

만약 페어링이 아니라 HEX 파일을 내려 받아서 직접 넣고자 할 때는 먼
저 마이크로비트를 USB선을 이용하여 컴퓨터와 연결해야 한다. 정상적
으로 연결되면 [내 PC]의 [장치 및 드라이브]에 MICROBIT (D:)란 이름
으로 나타난다. 그럼 프로그래밍 창의 왼쪽 아래 [다운로드] 버튼을 누른
뒤 '파일명.hex' 파일을 [다운로드] 폴더에서 찾아 마이크로비트에 복사해
주면 된다.

<그림 7-14> 빛 센서 실험

복사가 완료되면 A 버튼을 눌러 값이 어떻게 변하는지 확인해 보자. 손으로 가려 빛의 양을 조절하면서 여러 번 실험해 보도록 한다. 다음과 같이 활동지에 예시 프로그램을 제시하여 학생들의 원활한 연습을 도울 수 있다.

마이크로비트 연습하기(출력, 조도센서)

1. 아래와 같이 만들어본 뒤 정상적으로 출력되는지 확인하여 봅시다.

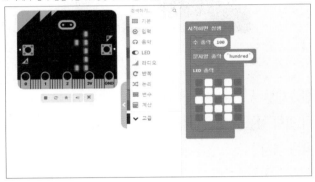

2. A 버튼을 눌렀을 때 조도 값이 LED로 출력되도록 해 봅시다.

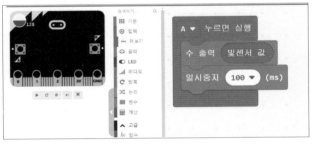

3. 완성된 프로그램을 [다운로드] 받아 마이크로비트에 복사하여 봅시다.
4. 센서들의 최솟값과 최댓값은 몇 입니까?

센서 종류	최솟값과 최댓값		
빛 센서	최솟값(	), 최댓값(	)
	최솟값(	), 최댓값(	)
	최솟값(	), 최댓값(	)
	최솟값(	), 최댓값(	)

<그림 7-15> '마이크로비트 연습하기' 활동지

Q 처음 연결했을 때 LED가 깜빡거린다면?

A 마이크로비트를 처음 켜면 제품의 센서를 테스트하기 위하여 LED의 한 점이 깜빡거리기도 한다. 해당 점을 움직여 모든 LED를 다 채워 주면 동작을 시작하는 경우도 있다. 한 번도 쓰지 않은 마이크로비트는 기본 프로그램이 내장되어 버튼을 체험하는 등의 간단한 동작이 지정되어 있다. 마이크로비트 v2의 경우에는 처음 연결하면 여러 가지 소리가 난다. 처음에 지시하는 대로 버튼을 누르면 인사말을 볼 수 있다.

<그림 7-16> 마이크로비트 초기 동작(왼쪽-화살표, 오른쪽 알파벳 대문자 A)

Q 정상적인 코드인데도 마이크로비트가 잘 동작하지 않는다면?

A 생산된 지 오래된 예전 버전의 마이크로비트의 경우 펌웨어 업데이트를 하면 좋다. 마이크로비트 홈페이지(microbit.org) [Get Started] 메뉴의 [User guide]의 [Firmware]에는 최신 펌웨어 버전이 올라와 있다. 이 파일을 내려 받아 컴퓨터와 연결한 마이크로비트에 복사하면 자동으로 펌웨어 업데이트가 완료된다.

창작물 만들기 노벨 엔지니어링 ④

마이크로비트 지진계 만들기

마이크로비트 지진계는 마이크로비트에 내장되어 있는 가속도 센서를 이용하여 LED에 출력하는 식이다. 센서의 경우 인간보다 훨씬 더 미세하게 움직이기 때문에 조그마한 진동에 대해 인식할 수 있도록 표시해 주는 것이 좋다. 학생들에게 가속도 센서를 여러 가지 방법으로 코딩하면서 실험하여 자신의 방법을 찾도록 해 보자. 각자 다른 방법이 있을 수 있으나 최종적으로는 다음과 같은, 가속도 센서값이 커졌을 때 특정 표현을 하는 코딩이 된다.

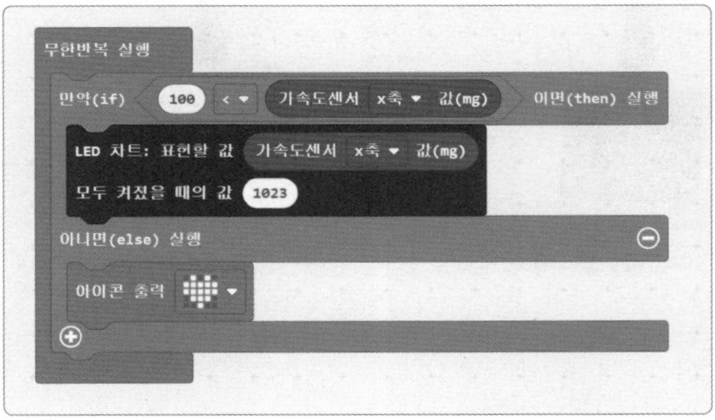

<**그림 7-17**> 마이크로비트 지진계 코딩 예시

블록 중 표현하는 부분인 [LED 차트]는 각자 원하는 방법대로 할 수 있다. 일정 단계를 넘으면 LED를 전부 빨갛게 물들인다거나 각 단계에 따라 다른 모양을 나타나게도 할 수 있다. 현재는 기울임의 정도에 따라 차트처럼 양이 표시되도록 되어 있다. 가속도는 세 개의 축(x, y, z)을 가지는데, 마이크로비트를 정면에 두고 x는 가로, y는 세로, z는 높이라고 이해하면 편

하다. 간단하게 하나만 가지고 표현해 볼 수 있다. 경우에 따라 절댓값(abs, 계산 블록)을 이용하면 어느 방향이든 다 차트에 표시되도록 할 수 있다.

<**그림 7-18**> 마이크로비트 지진계 작동 모습(왼쪽-평상시, 오른쪽-지진 감지 시)

<**그림 7-19**> 지진계 흔들림 감지 학생 활동 모습

프로그래밍이 완료되면 [다운로드] 버튼을 눌러 HEX 파일을 MICROBIT 드라이브에 복사하여 확인해 보도록 한다. 학생들마다 다른 값($x>100$)을 적용한 경우 어느 정도 흔들림에 반응하는지 서로 바꾸어 확인해 보아도 좋다.

Q **가속도 센서가 어렵다면?**

A 초등학교 중학년의 경우 가속도 센서에 대한 이해가 어려울 수 있다. 가속도 센서는 말 그대로 가속도를 측정하기 때문에 흔들림을 감지하는 것이며 기울어져 있더라도 흔들리지 않으면 0 값을 가진다. 가급적이면 현실의 아날로그 값이 디지털 값으로 변하는 것을 확인하면 좋으나 여의치 않을 경우 [흔들림 감지하면 실행] 블록을 사용할 수 있다. 또한 LED 차트가 어려우면 흔들림 감지 상태일 때의 출력을 단순한 아이콘 출력으로 바꾸는 것도 가능하다.

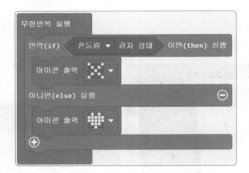

<그림 7-20> 흔들림 감지 블록을 이용한 지진계 프로그래밍하기

평가기준 ▷ STEAM 과정 중심 평가

교사는 학생들의 포트폴리오를 바탕으로 기준을 세워 과정 중심 평가를 진행할 수 있다.

구분	평가 항목	평가기준
교사평가	과학기술 기반 문제 해결력	- 파악한 문제를 해결하기 위하여 적절한 방법으로 센서를 사용하였는가? - 문제를 해결하기 위한 방법으로 프로그래밍을 활용하고 있는가?
	융합지식의 창출	- 문제를 해결하기 위하여 다양한 여러 분야의 지식을 융합하여 창출하였는가?

마이크로비트를 활용하여 지진계를 만들 때에 핵심적인 코드와 센서는 비슷할 수 있다. 해당 수업에서 사용하는 마이크로비트 센서가 무엇인지, 프로그래밍을 활용하여 문제를 해결할 수 있는지에 중점을 두어 평가하도록 한다. 수업의 내용을 제대로 이해하여야, 후속 활동에 다양한 센서와 프로그래밍을 활용하여 자신만의 산출물을 설계할 수 있다.

학생 포트폴리오 체크리스트

(　　)학년 (　　)반

◇ 학생들의 작품을 보고 체크를 하여 봅시다.

기준1	(예시)센서를 적절하게 사용하였는가?
기준2	(예시)프로그래밍이 적절하게 되어있는가?
기준3	(예시)마이크로비트가 제대로 잘 동작하는가?

번호	이름	기준1	기준2	기준3
1	김○○			
2	이○○			
3	박○○			
4	최○○			
5	정○○			
6				

<그림 7-21> 학생 포트폴리오 관찰 체크리스트

심화 활동 **여러 가지 재난 알아보고 자신만의 재난 안전 도우미 만들기**

학습 상황이 허락한다면 2차시 정도를 더 할애해 심화 활동을 진행하여도 좋다. 창의적 설계를 확장하여 자신만의 재난 안전 도우미를 만들어 보자. 제시된 책에서는 지진은 물론, 태풍, 폭설, 폭염, 바이러스 감염 등 10가지에 이르는 재난을 소개하고 있다. 인터넷 등에서 이러한 재난에 대해 좀더 조사해 볼 수 있다. 학생들이 각자 다양한 재난을 조사하고, 그 재난을 예방하는 데 도움이 될 수 있는 프로그램을 마이크로비트를 이용해 만들어 볼 수 있도록 한다.

가장 쉬운 방법은 책에 있는 다른 장의 이야기를 읽고 재난에 대해 알아본 뒤 아이디어를 떠올려 보는 것이다. 설계까지 끝내더라도 한 번에 제대로 동작하는 프로그램을 만들기는 쉽지 않으니 이전의 프로그램을 변형하거나 친구들과 협업하여 다양한 프로그램을 만들어 보도록 하는 것이 좋다. 프로그램 작성 자체는 이전과 비슷한 형태이기 때문에 체감상 훨씬 수월할 것이다. 학생들이 저마다 각각 다른 재난에 대한 도구를 만들도록 하여 공유의 장으로 운영하기를 추천한다.

[재난에 사용할 수 있는 센서의 종류]

● **가속도 센서: 지진 탐지계 만들기**

● **온도 센서: 폭염 예방하기**

● **자기 센서: 산 속에서 길을 잃었을 때 방향 찾기**

재난 안전 도구 설계하기

1. 여러 가지 재난 중 센서를 통해 예방할 재난을 조사하여 봅시다.

재난의 종류	
재난 발생 시 안전 규칙	
재난 예방법	

2. 위의 예방법과 관련하여 사용할 수 있는 센서는 무엇이 있는지 선택하여 봅시다.

가속도 센서, 마이크, 자기(나침반)센서, 터치센서, 버튼, 온도센서, 빛 센서

3. 위험한 상황 또는 예방을 어떻게 사용자에게 알려줄 것인지 선택하여 봅시다.

스피커, LED

4. 자신이 만들 안전 도구의 이름과 설명, 만드는 법을 정리하여 봅시다.

제품이름	
제품설명	
만드는법(코딩)	

<그림 7-22> 재난 안전 도구 설계하기 활동지

이와 같이 순서대로 차근차근 재난 안전 도우미를 설계할 수 있도록 활동
지를 제시하여 도울 수 있다. 활동지를 통해 재난 안전 도구를 설계한다고
하더라도 실제 프로그래밍과 완전히 들어맞지는 않으나, 이를 실제로 프
로그래밍하는 과정에서 학생들이 스스로 바꿔 보고 부딪혀 가면서 완성
할 수 있으니 활동지 단계에서 미리 고쳐 주지 않아도 된다.

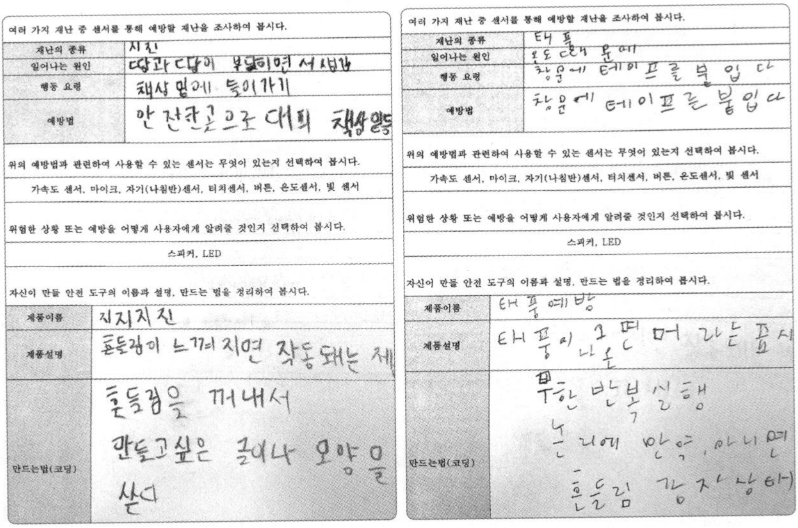

<**그림 7-23**> 학생들이 구상한 재난 안전 도구들

학생들은 센서에 대한 이해를 바탕으로 다양한 재난 안전 도우미를 구상
하였다. 특히 앞서 체험해 본 흔들림 감지 블록을 많이 활용하였는데, 태
풍의 세기를 흔들림 감지로 인식하여 위험한 상황을 예방하는 등의 다양
한 설계가 드러났다. 이렇듯 학생이 주도하여 문제를 해결하는 창의적 설
계에서는 저마다의 다양한 산출물을 생산하는 모습을 볼 수 있다.

학생들의 작품이 완성되면 각자 설계한 활동지를 발표 시 읽을 자료로 하
여 서로의 작품을 공유할 수 있도록 돕는다. 자신의 작품이 무엇인지 설명

한 후 어떻게 동작하는지에 대한 원리와, 어떻게 사용하는지에 대한 제품 설명을 곁들여 친구들에게 보여줄 수 있도록 한다. 이후 친구들에게 받은 반응을 토대로 최종 수정을 거치는 것도 좋으며, 자신의 작품을 충분히 보여준 후 창의적 설계 부분을 마무리하여도 좋다.

평가기준 ▷ STEAM 과정 중심 평가

이때 서로의 작품을 보면서 다음과 같이 동료평가를 진행할 수 있다.

구분	평가 항목	평가기준
동료 평가	의사결정능력	- 과제의 수행과 관련하여 논리적이고 합리적으로 판단하여 결정할 수 있는가?
	평가능력	- 동료의 작품이나 산출물을 바르게 평가할 수 있는가?
	소통능력	- 여러 사람의 의견을 경청하고 자신의 의견을 적극적으로 개진할 수 있는가?

재난 안전 도구 설계의 경우 다양한 산출물이 나올 수 있으므로, 상/중/하의 정량적 평가보다 좋은 점과 개선점을 찾는 피드백 중심의 평가가 이루어질 수 있도록 한다. 합리적으로 친구의 작품을 판단하고, 동료의 작품을 자세히 관찰하고 살필 수 있도록 하는 동료평가자로서의 모습을 강조하면 분위기 조성에 도움이 될 것이다. 피드백을 주고받을 때는 단순히 지적을 하기보다, 작품을 개선할 수 있는 방향에서 말할 수 있도록 미리 주의를 준다.

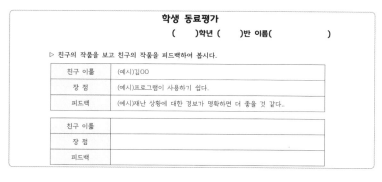

<그림 7-24> 학생 동료평가 예시

7.4 감성적 체험

이야기 바꿔 써 보기 노벨 엔지니어링 ⑤

학생들은 마이크로비트를 이용해 지진계와 자신만의 재난 안전 도우미를
만들었다. 따라서 학생들은 책 속의 이야기를 바꾸어 쓸 수 있다. 물론 책
에서도 친구들이 어려운 상황을 슬기롭게 헤쳐 나갔으나, 더 빨리, 피해가
오기 전에 더 안전하게 대처하는 짧은 이야기로 바꿔 쓸 수 있을 것이다.
이야기가 길어질 필요는 없다. 재난 상황에 빠지기 전에 탈출했을 확률이
높기 때문이다. 이야기의 재미는 적을 수 있지만 그만큼 안전한 이야기가
될 것이다.

이야기 바꾸어 써보기

1. 책의 앞부분(재난 이야기)을 요약하여 써 봅시다.

2. 뒷 이야기를 자신이 만든 재난 안전 도우미를 이용하여 해결하도록 써 봅시다.

<그림 7-25> 이야기 결말 바꾸어 쓰기 활동지 예시

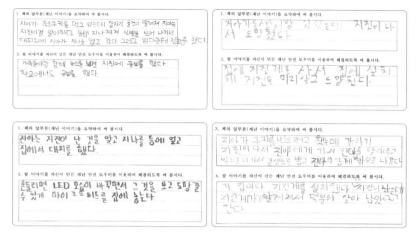

<그림 7-26> 학생들이 실제 바꿔 쓴 재난 이야기

학생들은 자신이 만든 재난 안전 도우미를 이용하여 책 속 문제 상황을 해결하였다. 흔들림을 감지하면 LED가 켜진다거나, 지진계가 소리를 내어 알려 준다는 해결책이 이야기 속에 잘 드러난 것을 확인할 수 있다. 스토리를 만들어 내는 것보다, 자신이 만든 도구가 유용성을 발휘하는 순간을 상상해 볼 수 있도록 하는 것이 학생들의 글쓰기 범위를 넓히는 데 도움이 된다.

느낀 점 공유하기　노벨 엔지니어링 ⑤

수업을 마무리하면서 각자 느낀 점을 말해 본다. 각자의 생각을 편하게 이야기하도록 하며 지목 발표의 형식으로 진행할 수 있다. 재난은 큰 위험을 야기하지만, 대처 방법을 잘 숙지하는 한편으로 다양한 기술을 잘 이용하면 위험성을 줄일 수 있다는 교훈을 얻도록 유도한다면 바람직하다. 이와 더불어 각자가 조사한 재난과 그 예방법을 서로에게 알려 준다면 재난 예방 교육이 성공적으로 이루어졌다고 볼 수 있다.

7.5　실천-내면화

노벨 엔지니어링 수업이 끝나고 교실에서 연계하여 실천, 내면화할 수 있는 활동을 소개한다. 재난에 대한 안전 의식을 고취시킬 수 있다.

안전체험관 방문하기

<그림 7-27> 서울소방재난본부에서 운영하는 보라매 안전체험관, 광나루 안전체험관의 안전체험 모습

소방서와 각 지자체에서는 안전체험관을 설치, 유지하고 있다. 재난 체험, 심폐소생술 교육 등이 마련되어 있으며, 전문 교육사의 지도 아래 소화기, 완강기와 같은 안전 설비를 직접 이용해 볼 수 있다. 개인은 물론, 인원수만 충족한다면 학급 단위로도 가능하니 가까운 안전체험관을 예약하여 다양하고 현실감 있는 안전교육을 체험해 보길 바란다. 방문이 어렵다면 소방재난본부에서 제공하는 이동형 안전차량이나 출장 소방 안전교육을

신청할 수도 있으므로, 이를 고려해 보아도 좋다.

- 서울소방재난본부 보라매, 광나루 안전 체험관(fire.seoul.go.kr)
- 어린이안전재단 목동재난체험관(mokdongdstc.com)
- 충청남도소방본부 안전체험관(safe.cn119.go.kr)
- 경기도 지역별 소방안전체험관(119.gg.go.kr/part/reserv_comm_m01.do?gubun=50)
- 부산광역시 119 안전체험관(119.busan.go.kr/firesafe)
- 제주안전체험관(jeju.go.kr/119safe/index.htm)

국민안전교육포털 방문하기

<그림 7-28> 국민안전교육포털 메인 화면

국민안전교육포털(kasem.safekorea.go.kr)은 전 국민을 대상으로 생활안전, 교통안전, 자연재난안전, 사회기반체계안전, 범죄안전, 보건안전 6개 분야의 교육을 제공하는 사이트이다. 안전에 관한 각종 교재와 동영상이 준비되어 있다. 또한 전국의 안전체험관을 총망라하여 일원화 서비스를 제공하므로 해당 사이트에서 견학 등의 방문교육을 받는 것도 가능하다.

재난 안전뿐 아니라 다른 안전 분야에 대한 내용도 풍부하게 게재하고 있으므로, 이에 대해서 알아보는 것도 좋다. 학생들이 직접 방문하지 않더라도 교사가 참고할 수 있는 생애별(유아, 아동, 청소년, 어른 등) 교육 자료가 많으므로 동기유발이나 수업에 활용하는 것도 좋다.

안전공모전 참여하기

<그림 7-29> 다양한 안전 공모전 포스터들

안전 관련 공모전은 비교적 자주 개최된다. '안전한 학교 공모전'처럼 비정기적으로 실시하는 공모전들이 다양하여 학생들이 참여할 수 있는 기회가 많다. 특히 소방서는 11월을 불조심 강조의 달로 지정하여 운영하기 때문에, '어린이 불조심 포스터 그리기 공모전'과 같은 행사를 주기적으로 개최한다. 신청자에 한해 참가하는 경우가 많으나 보통 참가 학생수에 제한을 두지 않고 있으니, 불조심에 관한 의식을 고취시키는 것을 목표로 학급 전체 또는 학년 전체가 참여하는 것도 좋겠다.

◀ 그 밖의 활용 가능한 도서 ▶

안전을 책임지는 책

채인선 글 | 윤진현 그림 | 토토북 | 2013

우리가 생활 속에서 주의해야 할 다양한 사례(뾰족한 바늘 조심하기, 다리미 조심하기, 고양이 발톱 등)를 초등학교 저학년 수준에 맞춰 적절한 삽화와 함께 설명한다.

슬기로운 안전 생활

서지원 글 | 김소희 그림 | 개암나무 | 2019

학교에서 실시하는 일곱 가지 재난교육(재난, 약물, 교통, 유괴 등) 주제에 맞추어 각각을 이야기로 구성한 책이다. 만화와 대화형식으로 구성되어 있으며 간단한 퀴즈를 통해 이를 점검해 볼 수도 있다. 초중학교 저-중학년에 알맞은 수준이다.

보건실이 와글와글

박신식 글 | 이예숙 그림 | 소담주니어 | 2016

도리의 하루를 그리는 책이다. 학교에 등교하면서부터 각종 사고에 휘말리며 학교에서도 한바탕 위험한 일들이 벌어진다. 도리는 집에 무사히 돌아갈 수 있을지, 마음을 졸이게 한다.

안전은 나의 힘

손경애 글 | 최은영 그림 | 명주 | 2016

세상에서 가장 중요한 건 자기 자신이고 이를 지키기 위해서는 안전이 가장 중요하다는 것을 알려 준다. 안전을 생명의 관점에서 독특한 시각으로 바라볼 수 있는 저-중학년 중심의 안전 이야기이다.

앗! 조심해! 나를 지키는 안전 교과서

정영훈 글 | 김규준 그림 | 뭉치 | 2021

특별한 고양이 럭키는 윤후, 윤정 남매와 함께 다양한 안전 사고들을 겪으며 안전 의식을 알려 준다. 실제 우리나라에 일어났던 사건들을 배경으로 그 상황에서 벗어나는 방법을 알 수 있다.

도전! 생존 퀴즈

신지영 글 | 서영 그림 | 한국생활안전연합 감수 | 길벗스쿨 | 2016

우리나라에 그동안 있었던 여러 사고를 바탕으로 한 다양한 퀴즈들로 이루어져 있는 독특한 책이다. 다양한 퀴즈를 풀며 상식을 익힐 수 있다. 노벨 엔지니어링보다는 하나의 재미있는 활동으로도 가능한 책이다.

08 누구에게나 행복한 추억이 되도록, 학교폭력 예방교육

학교폭력이란 학교 내외에서 학생을 대상으로 발생한 상해, 폭행, 감금, 협박, 약취·유인, 명예훼손·모욕, 공갈, 강요·강제적인 심부름 및 성폭력, 따돌림, 사이버 따돌림, 정보통신망을 이용한 음란·폭력 정보 등에 의하여 신체·정신 또는 재산상의 피해를 수반하는 행위를 말한다.[1] 각종 학교폭력 문제와 그로 인한 비극적 사건들은 교육계에서 중요하게 다뤄지고 있는 문제 중 하나이다. 최근에는 IT 기술의 발달과 함께 사이버 폭력 역시 학생들의 삶 가까이 다가와 있다.

이러한 학교폭력 문제의 근본적인 해결을 위해서는 다양한 예방 프로그램을 개발하고 적용하여 인성교육을 강화하는 것이 중요하며,[2] 실제 학교 현장에서도 다양한 방식의 학교폭력 예방 프로그램 및 사후 대처 프로그램이 진행되고 있다. 독서교육과 연계한 학교폭력 예방교육 역시 어렵지 않게 찾아볼 수 있는데, 기존 연구를 살펴보면 독서치료 활용 집단상담 프로그램이 초등학교 저학년 학생들의 언어폭력행동 감소에 긍정적인 영향을 가져온 것이나,[3] 학급 단위의 공감 기반 독서치료가 정서·의사소통적 공감 능력 향상에 도움을 주었다는 사실[4]을 확인할 수 있다. 즉, 독서와 연계한 학교폭력 예방교육 프로그램을 통해 긍정적인 결과를 기대할 수 있으므로 이 책에서는 학교폭력 예방교육을 노벨 엔지니어링 주제 가운데 하나로 정하였다.

현재 학교폭력 예방교육은 도덕 교과 및 창의적 체험활동을 중심으로 다른 여러 교과 내에서도 조금씩 다뤄지고 있다. 또한, 거시적인 차원에서는 인성교육과 관련된 활동은 모두 학교폭력 예방교육과 관련 있다고 볼 수도 있을 것이다. 실제로 실천 중심의 인성교육을 적용한 STEAM 프로그램은 초등 고학년 학생들의 실천적 인성에 긍정적인 효과를 가져올 수 있으므로,[5] 학교폭력 예방교육을 위해 다양한 교과를 융합하되 발전하는 정보통신 기술에 따른 문화 지체의 일환인 사이버 범죄 및 사이버 폭력 문제를 고려하여 SW 윤리와 관련된 내용을 포함할 필요가 있다. 또 피해자와 가해자에 대한 교육뿐만 아니라 방관자나 동조자와 같은 주변인에 대한 교육도 필요하다.

책을 통해 다양한 학교폭력 문제를 확인하고 그 심각성을 인식시키는 노벨 엔지니어링 수업은 학생들의 공감 능력을 향상시킬 수 있다. 이때 책에서 확인한 사례가 아니더라도 학생들이 주변에서 보고 들은 문제들을 가져와 대화를 나누어도 좋다. 학교폭력 피해 경험이 있는 친구들은 책 속 주인공과 자신을 동일시하며 공감할 수 있고, 학교폭력을 모른 척한 적 있는 친구들도 스스로의 행동을 통찰하고 반성할 수 있다. 이것이 독서가 주는 효과이다. 또 학교폭력을 예방하기 위한 기술을 탐색하고 스스로 해결책을 모색해 보도록 한다. 단순히 학교폭력 문제를 이해하는 것에서 한 발 더 나아가 최근의 패러다임인 문제 해결 능력을 기를 수 있도록 하는 것이다.

이러한 노벨 엔지니어링 형태의 수업을 통해 일회성의 학교폭력 예방교육에 비하여 학생들의 인식, 태도 변화에 보다 큰 영향을 기대할 수 있을 것이다. '내가 생각한 문제를 나와 동료가 같이 해결'하는 과정을 통해 학

생들이 심경의 변화를 경험하고 주인공을 도우려는 마음을 가질 수 있기 때문이다.[6]

지금부터 노벨 엔지니어링 기반 STEAM 수업을 통해 학생이 주체적으로 참여할 수 있는 학교폭력 예방교육을 운영해 보자.

8.1　수업 돌보기

이 수업을 통해 학생들은 주변에서 일어나는 학교폭력 문제의 심각성을 이해하고 학교폭력이 나에게서 멀리 있는 일이 아님을 느낀다. 학교폭력이 TV나 인터넷에서만 접할 수 있는 것이 아니라 나와 친구들의 문제임을 깨닫고 경각심을 갖도록 하는 데에 중점을 둔다. 또, "친구를 따돌리지 않아요." "친구들과 사이좋게 지내요."와 같은 답을 하는 데에서 끝나는 것이 아니라 학생들이 문제 해결 과정에 직접 참여하여 메이키메이키와 앱인벤터를 활용한 산출물을 얻어낼 수 있도록 한다. 이 과정에서 학생들은 자신이 학교폭력 문제를 적극적으로 해결하는 주체가 될 수 있음을 이해하게 된다. 이를 바탕으로 이야기의 뒷부분을 상상하여 써 보면서 나의 노력으로 학교폭력 문제가 개선될 수 있다는 열의를 다질 수 있다. 문제 해결 과정에 직접 참여하고 다양한 해결책을 모색하는 경험을 통해 학생들은 학교폭력을 자신의 문제로 여기고, 올바른 삶의 방향을 설정하는 계기를 가질 수 있을 것이다.

성취기준

4도02-02 친구의 소중함을 알고 친구와 사이좋게 지내며, 서로의 입장을 이해하고 인정한다.

6사02-02 생활 속에서 인권 보장이 필요한 사례를 탐구하여 인권의 중요성을 인식하고, 인권 보호를 실천하는 태도를 기른다.

6도02-02 다양한 갈등을 평화적으로 해결하는 것의 중요성과 방법을 알고, 평화적으로 갈등을 해결하려는 의지를 기른다.

6실04-10 자료를 입력하고 필요한 처리를 수행한 후 결과를 출력하는 단순한 프로그램을 설계한다.

6국05-06 작품에서 얻은 깨달음을 바탕으로 하여 바람직한 삶의 가치를 내면화하는 태도를 지닌다.

수업 흐름

STEAM 수업의 핵심이 되는 창의적 설계와 노벨 엔지니어링의 창작물 만들기에서 활용될 수업 요소는 SW와 피지컬 컴퓨팅Physical Computing이다. 해당 활동은 꼭 제시된 도서가 아니더라도 '학교폭력'이 주제인 도서를 활용하여 진행 가능하다. 교육용 프로그래밍 언어Educational Programming Language, EPL인 엔트리와 피지컬Physical 교구인 메이키메이키를 활용하여 해피 서클Happy Circle 만들기 활동을 해 본다. 친구들과 함께 손을 잡고 협동하여 원을 만들어 소리를 내 보면서, 친구들과 함께 하는 과정의 소중함을 느끼고 공동체 의식을 갖는다.

또한 앱인벤터를 이용하여 간단한 학교폭력지킴이 앱을 만들어 봄으로써 기술공학이 학교폭력 예방에 어떻게 활용될 수 있을지 생각해 보고, 자신의 아이디어를 실현시켜 보는 과정을 경험한다. 학교폭력 신고 번호를 외우는 데에서 나아가 바로 전화가 연결되는 앱을 개발하고 자신만의 아이디어를 추가하여 발전시켜 나가는 활동을 통해 적극적으로 문제 해결에 참여할 수 있도록 한다. 이 수업에서 창의적 설계 1과 2는 연결되는 활동이 아니므로 학급 상황에 맞게 선택하여 진행하여도 좋다.

차시	STEAM 준거 틀	노벨 엔지니어링 수업 단계	활동
1~2차시	상황 제시	①책 읽기 ②문제 인식	-책 읽기 -글의 형식 바꾸어 써 보기 　(일기, 기사문)
3~5차시	창의적 설계 1	③해결책 설계 ④창작물 만들기	-메이키메이키 기초 익히기 -메이키메이키를 활용하여 　해피 서클 완성하기 (평가)
6~8차시	창의적 설계 2		-앱인벤터 기초 익히기 -앱인벤터를 활용하여 학교 　폭력지킴이 앱 만들기 -나만의 학교폭력지킴이 앱 　구상하기
9차시	감성적 체험	⑤이야기 바꿔 쓰기	-이야기의 결말 바꿔 쓰기 　(평가) -느낀 점 공유하기

8.2   상황 제시

책 읽기 : 《까칠한 재석이가 폭발했다》 노벨 엔지니어링 ①

 까칠한 재석이가 폭발했다

고정욱 글 | 이은재 그림 | 애플북스 | 2018

의리 있는 친구지만 말보다 주먹이 앞서는 재석이는 싸움을 아주 잘한다. 하지만 재석이는 자신의 방법이 잘못되었음을 깨닫고 불량 서클을 그만둔 뒤, 바른 생활을 하며 작가 지망생인 고등학생으로 살아가고 있다. 그런데 안타깝게도 재석이가 마음을 다잡았다고 해서 주변 상황까지 모두 해결되는 것은 아니었다. 재석이의 주변에서는 상납, 따돌림 등 다양한 학교폭력이 여전히 일어나고 있었다. 재석이는 친구들과 함께 문제를 해결하기 위해 노력하면서도 작가의 꿈을 놓지 않고 주변에서 보고 들은 문제를 자신의 글감으로 삼기 위해 끊임없이 고민한다.

곳곳에 자리한 학교폭력 문제, 때로는 어른들의 세계와도 엮여 있는 이 뿌리 깊은 문제를, 재석이와 친구들은 잘 헤쳐 나갈 수 있을까? 그리고 그 과정에서 무엇을 배우게 될까?

제시된 도서는 약 200쪽 분량으로 초등학교 6학년 학생들에게 적합하다. 초등학생뿐만 아니라 중고등학생들의 이야기까지 이어지는 내용의 특성상 고학년에게 적합한 도서이므로 저학년 수업 적용 시에는 제시된 도서를 무리해서 선택하지 않을 것을 권장한다. 보다 어린 학생들을 대상으로 할 경우 학교폭력 주제를 다루고 있는 다른 도서를 선정하여도 좋으며 읽기 동기가 적은 집단이라면 그림책을 활용하여도 좋다. 학생들마다 책을 읽는 속도의 차이가 크기 때문에 제시된 도서처럼 분량이 많은 책을 읽어야 하는 경우 아침 독서 시간이나 수업시간 중 과제를 끝마치고 남는 자투리 시간을 활용할 수 있도록 안내하는 것도 좋은 방법이다.

학생들이 책 속 문제 상황에 공감하도록 글의 일부를 가져와 다른 형식으로 표현해 본다. 제시된 책에는 다양한 유형의 학교폭력이 나온다. 특정 사건을 정하여 등장인물 중 한 명의 입장에서 일기를 써 보거나 기자가 되어 해당 사건을 알리는 기사를 작성해 보는 등의 활동을 진행할 수 있다. 학생들은 책을 읽을 때 인물에게 자신을 투영시키고 일체감을 느끼는 동일화 기제를 강력하게 발휘하기 때문에 성인보다 인물에게 쉽게 몰입하고 감정을 이입할 수 있다.[7] 따라서 학생들은 활동을 통해 문제 상황을 면밀히 살펴봄과 동시에 이에 공감하고 빠져들게 된다. 나아가 우리 주변에 자리하고 있는 다양한 형태의 학교폭력 문제를 해결하기 위한 노력의 필요성을 인식하고 이후 이어지는 활동에 적극적으로 참여할 수 있는 원동력을 얻을 것이다.

문제 인식 노벨 엔지니어링 ②

책 속 학교폭력 사례 찾아보기

함께 읽은 이야기 속에서 학교폭력에 해당하는 상황을 찾아본다. 이 과정을 통해 미처 학교폭력이라고 생각하지 못했던 문제들까지 확인하는 기회를 가질 수 있다. 일례로 주어진 책 속에서는 힘센 선배와 '의형제'를 맺는 것이 학생들 간의 상납 체계 속으로 들어가는 첫걸음으로 표현되고 있다. 이처럼 겉으로는 학교폭력처럼 보이지 않는 사례들까지 함께 살펴보고, 주변에서 보고 겪은 비슷한 경험들을 공유함으로써 학생들은 자신의 삶과 문제 상황을 연결 지어 생각할 수 있게 된다.

책에서 찾은 학교폭력 사례와 삶 속 사례를 포스트잇이나 마그네틱페이퍼에 적고 칠판에 붙인 뒤 어피니티 맵으로 구현한다. 어피니티 맵은 디자인 사고Design Thinking에서 문제 또는 상황을 정의할 때 사용하는 방법으로 아이디어들을 제시한 후 관련된 것끼리 묶어내는 방법이다. 디자인 사고의 프로세스는 새로운 의견과 생각을 수렴하고 확산하여 표현하는 프레이밍과 리프레이밍 접근을 통해 문제를 해결한다는 점에서 창의적 사고를 강조하는 메이커 사고와 밀접한 관계를 가지고 있다.[8] 여기서 프레이밍Framing은 제시된 여러 가지 아이디어들을 모아 의미를 규정하거나 아이디어를 범주로 묶어내는 등의 수렴적 사고를 의미한다. 리프레이밍Reframing은 이에 반대되는 방식으로 생각의 방식을 바꾸어 보거나 팀원들이 다양한 의견을 마구 제시하는 과정을 통해 새로운 아이디어를 산출해내는 확산적 사고를 의미한다.

이 수업에서는 학생들이 알고 있는 다양한 학교폭력 사례를 제약 없이 적어내는 리프레이밍과 이를 분류하여 그룹으로 만드는 프레이밍 과정이 담긴 어피니티 맵 활동을 진행한다. 이를 통해 우리가 함께 다룰 문제를 정의해 보는 시간을 갖는다. 어피니티 맵에서 학생들의 결과물을 범주화하여 제목을 정할 때는 다른 색깔이나 모양을 가진 포스트잇 등을 이용하여 시각적으로 차이를 두는 것이 좋다. 범주화 과정은 과학 기초탐구기능

중 '분류'와도 닿아 있기 때문에 가급적 학생들이 직접 하도록 하며 교사는 안내자 역할에 머물도록 한다. 이 활동은 꼭 제시된 도서가 아니더라도 '폭력으로 생각하지 못했으나 폭력인 경우'를 생각해 보는 계기로도 활용 가능하다. 이 책에서는 포스트잇 대신 패들렛을 활용하여 어피니티 맵을 구성하였다.

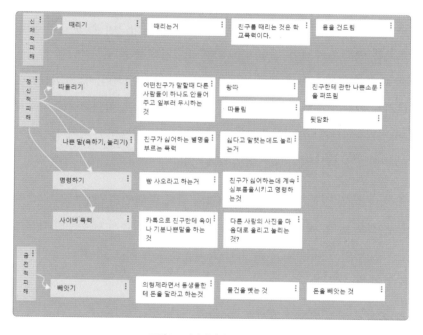

<그림 8-1> '어피니티 맵' 활동 사진

도덕 교과와 해당 활동을 연결하여 수업하는 것을 추천한다. 첫 번째로, 도덕 교과 내에서 '갈등을 평화롭게 해결하는 방법'을 다루고 있으므로 교육과정을 재구성하여 수업과 연계할 수 있다. 두 번째로는 교육과정 내용 중 '친구와 사이좋게 지내는 방법'과 연계할 수 있다. 학생들은 학교폭력이 될 수 있는 사례를 찾는 과정에서 갈등의 원인을 찾는 기회를 가진다.

이를 바탕으로 원만한 갈등 해결 방법을 고민해 보도록 안내할 수 있으며, 이 과정을 통해 학생들은 친구와 사이좋게 지내기 위해서는 친구의 입장을 이해하고 인정하는 것이 중요하는 것을 깨닫게 된다.

글의 형식 바꾸어 써 보기

여러 가지 학교폭력의 유형을 충분히 탐색해 보았다면 책 속 상황 한 가지를 선택하여 일기나 기사문 등 다른 형태의 글로 바꾸어 써 보도록 한다. 일기를 예로 들어 보자. 만일 피해 학생의 입장에서 일기를 쓴다면 학생들은 피해 학생의 상황에 보다 깊게 공감할 수 있을 것이다. 만약 피해자이면서도 가해자인 학생의 입장에서 일기를 써 본다면, 학교폭력에서의 피해자와 가해자가 반드시 이분법적으로 분리되지 않으며 문제가 복잡하게 얽혀 있다는 사실을 이해할 수 있을 것이다.

또한 동조자, 강화자, 방관자, 방어자와 같은 주변인의 상황에서 서술해 보는 것도 좋다. 교실에서 일어나는 학교폭력 상황에서 대부분의 학생들은 주변인이기 때문에, 이들의 관점에서 글을 써 보는 것 역시 유의미한 수업이 될 수 있다.

학생들은 책 속 인물에 자신을 대입하는 과정에서 공감대를 형성할 수 있으며, 책 속의 사건을 기사문으로 작성한다면 상황을 객관적으로 바라보고 서술하는 과정을 경험할 수 있다. 책으로 읽을 때에는 스쳐 지나갔던 정보들을 되새겨 글을 씀으로써 문제를 분석하는 기회를 갖게 되며 문제 상황의 심각성을 인지하고 수업 내용에 몰입할 수 있을 것이다.

글의 형식 바꾸어 써보기

학년   반   이름:

※ 다음은 <까칠한 재석이가 폭발했다>의 일부분입니다. 글을 읽고 물음
에 답해봅시다.

> 촬영 때문에 묵음으로 해 놨던 핸드폰을 켠 재석이 깜짝 놀랐다. 준석에게 문자가 와 있었
> 던 거다.
>
> > '야 17일 날 3시에
> > 런던바게트 빵집 앞으로 와
> > 준비해 놓으란 거 준비했지?
> > 10만원
> > 오늘이 형님 생일이야 ㅋㅋ
> > 선물 줘야지'
> >
> > 형 이런 문자가 왔어
> > 어떻게 하면 좋아?
>
> 준석이 보낸 문자였다. 재석은 긴장했다.
> "민성아, 준석이한테서 톡이 왔어."
> 재석의 문자를 보고 민성의 얼굴이 굳어졌다.
> "3시? 지금 2신데……."
> "지금 바로 가 봐야겠다."
>   …
> "형, 죄송해요. 정말 돈 없어요."
> "아, 이게 좋은 말로 하려고 했는데 안 듣네. 짜식이!"
> 세 명 중 한 명이 준석이에게 겁을 주려고 손을 불쑥 올렸을 때였다. 재석이 뒤에서 단전
> 에 힘을 주고 낮은 목소리로 으름장을 놨다.
> "이놈들 뭐 하는 짓이냐?"

1. 위 글에서 준석이와 친구들이 처한 학교폭력 문제 상황을 정리하여
적어 봅시다.

2. 위 상황에서 준석이는 어떤 생각을 하고 있을지 적어봅시다.

3. 이야기를 다시 읽어보고, 등장인물 중 한 명의 일기 또는 신문 기사
   의 형식으로 바꾸어 써봅시다. 3-1, 3-2 중 한 가지 활동을 선택하
   여 글을 바꾸어 써봅시다.

3-1)

202X년 X월 X일 (   )의 일기

3-2)

202X년 X월 X일 (   )일보

<그림 8-2> '글의 형식 바꾸어 써 보기' 활동지

활동지는 기사문과 일기 중 선택적으로 활동할 수 있도록 구성되어 있으며, 학급 상황에 맞게 얼마든지 변형이 가능하다. 이 같은 활동을 바탕으로 학생들은 함께 다룰 문제 상황을 인지하고 이에 공감할 수 있게 된다. 이는 STEAM 준거 틀 중 상황 제시 단계에서 가장 중요한 부분이며, 노벨 엔지니어링에서 강조되는 공감대 형성과도 연결된다.

2021년 3월 24일 은하수 신문

심각한 학교폭력 문제
오늘 오후 3시, 런던바게트 빵집 앞에서 초등학생이 학교폭력을당했다. 돈이 없어서 중학생들한테 학교폭력을 당했는데 고등학생들이 와서 도와주었다. 초등학생을 구해준 고등학생 재석이를 인터뷰 해보았다.

"나이가 많거나 힘이 세다고 다른 사람을 괴롭히면 안되요. 그래서 초등학생 어린이를 도와주었어요"

다행히 고등학생이 도와주었지만 학생들의 학교폭력 문제가 아주 심각하다는것을 알수있었다. 심각한 학교폭력 문제를 해결해야 한다.

2021년 3월 24일 준석이의 일기

형한테 톡이 왔다. 저번에 10만원을 준비하라고 하긴 했는데 엄마한테 돈을 달라고 하면 왜그렇게 돈이 많이 필요하냐고 물어볼까봐 달라고 할수없었다. 그래서 그냥 있었다.
근데 오늘 형이 10만원 들고 3시까지 빵집 앞으로 오라고 카톡을 보냈다. 안가면 형한테 혼날거같은데 돈도 없고 너무너무 무서웠다... 무서워서 재석이형한테 톡을 보냈다. 재석이형은 싸움도 잘하고 친구도 많으니까 도와줄거같았다. 재석이형한테 톡을 보내고 약속 장소인 빵집으로 갔다. 멀리서 형들이 보이는데 무서워서 제대로 쳐다볼수도 없었다. 다행히 재석이형이랑 재석이형친구들이 와서 도와주었다. 그치만 앞으로 또 돈을 달라고 할것같아서 무섭다. 의형제를 하지 말걸... 후회된다.

<**그림 8-3**> 학생들이 실제 바꾸어 쓴 이야기 사례

기사문을 선택한 학생들은 학교폭력 문제를 객관적인 시각으로 바라보고, 이를 알리려는 의지를 글 속에 담았다. 일기를 선택한 학생들은 자신이 고른 인물이 어떤 감정을 느낄지 생각해 보고 이를 글로 표현하는 과정을 통해 이야기 속 인물의 입장에 공감하게 되었다. 상황 제시 단계의 핵심은 학생들이 문제 상황을 이해하고 이에 빠져들어 문제 해결의 필요성

을 인식하는 데에 있다. '글의 형식 바꾸어 쓰기' 활동으로 문제에 대한 이해와 몰입을 글로 표현할 기회를 갖게 하자. 활동을 통해 학생들이 충분히 문제 상황에 빠져들었다면 그 문제를 해결하기 위한 다음 단계로 나아가도 좋다.

8.3   창의적 설계

해결책 설계   노벨 엔지니어링 ③

메이키메이키 기초 익히기

피해자, 가해자, 방관자를 떠나 학교폭력에 대한 인식을 바꾸고 우리가 하나됨을 느낄 수 있는 활동으로 '해피 서클' 만들기를 제시하였다. 메이키메이키라는 피지컬 교구를 활용하여 다 함께 손을 맞잡고 하나의 원을 만들어 소리가 나도록 해 보는 활동이다. 《까칠한 재석이가 폭발했다》에서는 '서클'이 불량 서클의 의미로 사용된다. 따라서 이 활동은 서클이라는 단어에 대한 학생들의 인식을 변화시킬 수 있다는 측면에서도 의미가 있다.

프로그램 제작에 앞서 메이키메이키의 구조를 살펴보며 어떻게 작동하는지 이해하는 시간을 가진다. 메이키메이키는 주변의 전기가 통하는 물체를 입력장치로 바꾸어 줄 수 있는 보드형 코딩 교구이다. 전기가 통하는 젤리, 클레이 등을 활용하여 키보드나 마우스의 입력장치를 대신할 수 있으며 엔트리, 스크래치 등 EPL 사용 시에도 별도의 하드웨어 연결 프로그램이 필요하지 않다는 점에서 이용이 간편하다. 어렵지 않은 프로그래밍

으로 젤리나 클레이를 누르면 소리가 나도록 하거나, 오브젝트가 움직이
도록 할 수 있어서 학생들이 좋아하는 피지컬 교구이다.

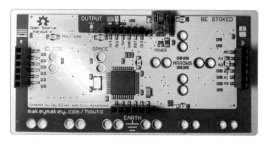

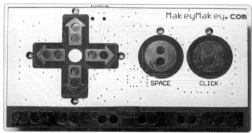

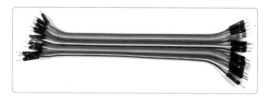

<그림 8-4> 메이키메이키(위)와 주변 부품들(점퍼선, 악어케이블)

키보드의 W, A, S, D, F, G와 스페이스 바 및 방향키 대신 메이키메이키를 입력장치로 사용할 수 있으며, 마우스 커서 조작 역시 메이키메이키로 대신할 수 있다. 메이키메이키 보드 상단의 POWER 단자를 통해 컴퓨터와 연결하면 된다. 도체와 보드를 연결할 때에는 점퍼선jumper wire과 악어케이블alligator clip wire을 활용한다.

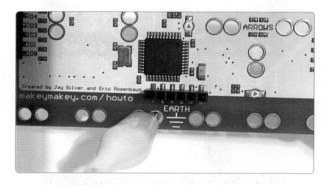

<그림 8-5> 메이키메이키의 EARTH 단자

이때 유의해야 할 사항은 메이키메이키는 EARTH 단자와 원하는 입력 단자에 동시에 전류가 흘러야 원활히 작동한다는 점이다. **그림 8-5**처럼 악어케이블을 EARTH 단자에 제대로 연결해야 함을 안내하도록 한다. 학생들이 다 함께 손을 맞잡아 전류가 흐르게 할 예정이므로 이 부분에 대해 명확하게 설명할 필요가 있다.

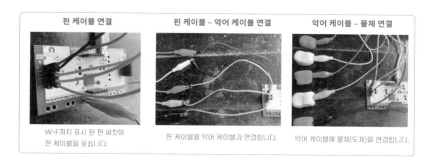

<그림 8-6> 메이키메이키 연결 방법

메이키메이키의 기본 구조를 익혔다면 해피 서클을 만들기 전에, 엔트리
로 간단한 프로그래밍을 해 보도록 한다. 메이키메이키의 기본 기능을 익
혀 보자.

<그림 8-7> 엔트리 기본 화면

온라인 또는 오프라인 엔트리를 실행한다. 만약 엔트리 프로그램이 처음이라면 2장 '초록별 지구를 위한 지속가능한 환경교육'을 참고하여 엔트리 기본 탐색 활동을 해 볼 것을 추천한다. 본 프로그램 제작에 앞서 메이키메이키의 W 단자에 전류가 흐를 때 딩동댕동(도미솔도) 소리가 나는 프로그램을 함께 만들며 프로그램 제작에 필요한 기본 블록을 익혀 볼 것이다.

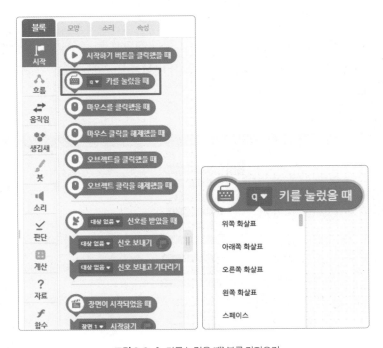

<그림 8-8> [~ 키를 눌렀을 때] 블록 가져오기

[시작] 탭에서 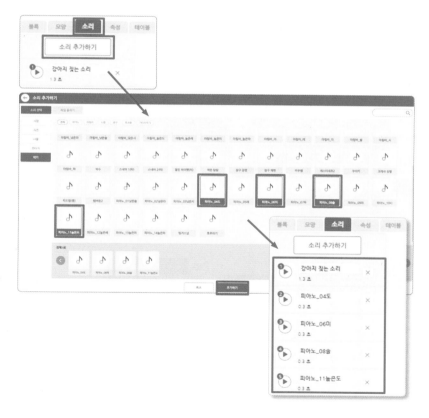 블록을 가져온다. 가져온 블록의 키 종류 부분을 클릭하면 다양한 키를 선택할 수 있다. 스크롤을 내려 원하는 키를 찾아도 되지만, 드롭다운 리스트를 열어 둔 상태에서 변경하고 싶은 키보드 키를 입력하면 빠른 선택이 가능하다. 이를 활용하여 해당 블록을 로 변경한다. 물론 다른 키를 눌렀을 때로 변경하고 싶다면 그렇게 프로그래밍해도 된다.

<그림 8-9> 소리 추가하는 방법

이제 딩동댕동(도미솔도) 소리가 재생될 수 있도록 코드를 구성해 보자. 우선 원하는 소리를 찾기 위해 상단 [소리] 탭으로 이동한 뒤, [소리 추가하기] 버튼을 누른다. [소리 추가하기]에서는 엔트리에서 기본 제공하는 소리를 선택할 수도 있고, 가지고 있는 파일을 업로드하여 사용할 수도 있다. 딩동댕동(도미솔도) 소리가 나도록 프로그램을 만들기 위해 [악기] 탭에서 피아노 소리 4가지를 선택한 뒤, [추가하기]를 눌러 소리를 추가한다. 선택한 소리가 잘 추가되었는지 확인한다. 불필요한 소리는 ⊗를 클릭하여 없앨 수 있다.

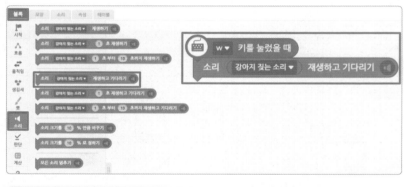

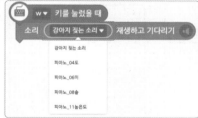

<그림 8-10> 소리 재생 프로그래밍하기

다시 [블록] 탭으로 가서 코딩을 이어가도록 한다. [소리] 탭에 가면 소리와 관련된 여러 가지 블록을 확인할 수 있다. 순서대로 소리가 재생되도록

하기 위해 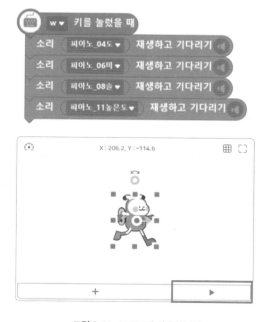 블록을 가져온다.

마찬가지로 소리 종류를 클릭하여 변경할 수 있다. 순서대로 도, 미, 솔, 높은 도가 재생되도록 블록을 배열한다. 같은 블록을 여러 번 사용해야 할 때는 블록에서 마우스 오른쪽 버튼을 클릭하여 [코드 복사 & 붙여넣기] 기능을 활용하면 좋다. 선택한 블록부터 아래로 이어지는 모든 블록이 한꺼번에 복사된다.

<**그림 8-11**> 프로그램 실행해 보기

코드를 완성했다면 제대로 작동하는지 확인해 본다. [시작하기] 버튼을 클릭한 뒤 키보드의 [W] 키를 눌러 소리가 잘 재생되는지 확인한다. 소리가 잘 재생된다면 메이키메이키를 연결한 뒤 같은 코드를 작동시켜 보도록 한다.

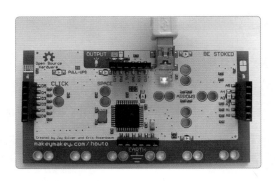

<그림 8-12> 컴퓨터와 메이키메이키 연결

케이블을 이용하여 메이키메이키의 POWER 단자와 컴퓨터의 USB 단자를 연결한다. 이때, 메이키메이키 POWER 글자 위에 빨간 불이 들어온다면 제대로 연결된 상태이다.

<그림 8-13> 메이키메이키와 도체 연결

EARTH 단자는 전류의 흐름을 감지하는 중심이 되는 곳이므로 먼저 연결하도록 안내해야 한다. 기판 아래쪽 EARTH 단자에 악어케이블(초록색)을 연결하고 악어 케이블의 반대쪽 끝에는 도체를 연결한다. 이 책에서는 젤리를 도체로 활용하였다.

다음으로는 입력을 원하는 단자에 점퍼선과 악어케이블을 연결해 준다. 앞선 코딩에서 [W] 키를 활용하였으므로 메이키메이키 오른쪽 W 단자

에 점퍼선을 연결하고, 점퍼선의 반대쪽 끝과 또 다른 악어케이블(빨간색)
을 연결한다. EARTH 단자를 연결했을 때와 마찬가지로 악어케이블의 나
머지 한쪽 끝에도 도체를 연결하여 마무리한다.

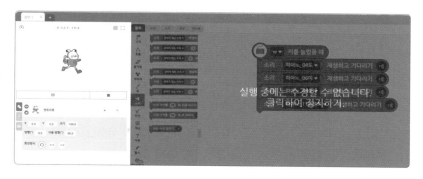

<그림 8-14> 딩동댕동 프로그램 실행 화면

프로그램을 실행시키고, 악어케이블의 EARTH 단자와 W 단자를 연결한
도체를 동시에 손으로 건드려 보도록 한다. 똑같이 딩동댕동(도미솔도) 소
리가 울린다면 입력한 값이 잘 전달되었다고 볼 수 있으며, 신호가 전달되
는 순간에 메이키메이키 보드에도 불이 들어오는 것을 확인할 수 있다. 소
리가 잘 통한다면 플라스틱과 같은 부도체를 연결해 보고, 작동 여부를 확
인하며 전기가 통하는 물질과 그렇지 않은 물질을 구분해 보는 것도 좋다.

<그림 8-15> 딩동댕동 프로그램을 응용한 학생 프로그램 코드

물론 더 다채롭게 응용해 볼 수도 있다. **그림 8-15**는 실제 한 학생이 자유
롭게 실행 결과를 바꾼 것이다. [W] 키를 눌렀을 때 딩동댕동(도미솔도)
대신 박수갈채 소리를 재생한 뒤 엔트리봇이 기쁜 표정으로 '우와!' 하며
감탄하도록 코딩하였다.

해피 서클 프로그램 완성하기

기본 기능을 익혔다면 해피 서클 프로그램을 완성해 보도록 한다. 메이키
메이키 보드의 다른 기능을 활용할 수도 있고, 케이블을 연장하여 물리적
거리를 더 멀게 만들 수도 있다. 또한 엔트리를 활용하여 서클이 완성되었
을 때 실행될 코드를 변경할 수도 있다. 이 활동의 중요한 점은, 친구들이
손을 맞잡았을 때 프로그램이 실행되도록 하여 함께하는 기쁨을 느끼고
서로를 대하는 태도를 변화시키는 것에 있다.

<그림 8-16> 해피 서클 만들기에 추가로 필요한 블록

이처럼 시간 간격을 두고 프로그램이 실행되도록 하기 위해서는 [흐름]
탭의 ❷ 초 기다리기 ⋀ 블록이 필요하다.

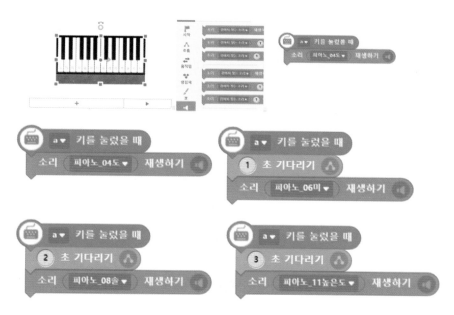

<그림 8-17> 해피 서클 만들기 학생 작성 프로그램

학생들은 자신만의 아이디어를 바탕으로 다양한 산출물을 제작하였다. 전기가 통하도록 한 뒤에 무엇을 실행시킬지를 자유롭게 구상할 수 있기 때문에 산출물의 다양성 및 자율성이 매우 크다.

일례로 **그림 8-17**은 해피 서클이 완성되었을 때 4대의 컴퓨터에서 순서대로 도, 미, 솔, 높은 도가 연주되도록 개발한 프로그램이다. 학생들이 원을 완성하고 동시에 전류를 흘려보내야 성공할 수 있도록 응용 코딩한 프로그램으로, 학생 간의 협력이 반영될 수 있도록 잘 설계되어 있다. 4가지 코드를 각각 4대의 컴퓨터에 입력하여 여러 대의 컴퓨터가 합주하는 것과 같은 결과물을 만들었다. 학생들에게 '모두가 함께 협력하여' 참여했을 때 의미가 있다는 것을 지속적으로 안내한 결과 이 같은 산출물을 만들어 냈다. 어렵지 않은 코드로도 얼마든지 수업이 가능하다는 것을 확인할 수 있다.

창의적 설계는 정해진 답을 만들어 내는 것이 아니라, 배운 내용을 바탕으로 학생들이 자유롭게 산출물을 제작하는 데에 핵심이 있다. 따라서 엔트리와 메이키메이키를 활용하는 방법을 안내하되, 프로그램의 설계와 구현은 학생들이 자유롭게 구성할 수 있도록 한다.

해피 서클 만들기 활동을 통해 친구들과 함께하는 데에 집중할 수 있도록 한다. 혼자서도 작동 가능한 프로그램을 만든 친구들이 많다면, 모두가 동시에 프로그램을 실행하도록 하거나 케이블을 추가하여 물리적 거리를 연장시키도록 미션을 줄 수 있다. 학생마다 다른 프로그램을 개발하기 때문에 이와 같이 교사의 적절한 안내를 통해 학생 간 상호작용이 이루어지도록 하는 편이 좋다. 활동의 핵심은 멋진 프로그램을 만드는 것이 아니라 '모두가 함께' 하는 것에 있음을 수업 과정에서 지속적으로 안내한다. 개인보다는 공동체, 나보다는 우리가 중요하다는 인식을 갖고 더 나아가 학교폭력에 적극적으로 대처할 수 있는 어린이가 되도록 해야 한다.

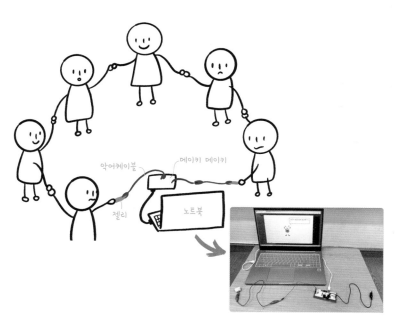

<**그림 8-18**> 필자가 직접 그려 본 해피 서클 예시도

완성된 프로그램을 가지고 실제로 학생들은 서로 손을 맞잡고 해피 서클을 완성하여 코드가 실행되는 모습을 관찰하게 된다. 여러 사람이 손을 이어 잡았을 때 전류가 흐르는 것을 눈으로 확인하며 함께 만든 결과물의 성과를 공유하는 것이다. 이 수업을 할 때에는 아쉽게도 코로나19의 영향으로 사회적 거리두기 지침에 따라 개별 활동으로 진행하였다. 대신 학생들에게 활동의 의미를 지속적으로 안내하여 수업의 핵심을 충분히 이해할 수 있도록 하였으며 가능한 학생들은 가정에서 가족들과 함께 해 볼 수 있도록 지도하였다. 실제 수업에 적용할 때 역시 학급의 상황에 알맞은 방법으로 진행하도록 한다.

평가기준 STEAM 과정 중심 평가

학생들이 해피 서클 만들기 활동을 진행하는 동안 교사는 관찰평가를 진행할 수 있다. 2015 개정 교육과정 성취기준에 준하여 다음과 같이 평가기준을 세울 수 있으며, 이 책에서 제시한 평가기준은 하나의 예시이므로 수업의 재구성 방향에 따라 교사가 자율적으로 평가기준을 변형할 수도 있다. 활동의 핵심은 친구들과 함께 하는 기쁨을 느끼는 것이므로 이 단계에서 평가를 진행하고자 할 경우 평가 항목에 태도 영역을 포함하도록 한다.

구분	평가 항목	평가기준
교사평가	아이디어 발현	-프로그래밍의 구조(순차)를 이해하고 키보드가 눌리면 소리가 나는 프로그램을 설계하였는가? -메이키메이키에 전류가 흐르면 작동하는 엔트리 프로그램을 설계할 수 있는가?
자기평가	태도	-문제 해결 과정에 적극적으로 참여하였는가?
동료평가		-프로그램 개발 과정에서 친구들과 협력하였는가?

아이디어 발현 항목의 경우 교사의 관찰평가로 진행한다. 첫 번째 평가기준은 교사와 함께 메이키메이키를 체험해 보는 과정에 적용된다. [W] 키를 눌렀을 때 소리가 나는 프로그램의 구조를 이해하고 교사의 안내에 따라 해당 프로그램을 잘 만들 수 있는지 확인한다. 두 번째 평가기준의 경우 창의적 설계 1 진행 과정 전반에서 확인할 수 있다. 이때, 학생마다 개발한 코드가 조금씩 다를 수 있으므로 교사가 평가자가 되어 코드를 확인하고 피드백을 제공하는 것이 좋다.

태도 항목의 경우에는 자기평가와 동료평가를 활용한다. 학생들이 수업에 즐거움을 느끼며 적극적으로 참여했는지 확인하기 위하여 소감을 적는 난을 포함한 자기평가지를 제공한다. 동료평가에서는 친구들과 협력하여 활동에 참여한 친구를 칭찬하도록 한다. 모둠의 크기에 따라 2~3명 정도를 칭찬할 수 있도록 안내하되, 능력이 아니라 협력과 노력을 평가하는 것임을 안내하도록 한다.

◎ 활동 결과를 점검하고 소감을 작성해 봅시다.

이름	
활동 소감	
행복의 원 만들기 활동에 적극적으로 참여하였는가?	매우 잘함 / 잘함 / 보통

◎ 모둠에서 친구들과 협력하였거나 함께 활동하기 위해 노력한 친구를 칭찬해 봅시다.

모둠원 이름	칭찬할 내용

<그림 8-19> 자기평가 및 동료평가지 예시

자기평가 및 동료평가 시 제시된 평가지 예시를 참고하되, 학년이나 학급 상황에 맞게 변형하여 적용할 수 있다.

창작물 만들기 | 노벨 엔지니어링 ④

앱인벤터 기초 익히기

'해피 서클 완성하기' 활동이 인성교육과 맞닿아 있었다면 '학교폭력지킴이 앱 만들기' 활동은 기술공학을 통한 문제 해결에 방점이 있다. 앱인벤터를 활용하여 간단한 학교폭력지킴이 앱을 만들어 실행해 보고 나아가 자신만의 아이디어를 반영한 학교폭력지킴이 앱을 설계해 보도록 한다.

앱인벤터는 전문적인 프로그래밍 언어를 배우지 않았더라도 간단한 안드로이드 애플리케이션을 제작할 수 있다는 점에서 학생들의 흥미를 유발할 수 있다. 앱인벤터 홈페이지(appinventor.mit.edu)에 접속하여 내 계정을 만들고 간단한 학교폭력지킴이 앱을 제작해 보도록 하자. 이 수업에서 앱인벤터를 처음 다뤄 보는 초등학생의 경우 교사의 안내를 따라가는 것 이상의 개별 산출물 제작을 기대하기에는 어려움이 있다. 따라서 간단한 앱을 함께 만들어 보며 앱인벤터의 기능을 탐색한 뒤, 나만의 학교폭력지킴이 앱을 설계하여 개발 계획을 친구들 앞에서 프레젠테이션하는 방식으로 수업을 운영하는 것을 권장한다. 만일 앱인벤터를 이미 다뤄 본 학급이거나 중·고등학생을 대상으로 하는 수업이라면 차시를 조금 더 배정하여 나만의 앱 설계 후 개별 산출물을 제작하는 방식으로 수업을 운영하여도 좋다.

<그림 8-20> Chrome 브라우저 번역 기능

무료로 안드로이드 앱을 개발할 수 있는 앱인벤터 홈페이지에 접속한다. 기본적으로 영어로 되어 있기 때문에 Chrome 브라우저에서 지원하는 웹 페이지 번역 기능을 이용하여 한국어로 번역한 상태로 이용하는 것이 좋다.

<그림 8-21> 앱인벤터 메인 화면

좌측 상단 [앱 만들기!]를 누른다. 기존에 로그인이 되어 있었다면 앱 제작
화면으로 넘어가고, 그렇지 않을 경우 로그인 창이 나온다.

<그림 8-22> 앱인벤터 로그인 화면

앱인벤터 계정은 구글 계정과 연동된다. 기존 아이디가 있는 경우 연동되어 있는 구글 계정으로 로그인하고, 앱인벤터를 처음 이용하는 경우에는 좌측 하단 [계정 만들기]를 클릭하여 앱인벤터 계정을 생성한다. 계정을 생성하였다면 로그인을 해 보자. 이제 [앱 만들기!] 기능을 이용할 수 있을 것이다.

<그림 8-23> 앱인벤터 초기 팝업창

앱인벤터에 처음 로그인한다면 이 같은 팝업창이 나타날 수 있다. [Do Not Show Again]에 체크한 뒤 [Continue] 버튼을 클릭하고, 다음 화면에서 [START A BLANK PROJECT]를 클릭하면 첫 번째 프로젝트를 바로 생성할 수 있다.

<그림 8-24> 앱인벤터 프로젝트 이름 입력창

프로젝트의 이름은 앱 개발자가 확인하기 편한 것으로 설정하되, 한글 사용이 불가능하므로 알파벳과 숫자 등을 이용하도록 한다. 프로젝트 이름을 입력하고 [OK]를 누르면 앱 디자이너 페이지가 열린다.

<그림 8-25> 앱인벤터 [디자이너] 화면 인터페이스(1)

우측 상단의 ① [디자이너], [블록] 버튼을 통해 앱 화면 디자인 페이지와 코딩 페이지로 이동할 수 있다. **그림 8-25**는 [디자이너] 화면이며 좌측의 ② [팔레트]에서 필요한 재료인 컴포넌트들을 가져와 화면에 배치할 수 있다. 원하는 기능을 찾기 어렵다면 검색 기능을 사용할 수도 있으며, 앱 화면으로 드래그 앤 드롭하여 가져온 컴포넌트에 대한 상세 설정은 우측의 ③ [속성]에서 변경 가능하다.

<그림 8-26> 앱인벤터 [디자이너] 화면 인터페이스(2)

[디자이너] 화면은 기본적으로 다양한 컴포넌트들을 활용하여 앱을 구성
하는 곳이다. 필요한 컴포넌트를 뷰어로 가져올 수도 있고, 볼 수 있는 컴
포넌트들은 직접 디자인할 수도 있다. 팔레트에서 [사용자 인터페이스]
탭의 [버튼] 컴포넌트와 [센서] 탭의 [가속도센서]를 뷰어로 가져와 보자.

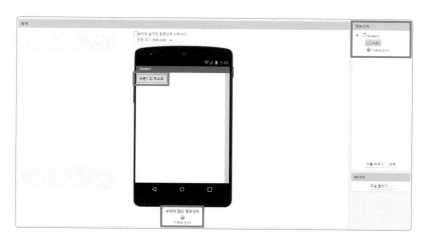

<그림 8-27> 앱인벤터 [디자이너] 화면 인터페이스(3)

눈에 보이는 버튼 컴포넌트는 뷰어에 비치되고, 보이진 않지만 사용될 예정인 가속도센서 컴포넌트는 뷰어 아래에 표시되어 있는 모습을 확인할 수 있다. 또한 뷰어 우측 [컴포넌트]에서도 배치한 컴포넌트의 리스트를 확인할 수 있다.

학교폭력지킴이 앱 만들기

앱인벤터의 기본 인터페이스를 익혔다면 이를 활용하여 간단한 학교폭력지킴이 앱을 제작해 보자. 이 책에서는 학교폭력 예방 문구와 함께 117로 바로 전화 연결이 되는 버튼이 있는 앱을 만들어 보고자 한다. 꼭 117 전화연결 앱이 아니더라도, 앱의 기능은 수업 내용 및 교사의 재량에 따라 변경 가능하며, 학생들이 앱인벤터를 능숙히 다룰 수 있다면 직접 구상하도록 안내해도 좋다.

<그림 8-28> 필요한 컴포넌트 가져오기

[사용자 인터페이스]에서는 [버튼]과 [레이블]을, [소셜]에서는 [전화]를
드래그하여 앱인벤터 휴대폰 화면에 배치한다. 전화의 경우 보이는 버튼
이 아니기 때문에 [보이지 않는 컴포넌트]에 배치된다.

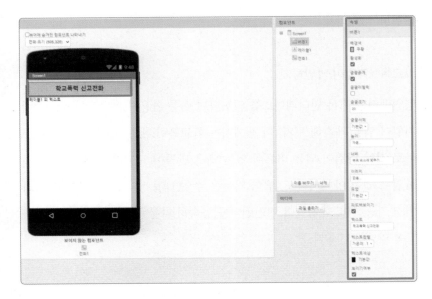

<그림 8-29> 버튼의 속성 변경하기

버튼의 속성을 자유롭게 변경해 본다. 디자인 화면이기 때문에 버튼 컴포넌트가 갖는 기능은 변하지 않는다.

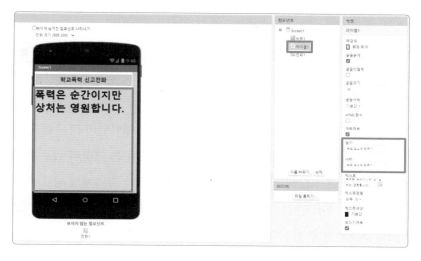

<그림 8-30> 레이블 컴포넌트 디자인

같은 방법으로 레이블 컴포넌트도 디자인해 준다. 레이블 컴포넌트의 속성을 변경하기 위해서 [컴포넌트] 리스트 중 [레이블1]을 선택한 뒤 자유롭게 속성을 변경해 본다. 컴포넌트의 크기를 설정할 때에는 속성에서 [높이]와 [너비]를 활용하면 된다. [부모 요소에 맞추기]의 경우 화면을 가득 채우게 되며, 적당한 크기로 변경하고 싶을 때에는 %와 같은 기능을 활용할 수 있다. 학생들이 직접 만든 학교폭력 예방 포스터가 있다면 레이블 컴포넌트 대신 [사용자 인터페이스]의 [이미지] 컴포넌트를 이용하여 포스터 사진을 추가할 수도 있다.

<그림 8-31> 블록 화면으로 이동하기

앱 디자인이 끝났다면 [블록] 화면으로 이동한다. 앱인벤터 역시 블록 코딩을 활용하기 때문에 스크래치나 엔트리를 다루어 본 경험이 있는 학생들이라면 어렵지 않게 이용할 수 있다. 블록 화면의 좌측에서 필요한 블록을 끌어와서 코딩하는 방식이다. 블록 코딩을 활용하여 '학교폭력 신고 전화' 문구가 적힌 [버튼1]을 눌렀을 때, 117로 연결되는 기능을 추가해 보자.

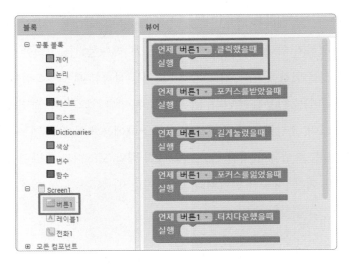

<그림 8-32> 버튼을 누르면 전화가 연결되도록 코딩하기(1)

[블록] 탭에서 [버튼1]을 누르면 [버튼1]과 관련된 블록들이 표시된다. 버튼을 클릭했을 때 전화가 연결되도록 하기 위하여 가장 위쪽의

언제 버튼1 ▾ .클릭했을때 / 실행 블록을 가져온다.

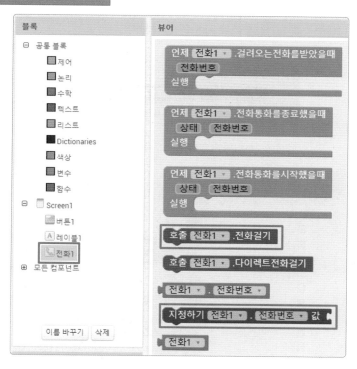

<그림 8-33> 버튼을 누르면 전화가 연결되도록 코딩하기(2)

버튼을 클릭했을 때 실행될 블록을 설정해 보자. 전화가 연결되도록 하기 위하여 블록 중 [전화1]을 선택한다. 전화 기능을 사용하기 위해서는 먼저 '전화 번호를 지정'하고, '전화를 발신'하는 과정이 필요하다. 따라서 전화 번호 지정 블록과 전화 걸기 블록을 가져오도록 한다.

호출 전화1 ▾ .다이렉트전화걸기 블록을 사용할 경우 휴대폰에서 별도
의 통화 버튼을 누르는 절차 없이 바로 전화 연결이 된다. 하지만 학
생들이 앱을 테스트하는 과정에서 실제로 117에 전화가 걸리는 문제
가 발생할 수 있으며, 권한 등의 문제로 오류가 발생할 수 있기에 일반
호출 전화1 ▾ .전화걸기 블록 사용을 권장한다.

<그림 8-34> 버튼 1을 클릭했을 때 전화를 걸도록 한 코드 예시

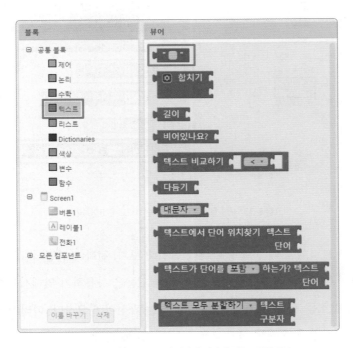

<그림 8-35> 버튼을 누르면 전화가 연결되도록 코딩하기(3)

이제 전화번호를 117로 지정해 주는 과정이 남았다. 전화번호를 적기 위해 [텍스트] 탭의 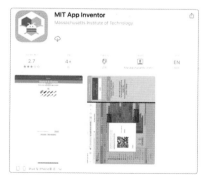 블록을 가져온다.

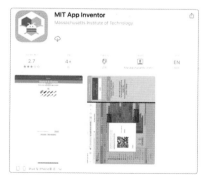

<**그림 8-36**> 버튼을 누르면 117번으로 전화를 걸도록 한 코드 예시

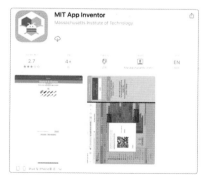 블록 뒤에 연결한 다음 원하는 전화번호를 입력한다. 이 책에서는 학교폭력 신고전화 기능을 개발하고 있으므로 '117'을 입력하였다. 코딩을 마쳤다면 스마트기기에서 앱을 실행해 보도록 한다. 애플리케이션을 이용하는 방법과 apk 파일을 생성하여 직접 설치하는 방법이 있다. 이 책에서는 애플리케이션을 이용하여 스마트기기에 우리가 개발한 앱을 연결하고자 한다. 스마트기기가 네트워크에 연결되어 있어야 하므로 와이파이 환경에서 사용하기를 권장한다. 먼저 아이폰/패드라면 'MIT App Inventor'를, 안드로이드 기기라면 'MIT AI2 Companion'을 설치하자.

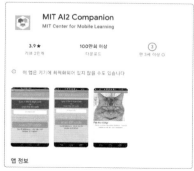

<**그림 8-37**> 앱스토어 MIT App Inventor 및 플레이스토어 MIT AI2 Companion 설치 화면

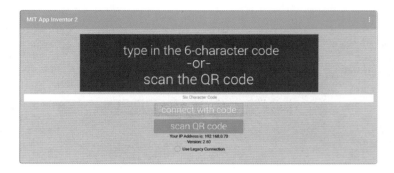

<그림 8-38> MIT AI2 Companion 메인 화면

이 책에서는 'MIT AI2 Companion' 기준으로 진행한다. 설치 후 데이터 접근 허용 단계를 마치면 **그림 8-38**과 같은 화면이 나온다. 개발한 앱을 전송받는 방법에는 크게 두 가지가 있다. 6자리 코드를 직접 입력하거나 QR 코드를 스캔하는 방법이다. 교사는 편의에 따라 원하는 방법을 취사선택하여 학생에게 안내하도록 한다.

<그림 8-39> AI 컴패니언으로 내보내기(1)

앱인벤터 화면 상단의 [연결] → [AI 컴패니언]을 순서대로 클릭해 보자. QR코드와 6자리 코드가 화면에 표시될 것이다. 두 가지 중 원하는 방법을 스마트기기 앱에서 선택한 후 QR을 스캔하거나 6자리 코드를 직접 입력

하면 된다. 이때, [Cancel] 버튼을 눌러 취소한 뒤에는 전송이 되지 않는다. 만일 전송이 취소되었다면 다시 [연결] → [AI 컴패니언]을 선택하여 새로운 코드를 받으면 된다.

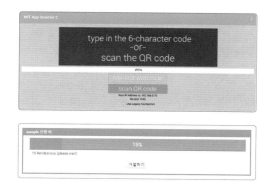

<그림 8-40> AI 컴패니언으로 내보내기(2)

입력을 완료하면 개발한 앱이 전송되기까지 기다리면 된다. 이때 [거절하기] 버튼을 누르거나 스마트기기의 앱을 종료하면 전송이 이루어지지 않으니 유의하도록 한다.

<그림 8-41> 앱 실행 화면(1)

설치한 앱을 실행시킨 화면이다. [학교폭력 신고전화] 버튼을 눌렀을 때 117로 전화를 걸 수 있는 화면이 나타나는지 버튼을 눌러 보도록 하자.

[다이렉트 전화걸기] 기능을 사용하지 않았으므로 전화가 바로 연결되는 것을 걱정하지 않아도 된다.

<그림 8-42> 앱 실행 화면(2)

버튼을 클릭하자 전화를 걸 수 있는 화면이 나타나고, 번호 입력란에 자동으로 117이 입력되어 있는 것을 확인할 수 있다.

나만의 학교폭력지킴이 앱 구상하기

이제 앱인벤터를 이용하여 만들고 싶은 나만의 학교폭력지킴이 앱을 구상해 보자. 구상 과정에서 학생들이 앱인벤터가 가지고 있는 기능들을 자유롭게 탐색할 수 있게끔 환경을 조성하는 것이 좋다. 앱인벤터의 여러 가지 컴포넌트들을 탐색해 보면서 나만의 앱을 구상하여 설계하고, 컴포넌트 종류와 해당 컴포넌트에 할당할 기능을 함께 적을 수 있도록 한다. 설계한 앱을 친구들 앞에서 발표하면서 생각을 구체화하고 상호 피드백을 통해 아이디어를 발전시켜도 좋다. 실제로 설계한 앱을 만들지 못하더라도 학교폭력을 기술공학적 접근으로 해결하기 위한 발상을 하는 것에 이 활동의 중점이 있다. 예를 들어 학교폭력을 당하거나 장면을 목격하였을 때 버튼을 눌러 바로 선생님을 호출할 수 있는 기능을 설계할 수도 있다.

나만의 학교폭력지킴이 앱 만들기

학년   반   이름:

※ 앱인벤터를 참고하여 나만의 학교폭력지킴이 앱을 구상하여 봅시다.

1. 앱에 추가하고 싶은 컴포넌트와 기능을 적어봅시다.

컴포넌트(예: 버튼)	기능(예: 버튼을 누르면 117로 전화가 연결된다.)

2. 앱 화면을 구상하고, 컴포넌트의 기능을 간단히 적어봅시다.

<그림 8-43> '나만의 학교폭력지킴이 앱 설계하기' 활동지

<**그림 8-44**> 학생들이 응용하여 제작한 학교폭력지킴이 앱

만일 학생들이 앱인벤터를 잘 다룬다면, 구상한 앱을 실제로 개발해 볼 수 있도록 안내한다. 초등학교 영재학급이나 중학교 이상의 학급에서는 직접 앱을 개발하는 단계로까지 나아가 보는 것을 추천한다. 앱 구현 과정에서 코딩의 장벽에 부딪히거나 구현할 수 없는 기능을 발견할 수도 있다. 따라서 최초 설계와 최종 개발한 앱이 같지 않아도 되며 계속해서 수정을 거쳐도 된다는 사실을 학생들에게 안내하도록 한다. 활동의 핵심은 학생들이 문제 해결의 의지를 가지고 있는가, 그리고 그 과정에서 기술을 활용하려고 노력하는가에 있다. 단순히 "폭력을 사용하지 말자."나 "친구들과 사이좋게 지내자." 정도의 선에서 끝나지 않고, 구체적인 해결 방법을 모색하고 공유하는 데까지 나아갈 수 있는 창의적 설계가 되어야 한다.

8.4　감성적 체험

이야기 바꿔 써 보기 노벨 엔지니어링 ⑤

이제 학생들은 학교폭력 예방 및 조치가 잘 이루어진 학교를 생각하며 새로운 이야기를 쓸 수 있다. 우리가 체험한 창의적 설계 중 한 가지를 골라 그 방법으로 학교폭력 문제를 극복하는 결말을 써 보도록 한다. 학생들이 이야기를 바꾸어 쓸 때 다양한 학교폭력의 유형 가운데 한 가지에 초점을 맞추어 작성할 수 있도록 보조해 줄 수 있다.

책의 내용 중 바꾸어 쓰고 싶은 내용은 무엇인가요?

1. 선배들의 의형제 제안을 시작으로 상납 체계 속에서 돈을 빼앗기게 된 준석이 (27~46쪽)
2. 친구들과 잘 지내고자 재석이와 아는 사이인 척을 했다가 왕따가 되어 투신한 영지 (115~139쪽)
3. 직접 학교폭력 실태조사와 캠페인 진행에 나선 재석이와 친구들 (155~174쪽)

선택한 상황	1번

우리가 배운 기술이 책 속 상황을 어떻게 바꿀 수 있을지 간략히 적어 봅시다.

사용한 기술	앱인벤터
해결 방안	학교폭력 신고앱을 만들어서 신고한다

재석이는 준석이가 계속 학교폭력을 당하지 않게 민성이랑 학교폭력신고앱을 만든다. 재석이가 앱을 키면 117로 전화하거나 재석이한테 바로 전화할 수 있는 앱이다. 준석이는 위험할때 앱으로 도움을 요청해서 학교폭력에서 벗어나고 친구들한테도 앱을홍보한다.

책의 내용 중 바꾸어 쓰고 싶은 내용은 무엇인가요?

1. 선배들의 의형제 제안을 시작으로 상납 체계 속에서 돈을 빼앗기게 된 준석이 (27~46쪽)
2. 친구들과 잘 지내고자 재석이와 아는 사이인 척을 했다가 왕따가 되어 투신한 영지 (115~139쪽)
3. 직접 학교폭력 실태조사와 캠페인 진행에 나선 재석이와 친구들 (155~174쪽)

선택한 상황	2번

우리가 배운 기술이 책 속 상황을 어떻게 바꿀 수 있을지 간략히 적어 봅시다.

사용한 기술	어플 만들기
해결 방안	친구를사귈수있는 어플을만들고 영지가 좋은친구들을 만날수 있게 도와준다

> 재석이와 친구들은 어플로 학교폭력을 예방 캠페인을 한다.
> 학교폭력 예방 어플을 만들어서 친구들과 선생님들한테 깔게 한다.
> 사람들은 어플을 보고 학교폭력 문제를 해결하려고 노력하고
> 재석이네 동네는 점점 학교폭력이 없어진다.
>
> 재석이는 아는 동생들한테도 어플을 깔게 하고
> 학교폭력을 하지말자고 열심히 홍보한다.
> 재석이와 친구들의 노력으로 학교폭력 없는 행복한동네가 된다.

<그림 8-45> 학생들이 바꿔 쓴 학교폭력 예방 이야기

창의적 설계 과정에 적극적으로 참여한 결과, 학생들은 기술이 세상을 바꾸는 데에 도움을 줄 수 있음을 이해하였다. 이야기 바꿔 쓰기 단계에서 학생들은 문제 해결에 대한 의지와 기술 및 공학에 대한 이해를 이야기 속에 담아낼 수 있었다. 자신이 문제 해결의 주체가 되고 직접 문제를 해결해보는 과정에서 경험한 성취감과 성공 경험이 긍정적인 선순환을 만들어낼 것이다.

이 책에서는《까칠한 재석이가 폭발했다》를 중심으로 바꾸어 쓰고 싶은 내용을 제시하였으며 교사가 선택한 온작품에 따라 1번 문항의 내용을 변경할 수 있다.

평가기준 STEAM 과정 중심 평가

이야기 바꿔 쓰기는 학교폭력 예방교육을 위한 STEAM 노벨엔지니어링 수업의 마지막 활동이며, 이 과정에서 교사평가를 진행할 수 있다. 성취기준과 수업의 핵심 아이디어를 바탕으로 작성한 평가기준의 예시는 다음과 같다.

구분	평가항목	평가기준
교사평가	글쓰기	-작품에서 깨달은 내용을 바탕으로 학교폭력 예방을 위한 글을 썼는가? -인물, 사건 또는 배경 등을 중심으로 이야기를 바꾸어 썼는가?
	과학기술 기반 문제 해결력	-이야기에 과학기술 또는 공학을 활용한 문제 해결 방안이 포함되어 있는가?
	몰입	-문제 상황에 몰입하여 학교폭력 문제를 나와 우리의 문제로 인식하고 있는가?

교사평가 시에는 수업에서 다루었던 과학기술 및 공학이 바꾸어 쓴 이야기에 잘 담겨 있는지를 확인할 필요가 있다. 학생들이 배운 내용을 활용하여 문제를 해결해 보도록 하는 데에 방점이 있기 때문에 활동지 2번 문항에서도 '사용한 기술'과 '해결 방안'을 고민해 보도록 안내하고 있다.

단, 해당 기술을 학생들이 실제로 구현할 수 있는가에 초점을 두기보다는 다양한 아이디어를 생산하고 공유하는 데에 목적이 있다는 것을 잊지 않아야 한다. 수업의 목표는 구현 가능한 기술을 개발하는 것이 아니다. 핵심은 학교폭력 문제를 자신의 문제로 가져와 생각하고, 기술 공학이 이를 해결하는 데에 도움을 줄 수 있음을 인식하여 개선 의지를 지니는 데에 있다. 따라서 학생들이 자신의 프로그래밍 실력이나 기술의 실현 가능성에 갇히지 않도록 교사의 적절한 발문과 독려가 요구된다.

8.5   실천-내면화

노벨 엔지니어링 수업이 끝나고 교실에서 연계하여 실천, 내면화할 수 있는 활동을 소개한다.

학교폭력예방체험장 방문하기

<그림 8-46> 노원 학교폭력예방체험장 체험 내용(출처: youthcenter.or.kr/137)

시립노원청소년센터에서는 청소년들의 안전한 지역사회생활을 위해 전국 최초로 청소년 폭력예방체험장을 설치하여 운영하고 있다. 서울시에서 운영하는 노원 학교폭력예방체험장은 Power Zone, Stop Zone, Safe Zone, Smile Zone으로 구성되어 있으며, 학교폭력의 핵심 감정인 분노, 갈등, 조정, 공감, 화해를 체험 주제로 하고 있다. 1인 2000원의 비용으로 체험장을 이용할 수 있으며 학급 단위로 신청이 가능하기 때문에 수업의 연장으로 활용하여도 좋다. 시립노원청소년센터에 전화 문의로 일정을 조율한 뒤 신청할 수 있다. 학교폭력 예방을 주제로 한 노벨 엔지니어링 수업 시기를 고려하여 신청한다면 더욱 효과적일 것이다.

굿네이버스와 경찰청이 함께하는 학교폭력예방 공모전

<그림 8-47> 굿네이버스와 경찰청이 함께하는 학교폭력예방 공모전 홈페이지 메인 화면

'굿네이버스와 경찰청이 함께하는 학교폭력예방 공모전'은 2022년에 제3회를 맞이하였다. 2022년의 경우 뮤직비디오 부문과 SPO 제도 아이디어 부문에서 공모전이 진행되었다. 두 가지 중 뮤직비디오 제작은 초-중-고등학교에서 학급 및 동아리 단위로도 참여가 가능하기 때문에, 학교폭력 예방교육 노벨 엔지니어링 수업 후 실천-내면화 활동으로 용이하다. 뮤직비디오를 유튜브에 업로드한 후 링크를 제출하는 방식이라 큰 어려움 없이 참여할 수 있다. 또한 공모전과 더불어 언어폭력 및 사이버 폭력 예방 캠페인도 진행하고 있는데, 교육 신청 시 학교로 교구와 안내문을 제공하므로 캠페인 준비 과정에서 교사의 부담을 줄여줄 수 있을 것이다.

《까칠한 재석이가 폭발했다》속 친구들 역시 자체적으로 캠페인 활동을 진행하고 있는 만큼, 비슷한 내용이 포함된 책을 선정한다면 온작품 도서의 내용과 연계해서 학생들의 참여를 독려할 수 있을 것이다.

우수작에 대한 시상도 하고 있으니 학생들과 학교폭력 예방의 의미를 되새기고 책 속 주인공들처럼 학교폭력 예방을 행동으로 실천하는 기회를 가져 보길 권한다. 자세한 공모전 내용은 공식 웹사이트(gncontest.gni.kr)에서 확인할 수 있다.

그 밖의 활용 가능한 도서

양파의 왕따 일기 1, 2

문선이 글 | 푸른놀이터 | 2020

'TV로 보는 원작동화'로도 제작된 도서이다. 내가 따돌림을 당한다면, 또는 내 친구들이 따돌림의 가해자라면 어떤 기분이 들지 생각해 볼 수 있는 책이다. TV에 방영된 영상의 클립을 활용한다면 더욱 좋다.

이럴 땐 어떻게 해요?

황덕현 글 | 정용환 그림 | 현북스 | 2017

초등학교 교실의 일상생활과 학교폭력에 대해 다루고 있다. 우수 상담 사례집으로 학생들에게 좋은 멘토 역할을 할 수 있는 책이다. 문제 해결에 대한 내용도 담고 있기 때문에 책에서 제시한 해결 지침에 기술을 접목해 보는 활동으로도 변형이 가능하다.

13일의 단톡방

방미진 글 | 국민지 그림 | 신나민 감수 | 상상의집 | 2020

스마트폰과 인터넷이 만든 사이버 폭력은 최근의 뜨거운 감자다. 문화지체 현상으로 걷잡을 수 없이 심각해지기도 하는 사이버 폭력. 스마트폰을 활용한 소통이 교우관계에 큰 영향을 미치기 시작하는 초등학교 고학년 이상의 학생들에게 적용하기 적합한 책이다.

너한테도 생길 수 있는 일

마이크 캐시디 글 | 이성우 옮김 | 다른 | 2012

학생들이 학교폭력 문제를 헤쳐 나가는 모습을 담고 있는 책이다. 책을 통해 학교폭력에 직접 맞서는 것이 중요하다는 사실을 알 수 있으며 학교와 가정에 도움을 청하는 것이 중요함을 깨달을 수 있다.

방관자

제임스 프렐러 글 | 김상우 옮김 | 미래인 | 2012

방관자는 사건에서 떨어져 있는 것 같지만, 피해자가 문제를 해결하고자 하는 용기를 갖기 힘들게 만드는 큰 장애요소이다. 그러면서도 한편으로는 언제 자신이 피해자가 될지 모른다는 불안에 시달리기도 하는 존재인 방관자. 학교폭력 문제를 적극적으로 해결해야 하는 이유를 알 수 있다.

왕따 탈출 대작전

에린 프랭클 글 | 폴라 히피 그림 | 장근영 옮김 | 우리교육 | 2017

왕따를 당하고 있는 주인공 토마스가 어떻게 문제를 해결해 나가는지 다루고 있다. 학교폭력 문제에 적극적으로 맞서는 것이 중요하다는 것을 느끼게 해 주는 책이다. 책의 내용이 어렵지 않으므로 초등학교 중학년 학생들을 대상으로 적용하는 것을 권장한다.

PART

V

스스로 설계하는
나의 미래

야무지고 살뜰하게, 경제교육

'경제'라는 용어에는 다양한 사전적 의미가 있다. '인간의 생활에 필요한 재화나 용역을 생산, 분배, 소비하는 모든 활동'이자 더 나아가 '그러한 활동을 통하여 이루어지는 사회적 관계'이기도 하며, 작게는 돈이나 시간, 노력을 적게 들인다는 의미도 포함한다.

이러한 경제의 사전적 의미를 바탕으로 경제교육의 목표를 설정해 볼 수 있다. 학교에서의 경제교육은 단순히 경제학의 원리와 이론을 배우는 데 그치기보다, 장차 성인이 되었을 때의 경제 활동과 그것을 통해 이루어지는 사회적 관계를 원활하게 구가해 나갈 수 있도록 하는 것에 중점을 두어야 할 것이다.[1]

2015 개정 사회과 교육과정에서는 경제교육 영역의 내용 체계를 다음 표와 같이 정하였다. 핵심 개념은 경제생활과 선택, 시장과 자원 배분, 국가 경제, 세계 경제이다. 초등학교 3–4학년 내용 요소에는 희소성, 생산, 소비, 시장 등이 있으며, 초등학교 5–6학년 내용 요소에는 가계, 기업, 합리적 선택, 자유경쟁, 경제 정의, 경제 성장, 경제 안정, 국가 간 경쟁, 상호의존성 등이 있다.[2]

핵심개념	일반화된 지식	내용요소			기능
		초등학교		중학교	
		3-4학년	5-6학년	1-3학년	
경제 생활과 선택	희소성으로 인해 경제 문제가 발생하며, 이를 해결하기 위해서는 비용과 편익을 고려해야 한다.	희소성, 생산, 소비, 시장	가계, 기업, 합리적 선택	희소성, 경제 체제, 기업의 역할, 자산 관리, 신용 관리	조사하기 분석하기 추론하기 적용하기 탐구하기 의사 결정하기
시장과 자원 배분	경쟁 시장에서는 시장 균형을 통해 자원 배분의 효율성이 이루어지고, 시장 실패에 대해서는 정부가 개입한다.		자유경쟁, 경제 정의	시장, 수요 법칙, 공급 법칙, 시장 가격	
국가 경제	경기 변동 과정에서 실업과 인플레이션이 발생하며, 국가는 경제 안정화 방안을 모색한다.		경제 성장, 경제 안정	국내 총 생산, 물가 상상, 실업	
세계 경제	국가 간 비교 우위에 따른 특화와 교역이 발생하며, 외환 시장에서의 환율이 결정된다.		국가 간 경쟁, 상호 의존성	국제 거래, 환율	

<표 9-1> 2015 개정 사회과 교육과정 경제교육 영역 내용 체계

최근 우리나라에서는 무분별한 소비생활로 2~30대 신용불량자의 비율이 높아지고 있으며, 더 나아가 인터넷 게임, 방송 등에 영향을 받아 충동적인 소비를 하는 어린이, 10대 청소년의 사례도 늘어나고 있다. 한국의 금융소양평가 점수가 OECD 평균보다 낮게 나타나고 있는 상황에서 어린이 조기 금융교육의 중요성은 나날이 커지고 있다.[3] 금융소양이란 평소에 갖고 있는 금융에 대한 지식과 기술로서, 학생들이 성인이 되어 경제 활동을 영위해 나갈 때 더 합리적인 결정을 내릴 수 있게 하는 원동력이 된다.

이러한 금융소양의 향상은 개인적인 관점이나 사회적인 관점 모두에서 경제적인 삶을 지향한다는 의미에서 중요하다.[4]

그런데 초등학교 교과서 속 경제교육 요소를 살펴보면, 학생들이 일상에서 접하는 상황과는 동떨어진 맥락의 내용들이 많다. 또 이야기나 사례보다는 설명 위주의 글과 그림으로 제시되고 있어, 학습자가 내용에 공감하고 자신의 삶과 연결 짓기가 어렵다. 따라서 교과서 외의 교수학습 자료, 특히 실물 경제의 다양한 사례를 이용하여 학생들이 학습 문제에 대해 친근하게 생각할 수 있도록 도와주어야 한다. 또 실생활 사례를 바탕으로 학생들이 경제 학습과 자기 삶과의 연결점을 인식하도록 함으로써 스스로 경제 생활을 실천할 수 있도록 동기를 부여해 줄 필요가 있다.[5]

노벨 엔지니어링을 활용한 경제교육은 일상생활의 사례를 비유적으로 표현한 문학 작품을 활용한다는 점에서 효과가 있다. 특히《천원은 너무해!》는 학생들과 비슷한 나이의 주인공이 일상생활에서 겪는 소소한 경제활동을 배경으로 한 동화이기 때문에 어렵지 않게 경제교육 핵심 개념을 익힐 수 있다. 또, 노벨 엔지니어링을 활용할 경우 컴퓨팅 파워를 이용하여 경제활동 속에서 이루어지는 자료들을 효율적으로 관리해 보는 경험을 얻을 수 있으므로 스마트한 경제활동 체험이 가능하다.

9.1   수업 돋보기

학생들은 책을 읽으며 자원의 희소성으로 인해 주인공이 겪게 된 문제에 공감할 것이다. 또 놀이를 통해 희소한 자원을 합리적으로 선택하는 의사결정을 몸소 체험하고 기회비용에 대해 생각해 보게 된다. 이러한 개념 이해와 공감을 바탕으로 계획성 없는 충동적인 소비 습관의 문제를 깨닫고,

문제를 해결하기 위한 방법으로 가계부나 용돈 계획서를 떠올릴 수 있다. 창의적 설계 단계에서는 엑셀 프로그램과 같은 소프트웨어를 통해 좀더 간편하고 효율적인 용돈 사용 계획서 프로그램을 만들어 본다. 자신이 만든 용돈 사용 계획서를 공유하고 책 속 이야기를 새롭게 바꿔 써 봄으로써 합리적인 소비생활에 대한 실천 의지를 다지고 경제 문제에 대한 의사 결정력을 높일 수 있다.

성취기준

4사04-03 자원의 희소성으로 경제활동에서 선택의 문제가 발생함을 파악하고, 시장을 중심으로 이루어지는 생산, 소비 등 경제활동을 설명한다.

6사06-01 다양한 경제활동 사례를 통해 가계와 기업의 경제적 역할을 파악하고, 가계와 기업의 합리적 선택 방법을 탐색한다.

4수01-04 세 자리 수의 덧셈과 뺄셈에서 계산 결과를 어림할 수 있다.

6실03-03 용돈 관리의 필요성을 알고 자신의 필요와 욕구를 고려한 합리적인 소비생활 방법을 탐색하여 실생활에 적용한다.

6실04-07 소프트웨어가 적용된 사례를 찾아보고 우리 생활에 미치는 영향을 이해한다.

6실04-10 자료를 입력하고 필요한 처리를 수행한 후 결과를 출력하는 단순한 프로그램을 설계한다.

6국05-06 작품에서 얻은 깨달음을 바탕으로 하여 바람직한 삶의 가치를 내면화하는 태도를 지닌다.

수업 흐름

STEAM 수업의 핵심이 되는 창의적 설계와 노벨 엔지니어링의 창작물 만들기에서 활용될 수업 요소는 Arts와 Technology이다. 해당 활동은 꼭 제시된 도서가 아니라도 '경제'가 주제인 도서라면 얼마든지 다양하게 활용이 가능하다. 먼저 엑셀로 제작한 가계부의 사례를 찾아 엑셀의 모양과 형태를 확인하고 엑셀 프로그램을 실행하여 간단한 기능을 익혀 본다. 그 뒤 엑셀에 대한 이해를 바탕으로 엑셀을 활용하여 '용돈 사용 계획서 프로그램'을 만들어 봄으로써 효율적으로 자원을 관리하는 경험을 한다. 엑셀과 같은 응용 소프트웨어는 '컴퓨터활용능력'이라는 이름으로 국가기술 자격증 시험이 있을 정도로 인지도가 있는 프로그램이다. 문서를 작성하고 정보를 정리하는 사무처리 능력이 얼마나 되는지 확인하는 기준이 되기도 하며 많은 기업에서 사용하는 프로그램이기 때문에 진로 영역과 연계하여 활동을 구성해도 좋겠다.

차시	STEAM 준거 틀	노벨 엔지니어링 수업 단계	활동
1~2차시	상황 제시	①책 읽기 ②문제 인식	-책 읽기 -희소성 체험 놀이: 사막에 떨어진다면?
3~5차시	창의적 설계	③해결책 설계 ④창작물 만들기	-엑셀로 제작한 가계부 사례 찾아보기 -엑셀 기능 익히기 -엑셀을 활용하여 '용돈 사용 계획서 프로그램' 만들기 (평가) -산출물 공유하기
6차시	감성적 체험	⑤이야기 바꿔 쓰기	-이야기의 결말 바꿔 쓰기 (평가) -느낀 점 공유하기

9.2　상황 제시

책 읽기 : 《천원은 너무해!》 노벨 엔지니어링 ①

천원은 너무해!

전은지 글 | 김재희 그림 | 책읽는곰 | 2012

갖고 싶은 것도 먹고 싶은 것도 많은 열 살 수아는 어느 토요일 오후, 엄마로부터 청천벽력과 같은 소리를 듣게 된다.

"태어난 지 10년밖에 안 된 내가 어떻게 용돈을 받아!?"

요리조리 피하려고 노력하지만, 엄마는 돈을 규모 있게 쓰는 법을 배우라며, 일주일에 1000원이라는 턱없이 부족한 용돈을 주기 시작한다. 문방구를 지나갈 때마다 사고 싶은 것들은 많은데, 1000원을 계획없이 써 버리면 제일 갖고 싶은 1300원짜리 메모지 수첩을 못 산다는 사실! 메모지 수첩을 사기 위해 수아는 '규모 있는 용돈 사용 계획서'를 쓰기 시작한다. 수아는 과연 메모지 수첩을 살 수 있을 것인가?

제시된 도서는 3학년 학생이 일상생활에서 겪는 경제 문제를 바탕으로 진행되는 이야기로 140쪽가량의 동화책이다. 가정에서 용돈을 받기 시작하는 상황, 등하굣길과 학교에서 일어나는 일상적인 내용으로 구성되어 있으므로 4~6학년 학생들은 1차시 정도면 모두 읽을 수 있을 것이다.

책 속에서 드러나는 문제 상황은 주인공이 용돈을 받게 되면서 발생한다. 제한된 자원으로 인해 기존의 필요와 욕구를 만족시키지 못하는 상황에 맞닥뜨리면서 일상생활에서 불편함을 겪게 된 것이다. 합리적 소비나 경제적 의사 결정 경험이 없는 초등학생의 경우 자원이 한정된 상황은 어렵고 난감할 수 있다.

학생들은 수아처럼 용돈이 부족해 물건을 사지 못했던 경험, 한꺼번에 돈을 써 버렸던 경험 등을 나누며 문제 상황을 공감하는 모습을 보였다. 이렇게 희소성과 선택에 관련된 생활 속 경험을 바탕으로 상황 제시에 좀더 몰입할 수 있도록 분위기를 조성해 줄 수 있다.

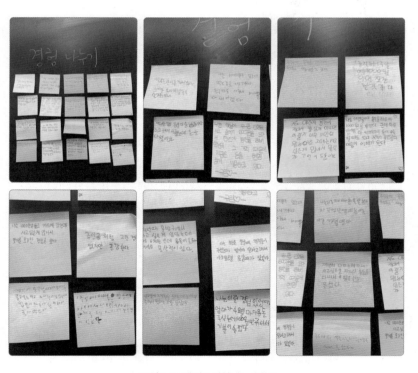

<그림 9-1> 책 읽고 경험 나누기 활동

문제 인식 _{노벨 엔지니어링 ②}

희소성 체험 놀이: 사막에 떨어진다면

책에서 발견한 문제에의 공감을 극대화하기 위해 실물로 된 모형 화폐 카드와 모형 물품 카드를 이용하는 '희소성 체험 놀이'를 상황 제시 단계에 넣었다. 사막이라는 특수한 상황에서 제한된 화폐를 들고 물건을 사고파는 행위를 직접 체험한다면 문제에 대한 몰입도가 높아질 것이다. 단순히 용돈은 계획을 세워 사용해야 한다고 가르칠 것이 아니라 직접 경제 생활의 한 부분을 체험하고 공감할 수 있도록 수업을 구성해야 한다.

'사막에 떨어진다면' 활동은 학생들이 사막에서 한 달을 살게 된다는 가정 하에 제한된 돈으로 필요한 물품을 구매하는 모의 경제활동 놀이다. 장소, 시간, 돈이 제한된 상황에서 자원의 희소성을 체험해 보고, 모둠 간의 상의를 통해 바람직하고 합리적인 소비를 계획해 보는 활동으로 이루어져 있다. 활동 마지막에는 모둠별로 무엇을 샀는지 공유하고, 그 결과 한 달 동안 사막에서 안전하고 행복하게 생활할 수 있었는지 상상하는 시간을 갖는다. 이때 학생들이 예상한 생활의 어려움을 토대로 규모 있고 계획 있는 소비를 위해 무엇을 선택하는 것이 좋을지 정리한다.

<**그림 9-2**> '희소성 체험 놀이' 소개 PPT

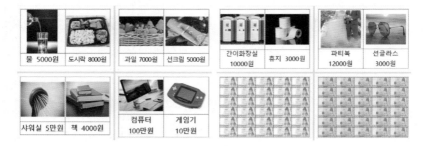

<**그림 9-3**> '희소성 체험 놀이' 게임 카드

《천원은 너무해!》에서 수아는 용돈을 받기 시작한 처음에는 용돈 계획서를 작성하지 않고 가지고 있는 돈으로 그때그때 원하는 물품들을 구매한다. 하지만 일주일에 1000원이라는 제한된 자원으로 인해 정작 필요한 것을 사야 할 때마다 돈이 부족한 상황이 되고, 시행착오 끝에 필요한 물건과 사고 싶은 물건 중 꼭 사지 않아도 되는 것을 생각하며 용돈 계획을 세워 나가기 시작한다.

학생들은 수아의 이야기를 통해서 자원의 희소성을 알고 정해진 예산 안에서 사야 할 물건을 선택해야 한다는 경제적 의사 결정의 필요성 역시 깨닫게 된다. 이 과정과 더불어 희소성 체험 놀이와 같이 실제 생활에서의 소비 상황을 재연하는 활동을 함께 한다면 좀더 문제 상황에 공감하게 될 것이다. 또, 학생들은 물건을 선택하기 전에 모둠원들과 소통을 통해 의사 결정 과정을 거치게 되는데, 이를 통해 합리적인 소비의 공통적인 기준이 있으며 사람마다 특정 대상에 대한 만족과 편익이 다르다는 사실도 깨닫게 된다. 다음 활동지를 통해 희소성 체험 놀이의 결과와 느낀 점을 정리할 수 있도록 해 주자.

희소성 놀이 시 주의할 점은 돈을 너무 많이 줄 경우 사고 싶은 것을 충분히 살 수 있기 때문에 희소성을 경험하는 데 실패할 수 있다는 점이다. 따라서 최대 2~30만원 정도까지 줄 수 있도록 한다. 물건의 경우 모든 모둠이 고르게 살 수 있도록 한 물건당 모둠 개수만큼 준비하는 것이 좋다. 또 물이나 과일 같은 식료품들은 한 모둠 당 여러 개를 살 수 있기 때문에 (모둠 개수)×5개 정도 넉넉하게 준비하면 좋다.

책 내용과 관련해 사회의 <경제> 단원과 실과의 <생활 자원의 관리> 단원을 연계하여 수업을 진행해도 좋다. 사회 4학년 <경제> 단원의 '경제활동과 현명한 선택' 소단원이나, 실과 5~6학년 <생활 자원의 관리> 단원의 '용돈 관리와 합리적 소비 생활' 차시를 활용할 수 있다.

희소성 체험 놀이 : 사막에 떨어진다면

학년   반   이름:

1. 우리 모둠이 구매한 물품을 적어봅시다.

| |
| |

2. 다음 물품들이 없을 때 발생하는 일을 적어봅시다.

물, 도시락	
선글라스, 선크림	
화장실, 샤워실, 휴지	
게임기, 파티복, 컴퓨터	

3. 물품들이 없을 때 발생하는 일을 떠올리며 다음 질문에 답해봅시다.

(1) 한 달 동안 행복했나요?

_____

(2) 사고 싶은 물건을 다 살 수 있었나요?

_____

(3) 그렇지 않았던 이유는 무엇인가요?

_____

(4) 돈이 남은 경우 이유는 무엇일까요?

_____

<그림 9-4> '희소성 체험 놀이' 활동지

<**그림 9-5**> '희소성 체험 놀이' 실제 활동 모습

대부분의 학생들은 어떠한 상황에서도 꼭 필요한 물품인 음식을 가장 처음에 골랐다. 그다음으로는 화장실이나 샤워실을 고르는 경향이 보였는데, 최근 코로나19로 학생들 사이에서도 개인 위생에 대한 관념이 철저해진 영향이라고 생각된다. 그 이후부터는 학생들이 돈을 아끼기 위해 어떤 물품을 고를지 모둠별로 고민하는 모습이 눈에 띄었다. 이때 활동지의 2번 항목 카테고리를 바탕으로 소비의 기준을 정하는 경향을 보였다.

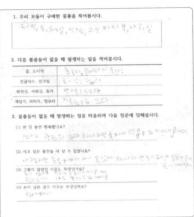

<그림 9-6> '희소성 체험 놀이' 후 학생들이 작성한 활동 내용과 소감

학생들은 활동에 참여하며 갖고 있는 돈을 고려하여 필요한 물건을 사야 한다는 것을 체득할 수 있었다. 모둠별로 어떤 물건이 필요할지 열심히 논의했고, 예산에 맞추어 물건을 구매하였다. 필요하지 않은 물건이라면 돈이 있어도 구매하지 않기도 하였다. 또 같은 모둠에서 동일한 물건을 구매했다 하더라도 모둠원 각자의 만족도가 다르다는 것도 확인할 수 있었다.

9.3   창의적 설계

해결책 설계 노벨 엔지니어링 ③

엑셀로 제작한 가계부 사례를 찾아보고 엑셀 기능 익히기

합리적인 소비를 하기 위해서는 수입과 지출을 계획성 있게 정리하여 관리하는 것이 필요하다. 예컨대 책 속의 주인공 수아는 '규모 있는 용돈 사용 계획서'를 작성하여 수입과 지출을 파악하고 이를 통해 가장 필요한 물품인 메모지 수첩을 사기 위해 계획 있는 소비를 시도한다. 어린이들은 합리적인 소비를 위한 관리 도구로서 용돈 계획서나 용돈 기입장을 이용하도록 교육받으며, 경제적으로 독립하여 새로운 가정을 꾸리게 되는 나이가 되면 가계부를 작성하게 된다.

가계부 작성은 지출 자료를 투명하게 관리하여 불필요한 소비 내역을 점검할 수 있도록 하고, 나의 소비패턴을 바탕으로 계획을 세울 수 있도록 도와주어 충동적인 소비를 통제하여 준다는 장점이 있다. 그렇지만 실제로 초등학교에서의 경제교육이 성인이 되었을 때의 가계부 작성으로 연결되지는 않는 실정이다. STEAM 수업의 궁극적인 목적이 실생활과 연관된 교육, 학생들이 내면화할 수 있는 활동 구성이기 때문에 실제로 가계부를 작성해 보는 활동을 창의적 설계로 제시하였다. 학생들이 직접 가계부를 활용해 보고 그 효용성을 체험할 수 있도록 하자.

가계부를 손으로 쓴다면, 돈 계산을 직접 해야만 한다. 또, 사람의 필체에 따라 가독성이 떨어져 정확도나 효율이 낮아지고 자료 관리가 어려워질 수 있다. 이럴 때 사용 가능한 응용 소프트웨어가 스프레드시트spreadsheet다. 표 형식으로 자료를 관리하는 스프레드시트 프로그램은 값을 입력한 후 프로그램에서 제공하는 연산 함수를 활용하면 입력하는 값이 바뀌어도 해당 연산으로 자동 계산되는 편리한 특징을 가지고 있다.

스프레드시트 중 가장 많이 사용되는 마이크로소프트사의 엑셀Excel 프로그램으로 제작한 가계부 사례를 찾아 엑셀의 형태나 모양을 살펴보고, 간단한 기능을 익혀 보면서 '용돈 사용 계획서 프로그램' 제작을 준비할 수 있다.

엑셀 가계부를 찾아보고 엑셀 기능 익혀보기

학년   반 이름:

1. 구글 이미지 검색에서 엑셀 가계부의 형태와 모양을 살펴봅시다.

2. 다음 엑셀 가계부를 보고 물음에 답하여 봅시다.

(1) 수입과 지출이 의미하는 것이 무엇인지 적어보세요.

_____

(2) ㉠은 어떤 계산식의 결과인지 써보세요. (덧셈과 뺄셈 혼합 계산식으로 쓰기)

_____

(3) 위에서 쓴 계산식의 숫자를 엑셀 표의 알파벳+숫자로 바꾸어 다시 써봅시다.
(예 – 커피 금액 '4000'을 *18*로 바꾸어 쓰기)

_____

4. 직접 엑셀의 연산 기능을 실습으로 익혀봅시다.

<그림 9-7> '엑셀 가계부를 찾아보고 엑셀 기능 익혀 보기' 활동지

엑셀을 이용한 가계부를 검색하여 엑셀을 처음 접해 본 학생들이 엑셀의 형태와 모양을 살펴볼 수 있게 한다. 또한 엑셀 프로그램이 얼마나 많이 활용되는지도 알 수 있는 기회가 될 것이다. 엑셀은 꼭 가계부 프로그램이 아니더라도 다양하게 활용이 가능한 응용 소프트웨어이므로, 계산기 만들기나 그래프 그리기 등의 수업도 가능하다. 이때, 셀 속의 경제 용어들이 어렵게 느껴질 수 있다. 활동지를 시작하기 전에 이러한 용어들을 설명해 주고 시작하는 것이 좋다.

검색을 통한 조사를 마친 후에는 활동지에 있는 가계부 예시를 살펴보며 엑셀 프로그램에서 어떠한 방법으로 계산이 이루어지는지 하나씩 알아본다. 엑셀 프로그램을 직접 실행해 기능을 익히기 전에 이와 같이 활동지를 통해 미리 살펴보면 실습 시 보다 수월하게 프로그램을 다루어 볼 수 있을 것이다.

창작물 만들기 노벨 엔지니어링 ④

엑셀을 활용한 '용돈 사용 계획서 프로그램' 만들기

엑셀을 활용하여 '용돈 사용 계획서 프로그램'을 만들기 위해 엑셀 프로그램을 실행해야 한다. 엑셀 프로그램은 마이크로소프트사의 MS Office 구매를 통해 내려 받을 수 있다. 학교 컴퓨터라면 한글과컴퓨터사의 한셀을 사용하기도 하는데, 핵심 기능은 동일하기 때문에 그대로 진행해도 무방하다.

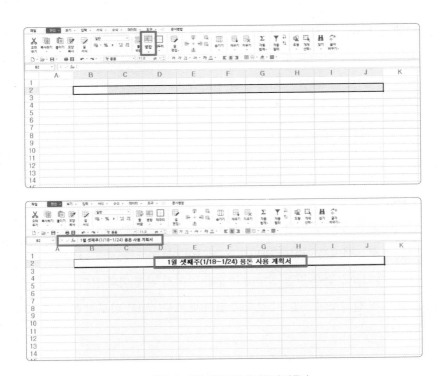

<**그림 9-8**> 용돈 사용 계획서 제목 칸 만들기

엑셀을 실행한 후 용돈 사용 계획서 제목 칸을 만들어 주기 위해 **그림 9-8**
과 같이 B2부터 J2까지의 칸을 드래그로 선택한다. 선택된 상태에서 [병
합하고 가운데 맞춤]을 눌러 주면 셀이 합쳐지고 제목 칸이 생성된다. 물
론 셀의 범위를 다르게 드래그하여 지정해도 되고, 용돈 기입장 제목 또한
자유롭게 입력해도 좋다.

엑셀에 글자를 입력할 때는 해당 칸을 클릭한 상태에서 입력하거나 상단
의 [*f*(*x*)] 오른쪽 칸에 입력한다.

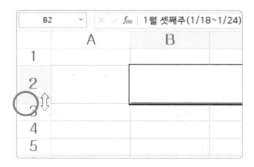

<그림 9-9> 제목 칸 크기 늘리기

제목 칸을 늘리고 싶다면 행의 번호가 쓰인 칸들 사이에 있는 가로줄 위에
마우스를 올려, 마우스의 모양이 쌍방향 화살표로 바뀌면 드래그해서 늘
려 주면 된다.

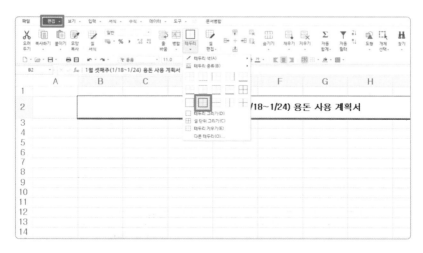

<그림 9-10> 테두리 넣기

테두리를 만들어 주려면 칸을 선택한 상태에서 [편집] 메뉴에 있는 [테두
리] 기능을 이용한다.

<그림 9-11> 항목 서식 수정하기

제목 칸을 병합하고 테두리를 넣은 것처럼 아래의 칸에도 용돈 사용 계획서에 들어갈 항목들을 꾸며 준다. 한눈에 들어오게 하려면 항목별로 색을 달리 하면 좋다. 색을 입혀 주기 위해서는 [서식] 메뉴의 [채우기] 기능을 이용한다.

여기까지는 용돈 사용 계획서 프로그램의 서식에 관한 부분이므로 생략해도 되고, 학생들이 자유롭게 구성해도 좋다. 실제로 용돈이 계산되도록 계산식을 활용하는 부분이 중요하다.

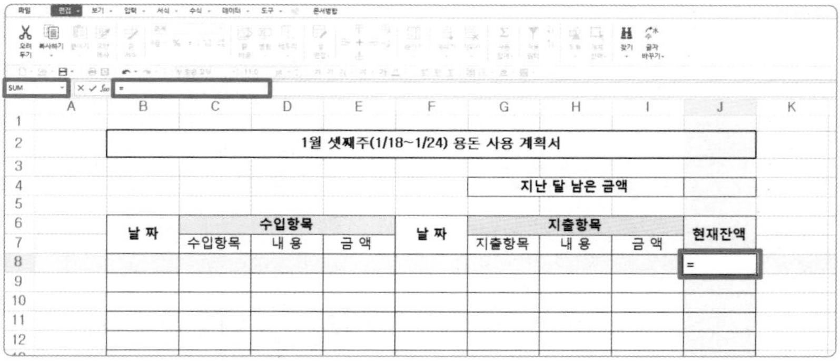

<그림 9-12> SUM 함수 확인

현재 잔액이 자동으로 계산되는 연산을 집어넣으려면 먼저 J8 셀을 선택한 채로 상단의 [$f(x)$] 오른쪽 칸에 '='기호를 입력한다. 입력하는 동시에 J8 칸 안에도 자동으로 = 표시가 생기고, [$f(x)$]의 왼쪽에 SUM이라는 합계 함수가 뜬다.

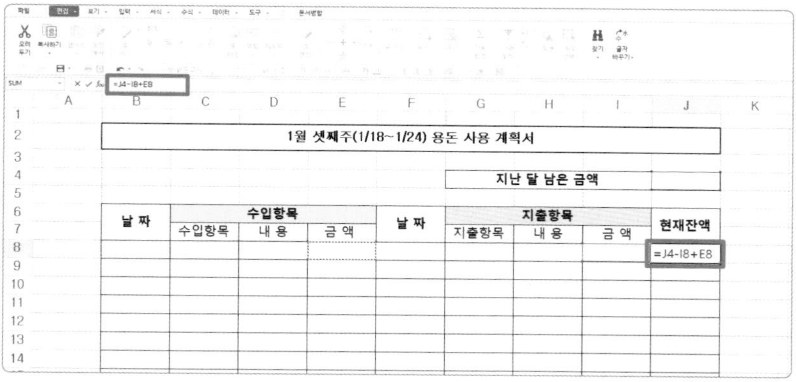

<그림 9-13> 현재 잔액 계산식 넣기(1)

'='기호 뒤에 현재 잔액이 자동으로 계산되는 계산식을 넣는다. 현재 잔액이 자동으로 계산되기 위한 식은 '지난 달 남은 금액(이월 잔액)−지출 금액+용돈'이다. 각 항목을 시트상의 알파벳+숫자로 치환해 보면 'J4−I8+E8'이 된다. 직접 '='기호 뒤에 키보드로 입력하면 되는데, 알파벳과 숫자를 일일이 쓸 필요 없이 마우스로 칸을 클릭하여 선택해도 된다. 선택되면 칸 테두리가 점선으로 바뀌면서 [$f(x)$] 칸에 저절로 해당 칸의 알파벳+숫자가 입력된다. 그 뒤에 키보드로 +, − 등의 기호를 입력해 주면 칸 테두리가 색이 있는 실선 테두리로 바뀐다. 완료된 후에는 엔터 키를 쳐서 마무리한다.

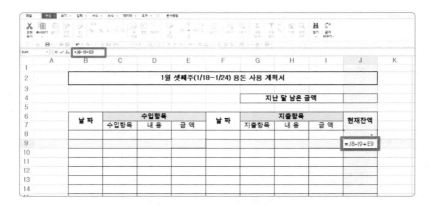

<그림 9-14> 현재 잔액 계산식 넣기(2)

J8 칸의 경우 현재 잔액의 처음 부분이었기 때문에 지난 달 남은 금액에 해당하는 J4에서 지출을 빼고 용돈을 더했다. 그러나 그 아래부터는 바로 위의 현재 잔액에서 지출을 빼고 용돈을 더해야 한다. 따라서 J9=J8-I9+E9가 된다.

<그림 9-15> 드래그하여 수식 자동 입력하기

J9 칸 오른쪽 아래 꼭짓점에 마우스를 올리면 마우스 커서가 하얀색 십자

가 모양으로 바뀐다. 그 상태에서 드래그하여 아래 칸으로 끌어내리면, 아래의 칸들은 자동으로 계산식이 입력된다. 입력되면 J8, J9 칸처럼 칸 안에 '-'표시가 생기고 클릭해 보면 [*f(x)*] 칸 안에 계산식이 입력되어 있는 것을 확인할 수 있다.

1월 셋째주(1/18~1/24) 용돈 사용 계획서								
					지난 달 남은 금액			100
날 짜	수입항목			날 짜	지출항목			현재잔액
	수입항목	내용	금 액		지출항목	내 용	금 액	
1월18일	용돈	정기 용돈	1,000		1월18일	초밥지우개	300	800
					1월21일	사탕	300	500
					1월22일	도넛지우개	200	300
								300
								300
								300
								300

<그림 9-16> 용돈 사용 계획서 프로그램 예시

《천원은 너무해!》의 여러 장 중 한 장을 골라 수아의 수입과 지출 내용을 내가 만든 '엑셀 용돈 사용 계획서'에 입력해 본다. 계산이 정확하게 된다면 프로그램이 잘 완성된 것이다.

B	C	D	E	F	G	H	I	J
			3월 둘째주 용돈계획서(3/8~3/12)					
					이월잔액(지난 주에 쓰고 남은 돈)			5000
날짜	수입항목			날짜	지출항목			현재 잔액
	수입	자세한 내용	금액		지출	자세한 내용	금액	
		용돈	5000		과자		3000	5500
		엄마한테 받은 돈	10000		음료수		2000	
		심부름용돈	3000		학용품		10000	

3월 둘째주 용돈계획서(3/8~3/12)

| | | | | 이월잔액(지난 주에 쓰고 남은 돈) | | | | 30,000 |

날짜	수입항목			날짜	지출항목			현재 잔액
	수입	자세한 내용	금액		지출	자세한 내용	금액	
	용돈	일주일 용돈	5,000		학용품	필요한 물건	12,650	22,350
	돈	삼촌이 주셨다	10,000		군밤		10000	22,350
	용돈	일주일 용돈	5,000		문화 상품권	언니 선물	20000	7,350
	심부름	엄마 심부름	1000					0
								0
								0
								0
								0
								0
								0
								0

3월 둘째주 용돈계획서(3/8~3/12)

| | | | | 이월잔액(지난 주에 쓰고 남은 돈) | | | | 195000 |

날짜	수입항목			날짜	지출항목			현재 잔액
	수입	자세한 내용	금액		지출	자세한 내용	금액	
3/7	용돈		5000					200000
				3/8	아이스크림		500	199500
				3/8	음료수		1000	198500

<그림 9-17> 실제 학생들이 제작한 '용돈 사용 계획서 프로그램'

학생들의 용돈 사용 계획서 프로그램을 살펴보면 자신의 수입과 지출 내역을 자세히 정리하였고, 자동으로 계산이 이루어지도록 엑셀 계산식을 적절하게 삽입한 것을 알 수 있다. 엑셀을 처음 접해 보는 학생들은 초반에는 다소 어려워하기는 했지만, 이내 자동으로 계산이 된다는 점에 흥미를 가지고 자신의 수입과 지출 항목을 변경해서 넣어 보는 등, 적극적으로 프로그램을 다루었다. 또 일주일간의 용돈 계획을 세우는 과정에서 계획이 바뀌더라도 그때마다 자동으로 계산을 해 주는 것에 편리함을 느끼기

도 하였다. 이를 통해 학생들이 기본적인 경제 개념과 기술에 대한 이해를
내면화했다는 사실을 확인할 수 있다.

<그림 9-18> 학생들의 가계부 만들기 활동 소감

학생들이 엑셀 용돈 사용 계획서를 제작한 후에 느낀 점을 살펴보면 '간편
하다', '편리하다', '빠르다' 등의 내용이 많다. 이처럼 엑셀을 이용해 간단
한 계산을 자동으로 할 수 있다는 점에 유용함을 느끼고 앞으로도 사용하
고 싶다는 마음을 가진 것은, STEAM 수업에서 중요시하는 다른 학습으
로의 선순환이 일어난 것으로 평가할 수 있다.

평가기준 ▶ STEAM 과정 중심 평가

학생들이 만든 용돈 사용 계획서 프로그램을 확인하면서 과정 중심 평가를 진행하여 보자. 성취기준에 의거하여 다음과 같이 평가기준을 제시할 수 있다.

구분	평가 항목	평가기준
교사평가	과학기술 기반 문제 해결력	-엑셀 프로그램에 대해 탐구하고, 자료를 입력하고 필요한 처리를 수행한 후 결과를 출력하는 프로그램을 설계할 수 있는가?
	산출물	-엑셀 프로그램을 바탕으로 간단한 연산을 해주는 프로그램을 설계할 수 있는가? -합리적인 경제활동을 위한 용돈 사용 계획서 프로그램을 설계할 수 있는가?
동료평가	의사소통 태도	-자신의 프로그램에 대해 이해하기 쉽게 설명할 수 있는가? -자신감 있는 태도로 발표에 참여하였는가?

교사평가를 진행할 때에는 실제로 경제 활동과 관련된 문제상황에서 적용할 수 있는 프로그램인지 확인한다. 이때 유의할 점은 용돈 사용 계획서의 틀이나 디자인 요소보다는 가독성이 좋고 사용자가 원하는 기능을 갖추었는지에 초점을 두어야 한다는 것이다. 또, 학생 스스로 응용 소프트웨어 프로그램을 이용하였을 때가 그러지 않았을 때보다 효율적이고 편리하다는 것에 공감하고 한계점은 없는지 생각해 보게 할 필요가 있다.

동료평가 진행 시에는 학생들이 앞으로 나와 전체를 대상으로 발표해도 좋고, 학급 전체가 자유롭게 돌아다니며 서로의 프로그램을 공유하는 방식으로 운영해도 좋다. 동료평가에서는 의사소통과 태도를 평가해야 하므로 자신이 제작한 용돈 사용 계획서 프로그램의 사용법이나 좋은 점을 친구들에게 잘 설명하고 있는지 평가하도록 안내한다. 이러한 평가에서 유의점은 평가 진행 시 TV 화면이나 칠판에 게시하여 학생들이 평가의 주안점을 상기할 수 있도록 하는 것이다. 또, 평가를 넘어 친구들과 프로그램을 공유하며 새로운 아이디어를 떠올려 보는 환기의 시간이 되도록 한다.

◎ **친구들과 프로그램을 공유하여 봅시다.**

친구 이름	
자신의 프로그램에 대해 이해하기 쉽게 설명할 수 있는가?	매우 잘함 / 잘함 / 보통
자신감 있는 태도로 발표에 참여하였는가?	매우 잘함 / 잘함 / 보통
잘한 점	

친구 이름	
자신의 프로그램에 대해 이해하기 쉽게 설명할 수 있는가?	매우 잘함 / 잘함 / 보통
자신감 있는 태도로 발표에 참여하였는가?	매우 잘함 / 잘함 / 보통
잘한 점	

〈그림 9-19〉 동료평가지 예시

수업을 마치고 나면 선택활동으로 일주일간 이 프로그램을 바탕으로 스스로의 용돈 사용을 기록해 볼 수 있다. 직접 만든 프로그램을 바탕으로 스스로의 소비를 확인하는 것은 합리적인 소비를 내면화하는 좋은 기회가 될 것이다. 또 프로그램을 직접 써 보고 느낀 점을 바탕으로, 추가로 있으면 좋을 기능까지 공유해 본다면 기술적 관점으로도 확장이 가능하다.

예컨대 우리가 만들어 본 프로그램은 수아의 경험에 따라 매주 한 번 정기 용돈을 받고 수입과 지출을 관리하는 프로그램인데, 학생들마다 실생활에서 용돈을 받는 주기가 수아와 다를 것이다. 이 프로그램을 확장하여, 학생들의 실제 용돈 주기와 금액에 맞게 수입과 지출을 관리하는 프로그램을 만들어 볼 수도 있을 것이다. 또, SUM 함수 외에도 다른 함수들을 활용하여 적은 돈이지만 자신의 소비 패턴을 파악해 보는 활동으로 확대할 수도 있다. 예를 들어, AVERAGE 함수를 이용하여 지출한 항목(간식비, 준비물 구입비 등)의 평균을 구해 자신의 소비패턴 중 어느 부분에서 과소비가 있었는지 확인해 보는 것도 가능하다. 마지막으로, 학생 각자의 상황을 고려하여 만든 개성 있는 엑셀 프로그램을 공유하는 시간을 갖는다면 다른 친구들과 나의 소비 습관을 비교하고 반성해 보며 수업에서 학습한 내용을 내면화할 수 있다.

이처럼 책 내용과 자신의 소비생활을 연결 짓고 기술적으로 스스로 해결해 보는 경험은 학생들이 합리적인 소비를 실천하는 데 도움을 줄 수 있다. 노벨 엔지니어링 기반 STEAM 수업을 통해 학생들의 금융소양을 길러 주고 경제활동과 합리적인 소비생활의 이정표를 제시하여 주자.

9.4 감성적 체험

이야기 바꿔 써 보기 노벨 엔지니어링 ⑤

학생들은 책을 통해 주인공이 겪고 있는 경제 문제 상황을 발견하고 희소성 체험 놀이를 하며 합리적인 소비 문제에 좀더 공감할 수 있었다. 또 이러한 공감을 바탕으로 엑셀 가계부를 살펴보고 엑셀을 활용한 '용돈 사용 계획서 프로그램'을 제작해 보았다. 효율적이고 정확한 도구를 활용하여 계획성 있고 규모 있는 용돈 사용 계획서를 작성해 보았기 때문에 창의적 설계에서의 경험을 바탕으로 책에 제시된 문제 상황을 새롭게 바꾸어 쓸 수 있다.

네 번째 장 '또 500원이 모자라!'에서의 문제 상황은 주인공이 계획성 있고 규모 있는 지출 관리를 하지 않은 데에서 기인했기 때문에 용돈 사용 계획서를 활용하는 방향으로 이야기를 재구성해 볼 수 있다. 이때, 학생들

에게 책 속 문제 상황과 엑셀 프로그램의 장점을 환기시켜 새로운 이야기
에 그 부분이 녹아들 수 있도록 지도한다.

이야기 바꾸어 써보기

학년　　반　이름:

1. <천 원은 너무해!>의 일부분을 바꾸어 써 봅시다.

> "엄마, 용돈! 오늘 월요일이잖아."
> 엄마는 지갑에서 1000원짜리 종이돈을 꺼내 주며 피식 웃었다.
> 　　　…
> 나는 문방구에 들르려고 평소보다 5분이나 일찍 집을 나섰다. 전부 다 사고 싶지만 1100원
> 으로는 어림도 없다. 나는 '500원 이하' 쪽에서 햄버거 지우개 세트를 냉큼 집었다.
> 　　　…
> "수아야, 햄버거 지우개잖아. 너 이거 샀어?"
> "응 오늘 아침에 샀어. 나 월요일 아침에 용돈 받잖아."
> "이거 아까워서 못 쓰겠다. 진짜 햄버거 같아. 근데 메모지 수첩은? 용돈 받으면 산다며?"
> 아…. 햄버거 지우개에 정신이 팔려서 그만 메모지 수첩 사기로 한 걸 깜빡했다.
> "돈이 모자라서 지금은 못 사. 수첩은 1300원인데, 나는 지난주에 남은 용돈 100원이랑 이
> 번 주 용돈 1000원을 합쳐서 1100원밖에 없었거든."
> "그럼 다음 주에 200원만 보태면 살 수 있겠다."
> "햄버거 지우개에 300원을 써 버렸는데……."

<**그림 9-20**> '이야기 바꿔 써 보기' 활동지 예시

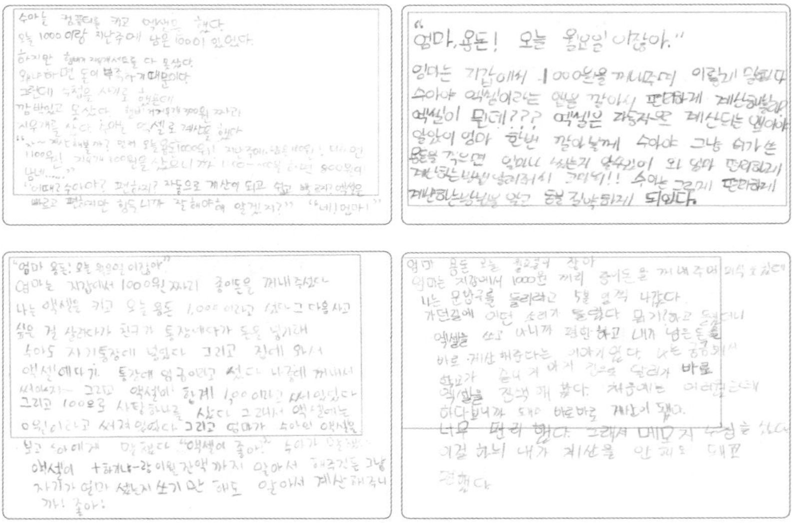

<그림 9-21> 학생들이 직접 바꾸어 쓴 이야기

학생들이 쓴 글을 살펴보면 '엑셀을 이용하여 용돈 사용 계획서를 쓰는 것은 처음에는 어렵지만 자동 계산을 해 주니 굉장히 편리하다'라는 내용이 많이 보인다. 이러한 내용은 앞서 느낀 점에서도 가장 많이 나타난 것으로, 자신이 경험하고 느낀 기술의 유용성을 이야기에 녹여냈다는 것을 알 수 있다. 또, 학생들의 글에서 '사고 싶은 것을 살 수 있었지만 돈 관리를 못해서 사지 못했던 것이다', '엑셀로 잘 쓰고 잘 관리하면 돈을 잘 모을 수 있다'는 내용을 살펴볼 수 있다. 이를 통해 학생들이 '돈이라는 자원은 유한하기에 잘 관리해서 소비해야 더 큰 만족을 얻을 수 있다'라는 가장 기본적인 경제 개념을 익혔음을 알 수 있다. 자신이 체험한 기술을 통해 책 속 문제 상황을 해결하고 새로운 이야기를 작성하는 노벨 엔지니어링 수업을 통해 학생들 삶의 경제적인 태도와 금융 소양이 내면화되었음을 확인할 수 있다.

평가기준 ▶ STEAM 과정 중심 평가

이야기 바꿔 쓰기 활동을 통해 과정 중심 평가를 진행하여 보자. 성취기준에 의거하여 다음과 같이 평가기준을 제시할 수 있다.

구분	평가 항목	평가기준
교사평가	과학기술 기반 문제 해결력	-이야기에 합리적인 소비 생활 문제 해결 방법이 드러나 있는가?
	글쓰기	-합리적인 소비 생활에 대한 실천 의지가 글쓰기에 드러나는가?
자기평가	몰입, 공감	-문제 상황에 몰입하여, 문제를 해결하기 위해 적극적으로 참여하였는가? -합리적인 소비 생활의 필요성에 공감할 수 있는가?

교사평가를 진행할 때에는 수업을 통해 기른 소양을 자신의 생활에서 실천하고자 하는 실천 의지에 유의해서 평가해야 한다. 노벨 엔지니어링 기반 STEAM 수업에서는 감성적 체험을 통한 선순환과 환류가 중요하기 때문에 단순히 글쓰기 활동에서 끝나는 것이 아니라, 문제 상황에 깊이 공감하고 나의 생활에서도 해결하고자 하는 의지를 평가하는 것이 중요하다.

자기평가 진행 시에도 마찬가지로 학생들의 실천 의지와 몰입, 공감 등 태도 면에 유의하여 평가가 이루어질 수 있도록 지도한다. 이때 학생들이 맞춤법이나 국어 문법, 글쓰기 형식 등에 얽매이거나 치우치지 않고 얼마나 진정성 있는 내용의 글을 쓸지에 집중할 수 있는 환경을 조성해 주도록 한다. 알게 된 점, 느낀 점, 앞으로의 실천 의지를 담아 이야기를 바꾸어 쓰도록 안내한다.

해당 도서에는 4장의 사건 말고도 합리적인 소비와 관련하여 발생하는 여러 가지 문제 상황이 나타나 있다. 초반에는 무분별한 지출로 정작 필요한 것을 사지 못했던 수아지만, 시간이 지나면서 자원의 희소성을 깨닫고 지출을 미리 계획하여 마침내 필요했던 메모지 수첩을 사게 된다. 나아가 메모지 수첩을 사고 난 후에도 용돈의 일부분을 저축하는 습관을 유지하여 미니 칠판 구매를 위한 소비 계획도 스스로 세우게 된다. 이러한 내용을 활용하여 수아가 아닌 내가 갖고 싶은 것 혹은 나에게 필요한 것을 사기 위한 소비 계획을 세워 보는 활동을 후속 활동으로 진행해도 좋다. 이러한 활동은 경제교육에서 가장 중요한 생활화를 경험하는 데 유익한 활동이 될 것이다.

9.5 실천-내면화

노벨 엔지니어링 수업이 끝나고 교실에서 연계하여 실천, 내면화할 수 있는 활동을 소개한다. 수업에서 학습한 합리적인 소비에 관한 내용을 바탕으로 자신의 경험을 살려 작품으로 표현해 볼 수 있는 활동이다.

서민금융 글짓기 대회 참여하기

<그림 9-22> 서민 금융 글짓기 대회 요강

서민금융진흥원에서 주최하는 '전국 초등학생 서민금융 글짓기 대회'가 있다. 2020년 9월부터 시작한 대회로 전국 초등학생을 대상으로 하며 하며 네 가지 주제로 응모할 수 있다. 제1회 대회에 제시된 '어느 날 100만원이 생겼다', '용돈을 잘 관리하는 나만의 비결', '우리 가족의 즐거운 저축생활'이나 제2회 대회에 제시된 '나의 특급 용돈 관리 비법', '코로나 시대의 우리 가족 경제 활동' 등의 주제는 초등학생도 어렵지 않게 참여할 수 있는 수준이다. 분량의 경우 산문은 200자 원고지 3매 이상이며 운문 등에는 제한이 없다. 홈페이지에서 응모 양식을 내려 받은 후 우편이나 온라인으로 접수하면 된다. 자세한 사항은 서민금융진흥원 금융교육포털에서 확인할 수 있다.

금융공모전 참여하기

<**그림 9-23**> 금융공모전 포스터

금융감독원은 금융 및 금융교육 중요성에 대한 전국민의 공감대를 확산하고 학교 등의 금융교육 활성화를 위해 매년 6월경 금융공모전을 개최한다. 청소년 부문의 공모 자격은 초·중·고 학생 및 해당연령의 청소년이며 공모주제는 금융거래경험, 금융의 중요성 등 일상생활 속 금융과 관련한 주제를 다양한 방식으로 표현하는 것이다. 청소년의 공모 분야는 금융창작물로서 글짓기, UCC, 포스터, 만화, 웹툰 등이다. 접수는 금융감독원 금융교육센터 홈페이지(fss.or.kr)의 참여마당에서 가능하며 UCC의 경우 이메일로 접수하면 된다. 공모전을 통해 선정된 우수 작품 및 프로그램은 금융감독원 등의 금융교육 시 활용된다.

그 밖의 활용 가능한 도서

100원이 작다고?

강민경 글 | 서현 그림 | 창비 | 2010

돈의 쓰임새를 비롯해 교환, 저축, 투자. 소득 등 중요한 경제개념에 대해 재미있게 이해할 수 있는 동화책이다. 이러한 경제개념들은 금융 소양을 기르는 데 가장 기본적으로 알아야 할 것들이기 때문에 초등학생 수준 경제교육에 적합한 도서이다.

우리는 돈 벌러 갑니다

진형민 글 | 주성희 그림 | 창비 | 2016

우리가 가지고 있는 욕구에 비해 자원은 한정되어 있기에 합리적인 경제활동을 해야 한다는 것을 쉽게 이해할 수 있도록 풀어낸 동화책이다. 초등학생 수준에서 경제활동의 필요성에 대해 생각해 볼 수 있는 기회를 제공해 주는 도서이다.

우리들의 에그타르트

김혜정 글 | 최혜원 그림 | 웅진주니어 | 2013

주인공들이 마카오에 가기 위해 70만원에 이르는 경비 마련에 도전하는 내용의 동화책이다. 학생들이 일상에서 접하는 대상과 그 속에 숨어 있는 경제활동에 대해 쉽게 이해할 수 있기 때문에 STEAM 수업의 상황 제시에 알맞은 도서이다

코끼리를 타면 안 돼요?

공주영 글 | 설찌 그림 | 낮은산 | 2017

착한 소비와 관련된 이야기를 재미있게 풀어 쓴 책으로, 학생들에게 일상생활에서 하는 소비가 다른 사람들에게 어떠한 영향을 미치는지 이해하고 착한 소비에 동참하고자 하는 실천 의지까지 길러 볼 수 있는 기회를 제공한다.

내 동생도 알아듣는 쉬운 경제

김경락 글 | 윤지회 그림 | 사계절 | 2015

자칫 어렵고 생소하게 느껴질 수 있는 경제 현상에 대한 다양한 주제를 아이들의 눈높이에서 설명한다. 경제를 통해 세상이 어떻게 돌아가는지 바라보는 혜안을 길러 주는 책이다. 글밥이 많은 읽기 책이므로 고학년용으로 추천한다.

용돈 좀 올려 주세요

석혜원 글 | 김진태, 이유나 그림 | 다섯수레 | 2017

1997년 첫 출간된 후 꾸준히 읽히고 있는 책으로, 여기서 소개하는 것은 2017년 출간된 개정판이다. 경제 생활이라고 하면 가장 먼저 떠올리는 '돈'과 관련된 다양한 이야기를 담고 있다. 학생들에게 다소 어렵게 느껴질 수 있는 추상적인 경제활동을 돈을 통해 쉽게 이해시킬 수 있는 책이다.

희망찬 내일을 꿈꾸는
진로교육

우리나라의 진로교육은 2009년 창의적 체험활동이 도입되며 활성화되었고, 2015 개정 교육과정을 거치며 한층 강화되고 있다. 교육과정에서 추구하는 인간상에서도 '전인적 성장을 바탕으로 자아정체성을 확립하고 자신의 진로와 삶을 개척하는 자주적인 사람'이 첫 번째로 제시되고 있어 진로교육의 중요성을 잘 알 수 있다.[1] 특히 초등학교에서의 진로교육은 긍정적인 자아 개념을 갖고 진로를 탐색할 수 있는 소양을 기르는 것에 중점을 두어야 한다. 또 대학 진학이나 직업 선택보다 포괄적인 관점에서 학생들이 삶을 설계하고 적응할 수 있도록 가르칠 필요가 있다.[2]

특히 인공지능 기반의 빠른 변화가 일어나고 있는 4차 산업혁명 시대를 살아갈 우리 아이들에게는 '진로탄력성'이 매우 중요할 것이다. 진로탄력성 이란 급격하게 변화되는 직업 환경 속에서도 자립적이고 유연하게 자신의 진로를 발전하고 개척해 나갈 수 있는 능력을 말한다.[3] 예를 들어 무인 자동차 기술이 빠르게 보급되고 있는 현재, 학생들은 운전사라는 일자리의 감소 가능성에 대해 이해하고 차량을 모니터링하거나 비상시 원격 통제하는 등의 새로운 기술과 직업이 부상할 가능성을 인지할 수 있어야 하는 것이다.

또 미래에는 과학기술에 기반을 두면서 문화적, 예술적 접근을 융복합할 수 있는 융합 인재에 대한 고용 수요가 증가할 것이다.[4] ICT나 SW, AI를 다룰 능력이 있으면서 창의적으로 문제를 해결할 수 있는 인재를 필요로 하고 있다. 그러나 진행되고 있는 진로교육의 활성화 정도는 국제적으로도 중간 수준이며, 진로 역량 수준도 높은 편은 아니다.[5] 또 다양한 교수학습 콘텐츠, 체험 학습과의 연계, 진로 검사 진행 등 다양한 노력이 이어지고 있지만 교실에서 진행하기에는 현실적인 어려움이 많다.

이러한 고민들은 노벨 엔지니어링 기반 STEAM 수업을 통해 해결할 수 있다. 진로교육을 시대에 맞게 변화시키기 위해서는 STEAM, 체험 중심의 학습방법이 필요하며 AI, SW, ICT를 활용하는 방안이 활성화되어야 한다.[6] 또 스토리텔링 학습을 활용할 수 있는데, 이는 학습자의 내용 이해를 위하여 스토리를 수업의 축으로 사용하는 것을 말한다. 학생들은 스토리를 통해 자신이 학습하는 과정을 성찰할 수도 있고 지식을 재구조화할 수도 있다.

특히 **진로교육 시 내러티브적 접근을 활용하는 것은 자신의 삶을 내재화하고 자기 명료화할 수 있는 방법 중 하나이다.**[7] 진로교육에서 내러티브란 자신의 생애 스토리를 직접 전개하여 내재화하는 활동을 말한다. 진로구성 이론에서는 '이야기를 하는 능력'을 중요하게 여기는데, 이 능력은 자전적인 추론을 통해서 자신의 행동과 진로 주제를 연결해 보고, 연결되지 않는 부분을 통찰할 수 있게 함으로써 자신의 진로 정체성을 명확하게 만들어 준다. 이 모든 것이 한 번에 가능한 수업이 바로 노벨 엔지니어링이다.

인문학적 감수성과 과학기술적 창조력을 동시에 발현시킬 수 있는 노벨 엔지니어링 수업을 통해 학생들은 건강한 직업 의식을 형성하고 자기주도적으로 진로를 설계할 수 있다. 또 노벨 엔지니어링의 마지막 단계인 '이야기 다시 쓰기'에서, 책 속 문제를 각자의 방식으로 해결해 보는 한편 스스로의 진로 이야기를 쓰는 경험은 학생들이 책임감 있게 진로 설계를 해 나가도록 도울 것이다.

노벨 엔지니어링 기반 STEAM 수업을 통해 실제적인 진로교육을 실현해 보자.

10.1   수업 돋보기

이 수업은 학생들이 자신의 진로를 명료화하고 직접 설계해 보는 경험을 갖는 것에 중점을 둔다. 꼭 어떤 직업을 가지고 어떤 대학에 진학할지를 정하기보다는 평생교육적 관점에서 자신의 삶에 대해 생각해 볼 수 있도록 돕는 수업으로 진행하는 것이 좋다. 책 속 주인공이 갖고 있는 고민은 단지 주인공에게만 국한되는 문제는 아니다. 각자가 가진 진로 고민에 대해 나누고, 자신에 대해 고민하고 알아보는 시간을 가질 수 있다. 자신의 진로를 의사, 기업인, 운동선수라고 단순하게 대답하기보다는 '불치병을 해결하기 위한 기술을 개발하기 위해 열심히 노력하는 의사'와 같이 자신의 꿈을 담아 생생하게 표현할 수 있도록 한다. 이렇게 자신에 대해 알아보고 진로에 대해 생각해 보면서 자기 이해와 긍정적인 자아 개념을 형성할 수 있으며, 자기주도적으로 진로를 결정하는 경험을 할 수 있다. 또 이야기의 결말을 자신의 진로 이야기로 바꿔 쓰는 과정에서 학생들은 진로 준비를 위한 태도를 내재화하고, 자신의 삶을 통찰할 수 있을 것이다.

성취기준

4사04-05 사회 변화(저출산, 고령화, 정보화, 세계화 등)로 나타난 일상생활의 모습을 조사하고, 그 특징을 분석한다.

6도01-02 자주적인 삶을 위해 자신을 이해하고 존중하며 자주적인 삶의 의미와 중요성을 깨닫고 실천방법을 익힌다.

6실05-01 일과 직업의 의미와 중요성을 이해한다.

6실04-07 소프트웨어가 적용된 사례를 찾아보고 우리 생활에 미치는 영향을 이해한다.

6실05-02 나를 이해하고 적성, 흥미, 성격에 맞는 직업을 탐색한다.

6국05-06 작품에서 얻은 깨달음을 바탕으로 하여 바람직한 삶의 가치를 내면화하는 태도를 지닌다.

수업 흐름

STEAM 수업의 핵심이 되는 창의적 설계와 노벨 엔지니어링의 창작물 만들기에서 활용될 수업 요소는 Technology와 Arts이다. 진로교육은 책 속 문제를 해결하기보다는, 책 속 문제를 자신의 시각으로 재해석하여 자신의 진로 문제로 인식하는 방식으로 이루어지는 것이 더 효율적이므로 어떤 도서든 활동 적용이 가능하다. 책 속 주인공처럼 아직 진로에 대해 확신이 없는 학생들도 있을 것이고, 갖고 싶은 직업에 대해서는 생각했으나 어떤 경로로 준비해야 하는지 모르는 학생도 있을 것이다. 커리어넷에서 제공하는 진로흥미탐색 검사를 통해 자신에 대해 인식하는 시간을 가질 수 있다. 그리고 나서는 NFC 스티커와 애플리케이션을 활용하여 자신의 미래 명함을 만들어 본다. 자신이 생각한 진로 정보를 담은 명함을 만들어 NFC로 친구들과 나누는 것은 스스로의 진로 설계를 확실히 하는 계기가 될 것이다. 거기에는 ICT 기술을 체험하거나 친구들과 의사소통하는 등의 경험도 자연히 따라온다.

차시	STEAM 준거 틀	노벨 엔지니어링 수업 단계	활동
1~2차시	상황 제시	①책 읽기 ②문제 인식	-책 읽기 -꿈 나무 만들기 -진로흥미탐색 검사하고 보고서 쓰기
3~6차시	창의적 설계	③해결책 설계 ④창작물 만들기	-나의 미래 디자인하기 -미리캔버스로 비전 명함 만들기 -NFC로 디지털 명함 만들기 (평가)
7차시	감성적 체험	⑤이야기 바꿔 쓰기	-이야기의 결말 바꿔 쓰기 (평가) -느낀 점 공유하기

10.2　상황제시

책 읽기: 《내 꿈은 방울토마토 엄마》 노벨 엔지니어링 ①

 도서 소개　　## 내 꿈은 방울토마토 엄마

허윤 글 ｜ 윤희동 그림 ｜ 키위북스 ｜ 2014

아영이네 베란다에 태어난 방울토마토 삼 형제! 아영이는 마치 엄마가 된 것처럼 방울토마토를 돌봐 준다. 수줍음이 많고 자신감이 없던 아영이는 방울토마토를 키우면서 뿌듯한 마음을 느끼게 된다. 그런 아영이를 보며 아빠는 우리집 '정원사'가 되어 보라고 제안하게 된다. 베란다를 정원으로 꾸미려고 도서관에서 책을 빌려 읽고, 꽃시장을 다니면서 아영이의 가슴은 콩닥거리기 시작한다. 아영이 가슴 속의 꿈 씨앗이 꿈틀거리는 소리가 들린다.

아직 꿈이 없을 수 있다. 좋아하는 것도, 잘하는 것도 모를 수 있다. 그렇지만 모두들 아영이처럼 멋진 꿈 씨앗을 가지고 있다. 이 책을 통해 함께 찾아보자.

제시된 도서는 2015 개정 교육과정 2학년 국어 교과서에 일부 수록된 60쪽가량의 단편 동화이다. 진로교육 외에도 가족이나 자기 이해에 관한 부분, 식물을 키우고 그 변화를 관찰하는 부분 등 교과와 연계할 수 있는 부분이 많다. 2학년 교과서에 수록된 도서이기 때문에 4~6학년 학생들은 1차시 정도면 어렵지 않게 읽을 수 있을 것이다.

책을 읽기 전에 표지의 삽화를 보고 꿈이 무엇인지 물으며 책 내용을 짐작하게 해 볼 수 있다. 학생들에게 꿈이 무엇이냐고 물으면 의사, 교사, 작가, 엔지니어 등의 직업이 대답으로 돌아오곤 한다. 하지만 이 수업을 통해 비전이 담긴 꿈을 답할 수 있도록 활동을 구성할 필요가 있다. 비전이란 **장기적으로 지향하는 목표나 가치관**을 말하는 것으로, '어떤 사람이 될 것인가', '그 꿈을 어떻게 이룰 것인가'에 대한 대답이 된다. 예컨대 단순히 '의사'가 되고 싶다는 대답보다는 '불치병을 해결하기 위한 기술을 개발하기 위해 열심히 노력하는 의사'가 되고 싶다는 대답이 비전이 담긴 것이라고 할 수 있다.

학생들이 책 속 문제 상황에 공감하도록 꿈 나무를 함께 작성할 것이다. 청소년 시기에 명확한 진로를 설정하고, 구체적으로 경로를 설계하는 경우는 드물다. 책 속 주인공처럼 자신의 진로에 대해 스스로 고민할 필요가 있다. 자신이 잘하는 것, 좋아하는 것, 되고 싶은 것 등을 열매로 표현하는 꿈 나무를 만들어 본다. 또 커리어넷의 콘텐츠를 활용하여 진로흥미탐색 검사를 진행한다. 이처럼 자신에 대한 이해를 바탕으로 긍정적인 자아 개념을 형성하는 것은 매우 중요하다. 이어지는 '디지털 명함 만들기' 활동이나, '나의 미래 디자인하기' 활동에서도 필요한 지식과 정보를 수집하는 데에 열정적으로 참여할 것이다.

문제 인식   노벨 엔지니어링 ②

꿈 나무 만들기

학생들에게 자신이 어떤 사람인지 명료화하고, 자신에 대해 인식할 수 있는 활동을 제시할 필요가 있다. 제시된 도서 15쪽에서도 꿈 희망 목록을 만들어 볼 것을 추천하고 있다. 책 속 문제를 자신의 문제로 인식하고, 새로운 정보를 찾기 전에 자신에 대해서 정리하는 시간을 갖는 것이다. 이때 물어보면 좋을 질문의 목록은 다음과 같다.[8]

진로 구성	목적	세부 활동 내용
나는 어떤 사람인가? -자기 구성	핵심 진로 주제를 자각하여 자기 명료화	내가 영향력을 발휘할 대상은 누구인가?
		나를 가슴 뛰게 하는 표현은 무엇인가?
		나의 핵심가치는 무엇인가?
		나의 장점과 약점은 무엇인가?
		나는 어떤 사람인가?
나는 어떤 삶을 추구하는 사람인가? -생애 자화상 그리기	정체성 진술을 통한 자기 명료화	나의 가치로운 목적은 무엇인가?
		나의 20살 진로 로드맵은 무엇인가?
		나의 30살 진로 로드맵은 무엇인가?
나의 비전과 실행 전략은 무엇인가? -비전과 실행 전략 수립하기	가능한 자기와 대안적 미래를 탐색함으로써 자기 명료화	나의 진로 비전은 무엇인가?
		나의 핵심 관리 영역과 내용은 무엇인가?
		나에게 하는 최상의 조언은 무엇인가?

<**표 10-1**> 진로계획 구성을 위한 질문 목록(고등학생 대상)

이 질문들은 고등학생을 대상으로 개발된 질문이므로 초등학생, 중학생 수준에 맞도록 수준을 변형하여 제시하여야 한다. 다음 활동지를 참고하되, 관련 질문은 교사가 자유롭게 바꾸어도 좋다.

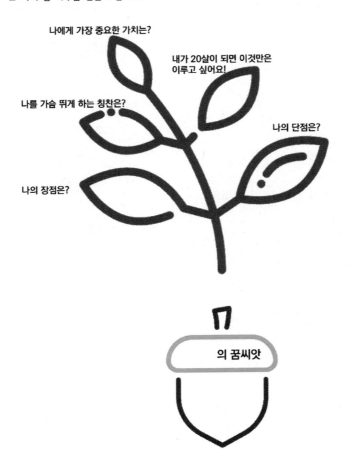

<그림 10-1> '꿈 나무 만들기' 활동지

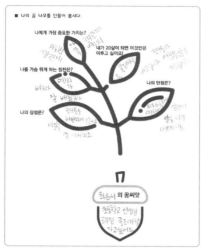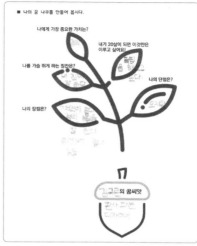

<그림 10-2> 학생들이 직접 그린 꿈 나무들

학생들은 제시된 질문들에 대답을 하며 자신이 어떤 사람인지, 어떤 칭찬에 가슴이 뛰는지 생각해 보았다. "예의가 바르구나."라는 칭찬이 가장 좋다는 학생은 자신에게 중요한 것이 예의와 인간관계라고 말했다. 이렇듯 자신에 대한 이해는 자신이 어떤 어른이 되고 싶은지, 미래와 진로를 설계하는 데 도움을 줄 수 있다.

책 속 내용과 관련해서 5학년 실과의 <일과 직업> 단원과 연결하여 수업을 진행해도 좋다. 또 꼭 5학년이 아니더라도 자신에 대한 질문에 답해 보며 자기를 이해하고 자아 개념을 형성하는 것은 초등 고학년~중학교 학생들에게 꼭 필요한 활동이다. 이를 바탕으로 자신에 대해 이야기하도록 발표를 유도해 보자. 학생들은 자신에 대해 쓰고 이야기하는 과정에서 자신에게 필요한 핵심 가치를 정교화하게 되고, 자신의 진로 설계 방향을 인식할 수 있게 된다.

이때 유의할 점은 자신의 정체성을 나타내는 대답을 작성하거나 발표할 때 하나의 문장으로 진술하도록 해야 한다는 것이다. 자신의 목적을 한 문장으로 진술하도록 하는 것은 청소년기의 학생들이 혼란스러운 상황에서 선택이나 대답을 해야 할 때 자기명료화를 강화하는 데에 도움이 된다.[9] 이 학생들의 대답으로부터 창의적 설계의 '명함 만들기' 활동이 이루어진다. 이렇게 학생들의 문제를 직접 해결하는 STEAM 수업에서 그 몰입도는 높을 수밖에 없다.

진로흥미탐색 검사하고 보고서 쓰기

한국직업능력개발원에서 운영하는 주니어커리어넷(career.go.kr/jr)에서 진로 흥미를 탐색해 볼 수 있다. 자신의 진로 목표나 비전을 설정할 때, 자신이 좋아하는 일과 연결한다면 훨씬 만족도나 자아실현감이 높아지기 때문에 자신의 흥미에 대해 알아보는 것은 중요하다.

<그림 10-3> 주니어커리어넷 홈페이지 메인 화면

홈페이지의 [나를 알아보아요] 코너에서는 저학년과 고학년 두 가지 버전의 진로흥미탐색 검사를 제공하는데, 이 검사는 홀랜드John L. Holland의 직

업 성격 유형 이론에 근거하여 흥미를 6가지로 나누어 측정한다. 학생들
은 별도의 회원가입 없이 진로 흥미를 탐색할 수 있다.

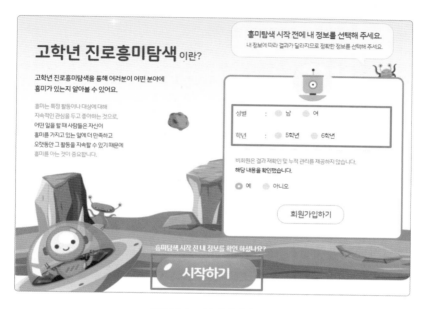

<그림 10-4> 진로 흥미 탐색하는 법

[고학년 진로흥미탐색]을 클릭하면 이 같은 화면이 나타난다. 성별과 학
년을 알맞게 선택한 뒤, "비회원은 결과 재확인 및 누적 관리를 제공하지
않습니다"라는 안내에 동의하고 [시작하기]를 눌러 진행한다. 만일 해당
서비스를 이용하고 싶다면 회원가입을 하면 된다.

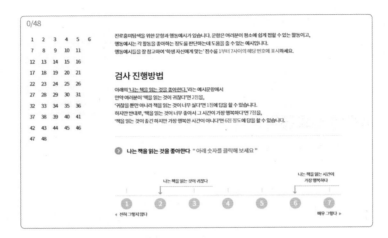

<그림 10-5> 진로흥미탐색 문항 예시

고학년 진로흥미탐색 검사의 문항은 총 48개로, 질문에 맞는 정도를 숫자로 표시하는 방식이다. 1에서 7까지의 숫자가 있으며 숫자가 작을수록 전혀 그렇지 않다, 클수록 매우 그렇다로 표현된다.

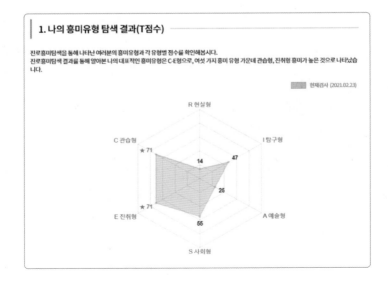

<그림 10-6> 진로흥미탐색 결과 예시

진로흥미탐색 검사가 끝나면 결과가 제시된다. 만약 비회원으로 검사에 참여하였다면 검사 결과를 다시 볼 수 없으므로 미리 갈무리해 두는 것을 추천한다. 검사 결과는 흥미 유형 검사, 흥미 유형과 관련된 추천 직업, 흥미와 관련된 새로운 학습 방법 제시 등으로 이루어져 있다. 또 추천 직업을 클릭하면 직업에 관련된 정보를 자세히 확인할 수 있다.

진로흥미탐색 활동을 학생들의 깊이 있는 자기 이해로 연결하기 위해서 보고서를 작성할 수 있다. 학생들은 자신이 어떤 흥미 유형인지, 그 유형의 추천 직업 중 어떤 것이 마음에 드는지 보고서로 작성하며 자신에게 필요한 부분을 인식할 수 있다. 또 검사 결과에서는 나의 현재 학습 습관과 새로 시도해 볼 학습 방법을 제시하고 있으므로, 이와 관련하여 느낀 점을 정리하거나 학습 계획을 세워 보도록 하는 것이 도움이 될 것이다.

진로 흥미 탐색 결과 보고서

1. 나의 흥미 유형 탐색 결과 T 점수

R(현실형) 유형	I(탐구형) 유형	A(예술형) 유형	S(사회형) 유형	E(진취형) 유형	C(관습형) 유형

2. 나의 주요 흥미 유형

나의 유형	
나의 유형 설명	

3. 나와 관련된 특징/추천 직업

유형 설명 (2가지 이상)	
추천 직업 (마음에 드는 것)	
유형 설명 (2가지 이상)	
추천 직업 (마음에 드는 것)	

4. 느낀 점이나 내가 앞으로 어떻게 진로를 설계하면 좋을지 계획을 써 봅시다.

_____

_____

_____

_____

<그림 10-7> '진로 흥미 탐색 결과 보고서' 활동지

4. 느낀 점, 내가 어떻게 진로를 설계하면 좋을 지 앞으로의 계획을 써 봅시다.

내 꿈을 원래 판사였는데 추천 직업에 판사 및 검사가 나와서 기분이 너무 좋았고 앞으로는

판사가 되기 위해 일주일에 책 10권 이상을 읽도록 노력 할 것이고

전 과목(국,수,사,과,영)을 다 잘 할 수 있도록

부족 한 점이 있다면 그때그때 처리하려고 노력하겠다.

4. 느낀 점, 내가 어떻게 진로를 설계하면 좋을 지 앞으로의 계획을 써 봅시다.

나의 흥미를 통해서 성격을 알려줘서 신기했고 재미있었다

이 보고서에 나온 학습방법처럼 자기주도적인 학습습관을 형성하여서

나의 진로를 위해서 노력해야겠다

4. 느낀 점, 내가 어떻게 진로를 설계하면 좋을 지 앞으로의 계획을 써 봅시다.

진로탐색 할때 어떤것이 나올까 궁금했고 생각보다 재미있었다

진로탐색 결과가 나올때 다른사람의 감정을 잘 이해하고 함께 공감해주는 것이 나하고 가장 맞는것 같다

나는 앞으로 더 열심히 친구들과 잘지내고 잘이해 해주도록 노력할꺼다 그리고 내가 하고싶은 일을 잘하도록 공부를 열심히 할것이다

<그림 10-8> '진로 흥미 탐색 결과 보고서' 중 느낀 점 질문에 대한 실제 답변들

이 활동을 통해 학생들은 자신의 성격, 흥미, 가치, 잘하는 것에 대해 보다 정확하게 이해하게 되었다. 또 자신이 좋아하는 직업이 나와서 기뻐하거나 진로 선택에 자신감을 보이기도 했다. 또 자신의 흥미 유형에 알맞은 공부 방법이나 학습 계획 추천을 기반으로 자신이 꿈을 이루기 위해 노력할 점은 무엇이 있을지 생각해 보기도 했다. 이렇게 자신과 진로에 대해 깊이 있게 성찰하는 시간을 갖는 것은 학생들의 실제적인 진로 선택에도 도움이 된다.

책 속 주인공의 상황에 공감하는 것은 물론, 더 나아가 자신의 실생활과 관련된 문제를 인식하였을 때에 STEAM 수업의 상황 제시가 되었다고 볼

수 있다. 상황 제시가 충분히 이루어졌을 때, 학생들은 이어지는 창의적
설계와 이야기 다시 쓰기 활동에 보다 적극적으로 참여하게 된다.

10.3   창의적 설계

해결책 설계 노벨 엔지니어링 ③

나의 미래 디자인하기

이제 비전 명함을 만들기 전 조금 더 구체적이고 정교한 진로 정보를 탐색
해 보자. 책 속 주인공도 아버지의 "정원사가 되어 보라"는 말에 도서관에
서 정보를 찾으며 조금씩 꿈을 키워 나간다. 앞서 진로흥미탐색 검사에 참
여한 결과를 바탕으로 자신의 진로를 하나 설정한다. 이는 꼭 직업을 하나
고르라는 뜻이 아니다. 관련 분야만 설정해도 다양한 직업을 탐색해 볼 수
있다.

<그림 10-9> 주니어커리어넷 진로 정보 탐색 방법

진로흥미탐색 검사를 진행했던 주니어커리어넷 홈페이지에서 [진로정보를 찾아봐요]→[주니어 직업정보]를 차례로 클릭해 진로 정보 탐색을 하도록 한다.

<그림 10-10> 주니어커리어넷 직업정보 메인 화면

[주니어 직업정보]의 메인 화면이다. 일러스트와 함께 여러 가지 직업들이 소개되어 있다. 이 박스 중 관심 있는 직업을 클릭해 자세한 정보를 볼수도 있고, 검색 창에 직접 궁금한 키워드를 입력하여 관련 직업을 찾아볼수도 있다.

<그림 10-11> 진로 정보 검색 예시 화면

책 속 주인공을 예시로 들어 보자. '정원'이라고 검색하면 정원사와 관련된 직업 중 조경 기술자라는 직업이 나온다. 꼭 조경 기술자로 진로를 고정하지 않아도, 비슷한 부분이 있다면 참고해도 좋다. 그 직업이 주로 하는 일이 무엇인지, 어떤 과정을 거쳐서 직업을 얻게 되는지, 어떤 적성과 흥미가 필요한지 관련 정보를 알 수 있으며 맨 아래쪽에는 연관 검색어를 추천해 주기도 한다. 이 중 [원예기술자]를 골라 들어가 보면 '플로리스트'라는 직업 정보에까지 이른다.

<그림 10-12> 키워드 '원예기술자' 결과 화면

어떤 학생은 한 가지의 직업을 골라 명확하게 진로 정보를 검색할 수도 있을 것이고, 또 다른 학생은 관련 분야에 대한 광범위한 정보를 수집할 수도 있다. 이 활동에서 유의할 점은 자신과 관련된 진로 정보를 직접 검색하고, 필요한 내용을 선별, 분류, 재구성할 수 있어야 한다는 것이다. 직업이 생겨나고 없어지는 속도가 빠른 미래 사회를 살아갈 학생들에게 자신의 삶을 스스로 디자인할 수 있는 사고력은 꼭 필요하다.

이렇게 조사한 결과를 '미래 디자인하기' 활동지에 정리해 볼 수 있도록한다. 다음은 실제 학생들의 활동 결과이다.

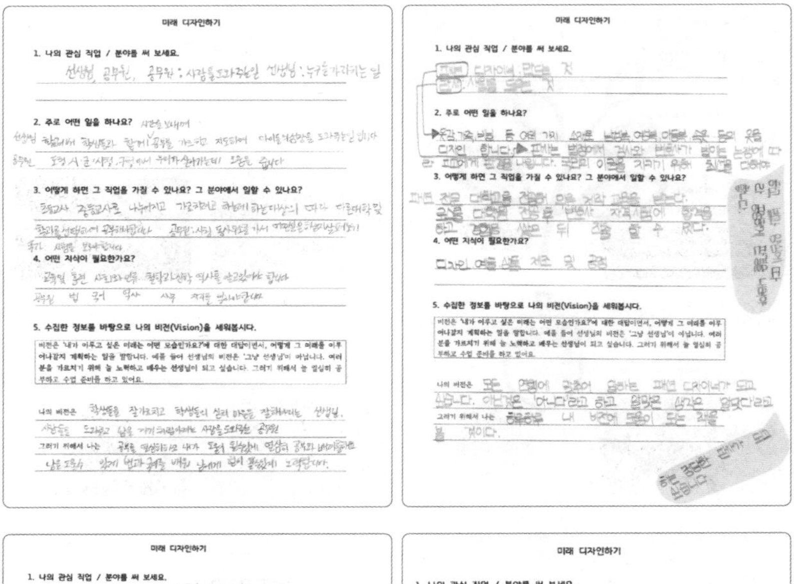

<그림 10-13> 학생들이 직접 조사해서 작성한 미래 디자인

학생들이 저마다 관심있는 분야나 직업에 대해 구체적인 정보를 수집한 것을 알 수 있다. 이렇게 어떤 지식이 필요한지, 어떤 일을 하는지 직접 조

사함으로써 진로 설계를 정교화할 수 있다.

그다음에는 학생들에게 직접 수집한 정보와 지식 가운데 자신에게 의미가 있는 것을 고르고 재구성하여 자신만의 비전을 세워 보도록 하였다. 학생들이 세운 비전으로 디지털 명함을 제작할 것이기에, 자기주도적으로 활동할 수 있도록 분위기를 유도할 필요가 있다. 자신의 장점을 부각하여 자신만의 창의적인 비전을 세우도록 안내한다.

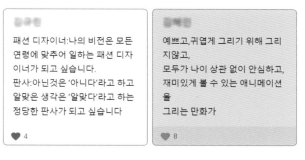

<그림 10-14> 학생들이 직접 세운 비전

학생들은 자신이 이루고 싶은 바를 담아서 비전을 세웠다. 단순히 직업의 명칭을 선택하는 것이 아니라, 각자가 이루고 싶은 미래 모습을 비전에 담으며 자신의 미래를 디자인할 수 있었다. "좋은 대학에 가서 좋은 직업을 가져야 한다."는 말로 진로를 결정하는 것과 직접 스스로의 진로를 설계해 보는 것은 그 효과가 질적으로 다르다. 학생들은 자기주도적인 진로 결정자가 되었으며, 그 꿈을 이루기 위해 적극적으로 임할 것이다. 혹시 아직 진로를 구체적으로 결정하지 못하더라도 비전을 명확히 하고 현재 관심 분야에 진지하게 임하는 경험은 필요하다.

창작물 만들기 노벨 엔지니어링 ④

미리캔버스로 비전 명함 만들기

이제 자신이 직접 설계하고 결정한 비전을 명함으로 나타내어 보도록
한다. 디지털 명함을 만들기 위해 앞서 1장에서 사용했던 미리캔버스
(miricanvas.com)를 다시 활용하려고 한다. 미리캔버스의 기본 구성이나
사용법에 관해서는 1장 '미래의 시민을 기르는 민주시민교육'을 참조하길
바란다. 물론 다른 디자인 툴도 사용이 가능하니 학급 상황에 맞게 적용
하자.

<그림 10-15> 디지털 명함 템플릿 사용하기

본격적으로 나만의 디지털 명함을 디자인해 보자. 활동의 편의를 위하여
'디지털 명함' 템플릿을 활용할 것이다. 명함 크기로 디자인이 설정되어

있기도 하고, 이미 디자인이 완료된 명함을 참고할 수도 있기 때문이다. 가로형, 세로형은 자유롭게 선택하도록 하자. 물론 템플릿을 사용하지 않고 디자인해도 좋다.

<**그림 10-16**> 비전 명함 교사 예시

명함은 직업 정보, 연락처, 이름 등이 기재된 종이로 대개 처음 만난 사람에게 자신을 알리기 위해 건네주는 것이다. 그렇지만 우리가 만들 명함은 비전을 담는 '비전 명함'이다. 따라서 학생들에게 고정된 직업에 얽매이기보다 자신이 이루고 싶은 비전을 담을 것을 강조해 줄 필요가 있다.

디지털 명함을 모두 만들었다면 결과물을 저장해야 한다. 1장에서와 마찬가지로, 학생들에게 학교용 Google 아이디로 일괄 로그인한 뒤 결과물을 저장하도록 안내한다. 교사가 한꺼번에 내려 받아 학생들에게 이미지 파일로 각각 전달한다.

학생들이 제작한 디지털 명함을 어디서든 볼 수 있도록 NFC 스티커에 태그할 것이기 때문에, 각각의 이미지 파일을 학생들이 가지고 있어야 한다. 이미지 호스팅 사이트를 활용하여 디지털 명함 이미지를 링크로 저장시켜 활동할 것이다.

<그림 10-17> 학생들이 직접 디자인한 비전 명함들

학생들은 자신이 이루고 싶은 비전을 담아 명함을 디자인하였다. 일반적인 명함처럼 연락처를 기재하기도 하고, 자신의 비전과 어울리는 이미지를 넣기도 했다. 자신의 미래를 상상하며 명함을 디자인하는 활동이기에 학생들은 즐거워하며 적극적으로 수업에 참여한다.

이렇게 창의적 설계 과정에서는 학생이 수업의 주도권을 가지고 있어야 하며, 학생마다 각기 다른 산출물이 나오도록 수업을 구성해야 한다. 이 과정에서 학생들은 바람직한 진로탄력성을 갖기 위한 창의성, 융합적 사고력 등을 키울 수 있을 것이다.

NFC로 디지털 명함 만들기

NFC는 Near Field Communication의 약자로 근거리 무선 통신 기술을 말한다. 약 10cm 이내 거리에서 연락처, 텍스트 등의 정보를 무선 통신으로 전달할 수 있다. 교통카드나 삼성페이와 같은 모바일 결제 서비스 역시 NFC 기술로 결제 정보를 전송하는 것이다. NFC는 블루투스와 달리 기기 간 연결을 할 필요 없이 가까운 거리에서 태그를 하는 것만으로도 정보를 전달할 수 있다.

<**그림 10-18**> NFC 기술 개념도

이러한 NFC 기술을 이용하여 간단하게 직장 정보를 입력하게끔 한 것이 디지털 명함이다. 명함에 NFC 태그가 있어 스마트폰으로 인식하면 바로 연락처가 저장되도록 하는 것이다. 아니면 본인이 판매하는 제품의 구매 페이지나 관련된 웹 페이지가 열리게끔 태그할 수도 있다. 여기서는 학생들이 미리캔버스로 직접 만든 비전 명함을 NFC에 태그해 볼 것이다.

<그림 10-19> NFC 스티커와 NFC Tools 애플리케이션 설치 화면(안드로이드 폰, 아이폰 순)

이 활동을 위해서 NFC 스티커와 스마트폰이 필요하다. 안드로이드 폰의 경우 대부분은 NFC 기능을 탑재하고 있으며 아이폰의 경우에도 iOS 14 업데이트 이후부터 NFC를 활용할 수 있다. 플레이스토어나 앱스토어에서 NFC 관련 무료 애플리케이션을 내려 받아 설치한다. 이 책에서는 'NFC Tools'라는 애플리케이션을 활용할 것이다.

<그림 10-20> NFC Tools 메인 화면(왼쪽-아이폰, 오른쪽-안드로이드 폰)

애플리케이션을 실행해 보면, 총 4개의 메뉴가 나타난다. 아이폰과 안드로이드 폰에서 NFC Tools 메인 화면이 상이하니 수업 전 확인할 필요가 있다. 첫 번째 [Read]는 NFC에 태그된 정보는 무엇인지, 어떤 일련번호를 가지고 있는지 정보를 보여준다. 두 번째 [Write]에서 원하는 정보를 NFC에 입력할 수 있다. 만약 스티커를 재사용하고 싶다면 세 번째 [Other]에서 태그된 정보를 지울 수 있다.

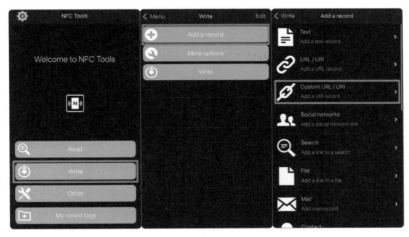

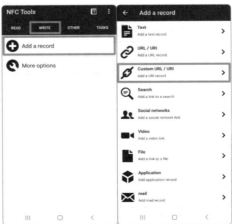

<그림 10-21> NFC에 명함 태그하기 (위-아이폰, 아래-안드로이드 폰)

우리가 만든 비전 명함을 NFC 스티커에 저장하기 위에서 두 번째 [Write] 메뉴로 들어가 보자. 어떤 정보를 입력할지 [Add a record] 메뉴에서 고를 수 있다. 텍스트, URL, 검색, 메일, 전화번호, 주소 등의 정보를 NFC에 담을 수 있다. 우리가 수업에 활용할 메뉴는 [Custom URL]이다. 여기서부터는 아이폰과 안드로이드 화면 구동이 동일하다. 바로 위의 URL 메뉴와 다른 점은 'http://'가 포함되어 있지 않다는 것이다. 링크를 복사해서 쓰다 보면 'http://'가 이미 포함되어 있는 경우가 대부분이기 때문에 [Custom URL] 메뉴를 써야 오류가 생기지 않는다.

NFC에는 32KB 정도의 정보만 담기기 때문에 영상이나 이미지의 경우에도 유튜브, 구글 드라이브 등에 올린 후 그 링크를 태그하는 방식으로 사용해야 한다. 우리가 만든 비전 명함의 경우에도 50~60KB의 용량이므로 먼저 이미지를 호스팅하여 링크를 만들 것이다. 이때 구글 드라이브를 활용해도 좋으나, 회원가입 없이 사용할 수 있는 무료 사이트(imgbb.com)를 소개하겠다.

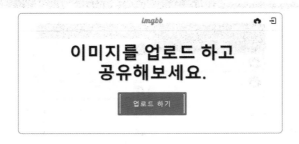

<그림 10-22> 무료 이미지 호스팅 사이트 ImgBB 메인 화면

ImgBB에 접속 후 회원가입 없이 이미지를 호스팅하여 링크를 생성할 수 있다. [업로드 하기] 버튼을 눌러 각자가 만든 디지털 명함을 올린다.

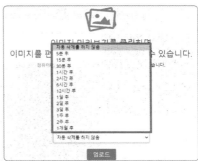

<그림 10-23> 이미지 링크 만들기

이때 자동 이미지 삭제 기간을 정할 수 있다. 이미지 호스팅 기간은 1~2일 정도로 지정한다.

<그림 10-24> 생성된 이미지 링크

그리고 [업로드]를 누르면 이와 같이 디지털 명함 이미지의 링크가 생성될 것이다.

<**그림 10-25**> NFC에 링크 기록하기 (왼쪽-아이폰, 오른쪽-안드로이드 폰)

이 링크를 NFC에 기록시킬 것이다. 안드로이드 폰으로 활동할 시에는 NFC 지원 기능을 켤 수 있도록 안내한다. 아까 선택했던 [Custom URL] 메뉴에 들어가서 우리가 호스팅한 이미지 링크를 정확하게 입력한다. 길지 않은 주소이므로 학생들이 입력하는 데에 어려움은 없을 것이다. 이미지 링크를 입력 후 [OK]를 누르면 하단에 URL 기록이 생겼을 것이다. 이제 [Write] 버튼을 눌러 기록을 해 보자.

<**그림 10-26**> NFC 태그 스캔 준비 완료

그러면 NFC 태그를 가까이 가져다 대라는 알림이 뜬다. 스마트폰 기종마다 위치가 다르긴 하지만 보통은 위쪽 상단부를 NFC 스티커에 갖다 대면 된다. 태그가 완료되면 기록이 되었다는 알림이 뜰 것이다. 이제 다른 애플리케이션을 통하지 않고도 NFC 스티커에 스마트폰을 갖다 대기만 하면 디지털 명함을 볼 수 있다.

<그림 10-27> NFC 명함 나누기 활동 모습

학생들은 서로의 디지털 명함이 기록된 NFC 스티커를 서로 태그하며 산출물을 공유하였다. 디지털 명함을 태그한 뒤에는 친구들의 비전은 무엇인지, 어떤 꿈을 가지고 있는지 이야기 나눌 수 있도록 분위기를 조성한다. 학생들은 NFC 기술을 신기해하면서도, 이를 활용하여 디지털 명함을 만들어 낸 것에 크게 만족하여 수업에 참여하였다. 단순히 직업을 가지기

위한, 대학에 가기 위한 진로 교육이 아니라 자신의 삶의 목표를 정하고 그것을 내재화한 명함을 제작함으로써 진로 정체성을 공고히 할 수 있는 시간이 될 것이다.

평가기준 ▶ STEAM 과정 중심 평가

산출물을 바탕으로 과정 중심 평가를 진행하여 보자. 성취기준에 의거하여 다음과 같은 평가기준을 활용할 수 있다.

구분	평가항목	평가기준
교사평가	산출물, 아이디어 발현	-근거리 무선통신기술(NFC)을 활용하여 나만의 디지털 명함을 제작할 수 있는가? -자신의 비전을 담은 명함을 NFC 스티커로 공유할 수 있는가? -자신의 진로에 대해 적극적으로 자신감을 갖고 이야기할 수 있는가?

학생들이 NFC 스티커로 디지털 명함을 공유할 때 교사평가를 진행할 수 있다. NFC 기술을 활용하여 디지털 명함을 제작할 수 있는지, 또 그 명함에 비전이 담겨 있는지를 주로 평가한다. 미리캔버스로 만든 명함 이미지에도 화려한 디자인보다는 자신이 이루고 싶은 진로, 비전이 잘 드러나는지 확인한다. 또 산출물로만 평가하지 않도록, 학생들이 나누는 대화에서 진로에 대한 적극성, 자신감이 느껴지는지도 확인하여 보자.

10.4 감성적 체험

이야기 바꿔 써 보기 노벨 엔지니어링 ⑤

이제 학생들은 자신의 진로 이야기를 쓸 수 있다. 제시된 도서 속 이야기는 주인공이 꿈 발표회에서 자신의 진로를 발표하는 것으로 마무리된다.

이번에는 책 속 문제 상황을 직접 해결한다기보다, 이를 자신의 일로 여기고 자신의 진로를 소개하는 글을 써 보는 활동으로 확장한다. 일련의 노벨 엔지니어링 수업에서 학생들은 자신의 진로 방향성을 설정하고, 정보를 탐색하면서 자신의 정체성에 대해 생각해 보았다. 꼭 구체적인 직업을 이야기에 담지 않더라도, 자신에 대한 긍정적인 이해를 기반으로 글을 쓸 수 있도록 안내한다.

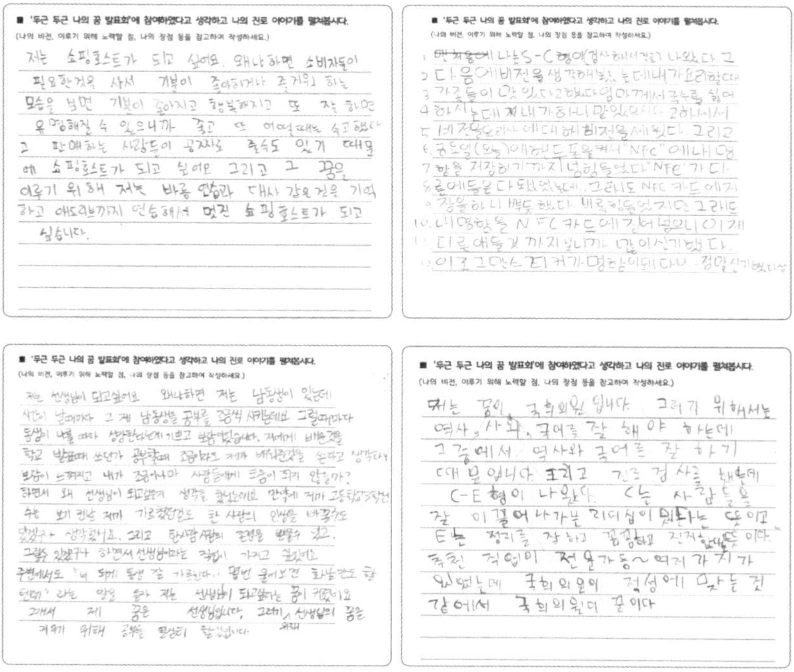

<그림 10-28> 학생들이 쓴 진로 이야기

학생들은 자신의 진로를 설계하는 과정, 비전, 자신이 꿈을 가지게 된 계기, 자신의 흥미 유형 등을 담아 진로 이야기를 썼다. 일련의 수업 과정을 마무리하고, 자신의 진로 설계를 명확히 하는 과정이기에 학생들은 열정적으로 참여하였다. 이렇게 STEAM 수업을 노벨 엔지니어링 모델로 진행하는 것은 학생들의 진로 이야기를 직접 글로 쓰게 함으로써, 자신의 진로 정체성을 확실하게 설립할 수 있는 계기를 제공한다.

이야기를 바꾸어 써 본 다음 도서의 결말처럼 '두근 두근 나의 꿈 발표회'를 직접 개최해 보아도 좋겠다. 발표하는 과정에서 동료평가와 자기평가를 수행할 수도 있다.

<그림 10-29> 두근 두근 나의 꿈 발표회

필자의 교실에서 실제 개최한 '두근 두근 나의 꿈 발표회'의 모습이다. 학생들은 자신의 진로를 발표하는 것을 떨려 하면서도 씩씩하게 발표했고, 서로의 진로 이야기를 귀 기울여 듣고 큰 박수로 응원해 주었다. 이처럼 노벨 엔지니어링으로 자신의 진로에 대해 직접 쓰고 발표해 보는 수업은 학생들의 삶과 학습을 연결해 줄 수 있다.

초등학생이기 때문에 현재 정한 진로로 나아가지 않더라도, 자신과 진로에 대해서 깊이 고민하고 성찰하는 과정은 학생들에게 꼭 필요하다. 자신의 장점과 단점을 알고, 진로 흥미를 탐색하며, 그를 바탕으로 설정한 비전을 이루기 위해 노력하면서 학생들은 스스로의 삶을 디자인하는 경험을 갖게 된다. 이러한 경험은 학생들이 성장하는 과정에서 또 다른 변화를 맞이하더라도 유연하게 대처할 수 있는 '진로탄력성'을 길러 줄 것이다.

평가기준   STEAM 과정 중심 평가

학생들이 쓴 진로 이야기와 발표회를 바탕으로 다음과 같은 평가를 진행할 수 있다.

구분	평가항목	평가기준
동료평가	발표 준비 및 태도	-자신의 진로 이야기를 자신감 있게 발표하는가? -서로의 진로 이야기를 경청하는가?
자기평가	글쓰기 및 몰입	-글의 내용에 자신의 진로 설계에 관한 내용이 명확하게 드러나 있는가? -자신의 진로 문제를 해결하기 위해 노력하였는가?

학생들은 서로의 발표를 들으며 친구들의 진로 설계나 비전에 대해 공유하고 협력하는 시간을 가진다. 책 속 장면처럼 서로의 꿈 씨앗을 나누는 시간은 서로를 자극하고 발전시킬 수 있다. 자신의 진로 이야기를 나누는 것이 떨리고 두근거리는 만큼, 친구들의 진로 이야기도 열심히 들어 줄 수 있도록 분위기를 유도해 주자.

또 학생들은 자신의 진로 이야기를 평가할 수 있다. 스스로 진로 이야기를 작성하면서 자신이 진로 설계에 몰입하여 참여하였는지, 나의 비전이 글 속에 드러나 있는지를 확인한다. 이렇게 노벨 엔지니어링의 마지막 단계에서는 수업의 전 과정에서 느낀 점을 글로 재구조화할 수 있다.

10.5   실천-내면화

노벨 엔지니어링 수업이 끝나고 교실에서 연계하여 실천, 내면화할 수 있는 활동을 소개한다. 진로교육을 학생들의 삶과 연결 지어 실제적으로 운영할 수 있다.

한국잡월드 체험학습 참여하기

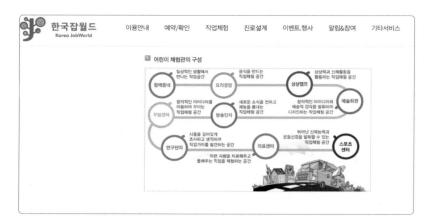

<**그림 10-30**> 한국잡월드 홈페이지

한국잡월드는 어린이, 청소년 발달 상황에 맞게 진로 체험을 할 수 있는 곳이다. 전시관, 체험관, 설계관으로 이루어져 다양한 직업을 실제로 체험해 볼 수 있게 되어 있을 뿐 아니라, 다중지능 검사와 같은 진로 프로그램도 연계하여 진행한다. 어린이 체험관의 경우 경찰서, 미용실, 과자가게, 방송국, 인테리어 회사, 드론 연구소, 동물병원 등 다양한 직업 체험을 진행하고 2부제로 운영된다. 사전에 홈페이지(koreajobworld.or.kr)를 통해 어떤 직업체험을 할지 예약하여 2시간씩 총 4시간 동안 실제적인 직업 체

험을 할 수 있다. 체험학습 장소로 인기 있는 곳이기 때문에 노벨 엔지니어링 수업 시기를 고려하여 미리 예약할 것을 권한다.

진로체험버스 프로그램 참여하기

<그림 10-31> 진로체험버스 홍보 영상(youtu.be/U7kz1YKEhAs)

진로체험버스는 교육부와 한국과학창의재단이 지원하는 사업으로 각 학교에 찾아가서 진로교육을 진행해 주는 자유학기제 진로 탐색 프로그램이다. 진로체험 기회 격차해소를 위한 사회 공헌 사업으로, 희망하는 학교에 전문 인력이 직접 방문하는 방식이다. 버스는 지역적으로 접근이 어려운 곳에 있는 학생들에게 찾아간다는 상징적인 의미이고, 체험버스, 멘토 프로그램, 비대면 진로체험 등 다양한 유형으로 진행된다. 꿈길 홈페이지(ggoomgil.go.kr)에서 학교 운영자로 로그인한 후 교육부 지원 프로그램을 검색하여 신청할 수 있다. 노벨 엔지니어링 수업과 연계할 수 있도록 미리 체험버스 신청을 하는 것도 좋겠다.

꿈을 꼭 가져야 하나요?

어린이철학교육연구소 글 | 권오준, 박지연, 이윤희 그림 | 한림출판사 | 2012

하고 싶은 것이 너무 많아 꿈이 자주 바뀌는 혜윰이와 꼭 꿈이 필요한지 궁금한 고준이. 학생들의 입장에서 공감할 수 있는 고민을 이야기로 잘 풀어내고 있다. 자신에 대한 이해와 탐구로부터 미래를 설계하는 과정이 잘 담겨 있다.

커서 뭐가 될래?

어린이 통합교과 연구회 글 | 안경희 그림 | 상상의집 | 2012

주인공 이호는 "넌 커서 뭐가 될래?"라는 말을 자주 듣는다. 집으로 가는 길, 꿈이 비치는 거울을 줍게 된 이호는 자신만 꿈이 비치지 않자 꿈을 찾기 위한 노력을 하게 된다. 이호는 자신이 무엇을 잘하는지부터 찾아보며 꿈을 찾아 나선다.

커다란 일을 하고 싶어요

실비 니만 글 | 잉그리드 고돈 그림 | 이주영 옮김 | 책속물고기 | 2019

어른이 되면 뭔가 '커다란 일'을 해야 할 것만 같은 꼬마 주인공. 하지만 그 커다란 일이 구체적으로는 어떤 일인지 정하지 못한다. 내가 하고 싶은 일이 무엇일지 고민하는 시간을 따뜻하게 풀어낸 책이다.

열혈 수탉 분투기

창신강 글 | 선위엔위엔 그림 | 전수정 옮김 | 푸른숲주니어 | 2008

수탉다운 수탉이 되겠다는 꿈을 가진 수평아리가 자아를 찾는 이야기. 편하게 고기닭으로 살 수 있지만 자신이 살고 싶은 토종닭이 되기 위해 고군분투하는 모습에 자아를 탐색하고 인생을 고민하는 청소년의 모습이 겹쳐진다.

내 직업은 직업발명가

강승임 글 | 박민희 그림 | 책속물고기 | 2015

내가 좋아하는 것, 잘하는 것이 무엇인지 돌아볼 수 있게 도와주는 책이다. 어떤 특정 직업을 소개하기보다는 내가 어떻게 진로 계획을 세울 수 있을지 생각해 보고 나의 미래를 정할 수 있도록 도와준다.

바보 야쿠프

울프 스타르크 글 | 사라 룬드베리 그림 | 이유진 옮김 | 한겨레아이들 | 2014

넘어지고, 엎지르고, 길도 자주 잃는 야쿠프는 동네에서 바보로 취급받는다. 우연한 기회로 친구 할머니의 안경을 써 본 야쿠프는 세상이 선명하게 보이는 경험을 하게 된다. 야쿠프가 정확하게 다트를 던지는 장면에서 스스로의 잠재력과 통찰력을 깨닫는 모습을 볼 수 있다.

에필로그

그동안 많은 STEAM 수업과 SW 수업, AI 수업 등을 학생들과 함께 했고, 나름대로 소기의 성과도 달성하며 만족스러운 수업을 해 왔습니다. 많은 학생들이 즐거워했고, 다음 수업을 기대했으며 학술 연구를 통해 좋은 효과를 증명하기도 했습니다. 그러나 언제나 문제점은 있었습니다. SW교육 중 프로그래밍 관련 수업을 할 때 그저 따라 하기만 하는 학생들이 있거나, AI의 기술적인 측면을 조금만 이야기해도 멍한 눈빛으로 흥미 없이 지켜보는 학생들이 생긴다는 것입니다. 가뜩이나 논리적 사고를 최대로 발휘해야 하는 상황에서 내재적 동기 없이 수업에 참여하는 것은 어려울 일일 것입니다.

이런 상황에서 만난 노벨 엔지니어링은 새로운 희망을 가져다주었습니다. 노벨 엔지니어링의 최대 장점인 독서와 공학적 설계 능력 외에도 이 수업에서 찾을 수 있는 것이 있었습니다. 바로 마음의 힘이었습니다. 좋은 이야기와 스토리텔링을 바탕으로 한 수업에는 사람의 마음을 움직이는 힘이 있었고, 이 힘은 학생들을 몰입하게 하고 문제를 해결하고자 하는 의지를 가지게 했습니다. 이 의지는 수업에 그대로 반영되어 학생들에게서 수업에 주도적으로 참여하려는, 즐겁고 열정적인 모습을 볼 수 있었습니다.

노벨 엔지니어링 기반 STEAM 수업을 통해 학생들은 문제를 해결하고 배움을 실천하여 삶과 연결 짓는 경험을 하였고, 자기가 생각한 해결책을 구현하는 창의적 설계 과정에 참여하였습니다. 학생들이 주인공이 되는 교실에서 성취감과 기쁨을 느낄 수 있었지요. 단순히 엔트리나 VR을 보며 신기해하는 것을 넘어서서, 그것을 이용해 문제를 해결하는 경험을 가지는 것은 무척이나 중요한 일입니다. 한 번이라도 학생들이 실생활 문제를 자신이 생각한 방법으로 해결하고, 해결한 내용을 바탕으로 새로운 이야기를 쓰는 경험을 해 볼 수 있으면 좋겠습니다. 아무 목적 없이 엔트리 블록을 공부할 때나, 단순히 독후감을 쓰기 위해 책을 읽을 때와는 다른 학생들의 모습을 볼 수 있을 것입니다.

노벨 엔지니어링을 처음 접했을 때만 해도 현장에 적용된 사례나 연구 결과는 적은 편이었습니다. 우리는 노벨 엔지니어링을 통해 STEAM 수업이 활성화되고 유의미하게 이루어지는 것을 확인했습니다. 그때부터 다양한 주제와 책을 활용한 노벨 엔지니어링 수업을 개발하게 되었습니다. 도서의 주제에 따라, 공학적 접근에 따라, 활용하고 싶은 기술의 종류에 따라 선생님들께서 다양한 수업을 개발, 적용해 볼 수 있다는 것도 노벨 엔지니어링의 매력입니다.

STEAM 수업은 다양한 수업 주제와 방법으로 이루어집니다. 어느 것이 더 좋고 어느 것이 더 적합하다고 말할 수 없지만, 노벨 엔지니어링이 전하는 마음의 힘은 분명히 큰 역할을 합니다. 노벨 엔지니어링을 통해 학생들은 미래의 기술을 체험하는 것을 넘어서, 책 속 주인공을 돕고 문제를 해결하려는 따뜻한 마음을 지닐 수 있었습니다. 새 시대의 역량과 따뜻한 마음을 아울러 지닌 사람으로 성장시키는 미래 수업, 노벨 엔지니어링으로 열어 갈 수 있습니다.

이 책을 통해 우리 학생들에게 흥미와 동기, 그리고 문제 해결에서 오는 성취감과 기쁨을 돌려줄 수 있다면, 또 선생님들에게 다양한 수업의 기회를 제공할 수 있다면 더할 나위 없이 행복할 것 같습니다.

치열한 교육의 고민 위에서,
2021년 5월 저자 일동

미주

00

1 McCormick, Mary. (2015). The complex dynamics of student engagement in novel engineering design activities (Ph.D). Tufts University, ProQuest Dissertations Publishing, US: Boston.

2 홍기천. (2019). 융합수업 모델로서의 노벨 엔지니어링. *한국질적탐구학회 학술대회 자료집*, 52-56.

3 엄태건, 홍기천. (2018). Novel Engineering을 적용한 국어교과 융합수업 방안-"마인크래프트와 아기돼지 3 형제"를 중심으로. *정보교육학회 학술논문집*, 9(1), 251-256.

4 홍기천, 이우진, 김세민. (2020). 노벨 엔지니어링이 창의적 문제해결력 향상에 미치는 효과. *산업융합연구(구 대한산업경영학회지)*, 18(3), 83-89.

5 조영상, 홍기천. (2018). 장애이해교육을 바탕으로 노벨엔지니어링을 활용한 문제해결력 신장 교육. *정보교육학회 학술논문집*, 9(1), 257-262.

6 김병섭 (2020). NE가 독서능력, 문제해결력, 공학 창의성에 미치는 효과 (석사학위논문). 한국교원대학교 교육대학원, 서울.

7 강방용, 홍기천. (2018). 창의적 체험활동 교과 융합수업 방안-'노란리본'도서를 중심으로. *정보교육학회 학술논문집*, 9(1), 237-242.

8 최은영. (2019). Novel Engineering 수업 모델 활용을 위한 도서 선정 및 지도안 연구. 석사학위논문, 인천대학교 교육대학원

9 유선옥. (2019). 한 학기 한 권 읽기의 교과 통합 지도 방안 (석사학위논문). 한국교원대학교 교육대학원, 서울.

10 김병섭. (2020). NE가 독서능력, 문제해결력, 공학 창의성에 미치는 효과. 석사학위논문, 한국교원대학교 교육대학원, 서울.

11 한국과학창의재단. 융합인재교육이란?. https://steam.kofac.re.kr/?page_id=30.

12 백윤수 외. (2012). STEAM 교육의 구성 요소와 수업 설계를 위한 준거 틀의 개발. *학습자중심교과교육연구*, 12(4), 533-557.

13 김어진 외. (2019). STEAM 교육으로 채우는 즐거운 수업-선생님을 위한 실행서. 서울: 한국과학창의재단.

14 김덕중. (2020). 융합인재교육 (STEAM)을 응용한 체육활동시 창의적 인성 및 수업태도에 관한 연구. *한국웰니스학회지*, 15(4), 83-92.

15 김필화, 신영준. (2019). 에너지 절약 STEAM 프로그램이 초등학생의 에너지 절약 태도에 미치는 영향. *에너지기후변화교육*, 9(2), 115-124.

16 안종수. (2018). 스마트 수학 프로그램을 적용한 STEAM 교육이 수학적 신념과 학습태도에 미치는 효과. *학습자중심교과교육연구*, 18(0), 95-125.

17 김맹범, 홍승호. (2019). 내진설계를 주제로 한 STEAM 프로그램이 초등학생들의 창의적 문제해결력 및 STEAM 태도에 미치는 효과. *에너지기후변화교육*, 9(2), 125-135.

18 강영숙. (2018). 팀 기반 학습전략을 활용한 A-STEAM 수업 실천 사례연구: 미술영재 수업을 중심으로. *미술교육연구논총*, 55(0), 137-164.

19 한지상, 홍승호. (2018). 식물의 프랙탈 디자인에 대한 3D 프린터 활용 STEAM 프로그램 개발 및 적용 효과. *한국초등과학교육학회 학술대회*, 74(0), 96-96.

20 김정효. (2012). 미술과 중심의 융합인재교육(STEAM)이 미술과 교육과정에 주는 시사점 탐색. 서울: 한국교육과정평가원.

01
....

1 조찬래. (2012). 민주시민교육. *한국민주시민교육학회보*, 13(2), 71-92.

2 교육부. (2020.05.11). 민주시민교육, 학교에서 어떻게 이루어지고 있나?, 교육부 공식 블로그. https://m.blog.naver.com/moeblog/221956482918

02
· · · · · · · · · ·

1 이선경 외. (2005). 유엔 지속가능발전교육 10년(2005-2014)을 위한 국가 추진 전략 개발 연구 최종보고서. 청주교육대학교.

2 조영철, 이상원. (2021). 지속가능발전목표(SDGs) 13~17 목표에 근거한 지속가능발전교육 프로그램 개발 및 적용. *한국초등교육*, 32(1), 249-276.

3 정기섭. (2017). 지속가능발전 교육프로그램에 대한 비판적 고찰. *학습자중심교과교육연구*, 17(18), 749-775..

4 공수경. (2019). PBL을 활용한 지속가능발전교육을 통한 디자인 수업이 환경보전의식에 미치는 영향: 고등학교 1학년 중심으로 (석사학위논문). 이화여자대학교 교육대학원 미술교육전공, 서울.

5 최순호 외. (2008). 지속가능한 미래를 위한 교육: 유엔 지속가능발전교육 10년을 향하여. 서울: 유네스코한국위원회.

6 공수경. (2019). 앞의 논문.

7 오현주. (2017). 지속가능발전교육(ESD)에 기반을 둔 창의적 체험활동이 초등학생의 환경소양과 과학적 태도에 미치는 효과 (석사학위논문). 경인교육대학교 교육전문대학원, 인천.

03
· · · · · · · · · ·

1 국립특수교육원. (2009). 특수교육학 용어사전. 서울: 하우.

2 박소연. (2017). 장애이해교육에 대한 초등학교 교사의 인식과 요구 (석사학위논문). 서울: 서울교육대학교 교육전문대학원.

3 박소연. (2017). 같은 논문.

04
· · · · · · · · · ·

1 이은경, 황현숙. (2016). 다문화정책 연구보고서 - 새로운 모색과 현장의 목소리를 중심으로. 희망제작소.

2 Huddleston, Thomas; Bilgili, Özge; Joki, Anne-Linde and Vankova, Zvezda (2015). Migrant Integration Policy Index 2015. Barcelona/ Brussels: CIDOB and MPG.

3 교육부. (2020). 출발선 평등을 위한 2020년 다문화교육 지원계획. 교육부 보도자료.

4 Banks, J. A. (1993). Multicultural education: Historical development, dimensions, and practice. *Review of research in education*, 19, 3-49.

5 박상준. (2017). 주제 중심 융합교육과정의 구성 방안: 사회과와 여러 교과 간 융합교육과정의 구성을 중심으로. *사회과교육연구*, 24(3), 1-25.

6 민경숙. (2009). 동화 활용 다문화교육 프로그램이 초등학생의 다문화 이해 및 태도에 미치는 영향. *초등교육학연구*, 16(2), 41-58.

05
············

1 박경미 외. (2018). EduNEXT10. 지금 왜 디지털 시민성인가?, *국회교육희망포럼 행사 자료집*. 한국교육학술정보원.

2 최문선, 박형준. (2015). 탐색적 확인적 요인 분석을 통한 한국형 디지털 시민성 척도 타당화 연구, *한국사회과교육학회*, 47(4), 273-297.

3 박상훈. (2020). 디지털 시민성 함양을 위한 디지털 교과서 활용방안, *디지털융복합연구*, 18(2), 111-119.

4 Tapsscott. D. (2009). Growing up digital. 홍민지, 우선연, 진징, 센이, 이재학, 박철. (2018). 디지털 네이티브 척도 개발 및 검증. *경상논집*, 38(1), 123-137에서 재인용.

5 권예지, 나은영, 박소라, 김은미, 이지영, 고예나. (2015). 한국의 디지털 원주민과 디지털 이주민. *한국방송학보*, 29(2), 5-40.

6 박보람, 최윤정, 정나나, 조상연, 추병완. (2019). 초, 중학교 디지털 시민성 교육과정 개발. *초등도덕교육*, 0(66), 243-277.

7 문숙희. (2020.02.05). 쏟아지는 가짜뉴스, 이런 특징 있다. TBS. http://www.tbs.seoul.kr/news/bunya.do?method=daum_html2&typ_800=1&seq_800=10376188

8 이서현, 신규진. (2019.03.30). 가짜뉴스 가려낼 10가지 체크리스트. 동아일보. https://www.

donga.com/news/article/all/20190330/94807785/1

06
....

1 과학기술정보통신부. (2016). 제4차 산업혁명에 대응한 지능정보사회 중장기 종합대책. 과학기술정보통신부 보도자료.

2 이은경. (2020). 국내 및 국제 초중고교 교육 과정에서 인공 지능 관련 내용 비교 분석. *한국 컴퓨터 교육 학회지*, 23(1), 37-44.

3 교육부. (2020). 2020년 교육부 업무계획. 교육부 보도자료.

4 김태령, 류미영, 한선관. (2021). 초중등 인공지능 교육을 위한 프레임워크 기초 연구. *인공지능 연구 논문지*, 1(1), 31-42.

5 류혜인, 고아라, 조정원. (2019). 초중등에서의 인공지능 교육 방향 제언. *한국정보과학회 학술발표논문집*, 763-765.

6 양현모, 김태영. (2020). 초등학교 수준 인공지능 교육 방법 탐구. *한국컴퓨터교육학회 학술발표대회논문집*, 24(1), 161-163.

07
....

1 윤선화. (2007). 안전체험교육이 안전한 사회 문화를 이끌어낸다. *防災와 保險*, 117(0), 14-19.

2 정건희. (2014). 기후변화 취약성 평가지표로서 재난안전교육의 기여도 산정. *한국산학기술학회논문지*, 15(8), 5349-5354.

3 ISDR. (2005. 01). Hyogo Framework for Action 2005~2015: Building the Resilience of Nations and Communities to Disasters. 2005 Second World Conference on Disaster Reduction. Kobe.

4 김성애. (2019). 기술 교육 기반의 '안전' 주제 중심 IT 융합 교육이 중학생의 안전 의식과 융합인재교육(STEAM) 태도에 미치는 영향. *표준인증안전학회지*, 9(1), 69-84.

08

1 법률 제17668호, 학교폭력예방 및 대책에 관한 법률, 제2조, 2020.12.22. 일부개정.

2 박효정. (2010). 학교폭력 예방 프로그램의 적용효과 분석: 초등학생의 학교폭력에 대한 인식, 태도 및 행동, 대처능력의 변화를 중심으로. *한국교육*, 37(4), 47-72.

3 김기쁨. (2017). 초등학교 저학년의 언어폭력예방을 위한 독서치료 활용 집단상담 프로그램 개발 (석사학위논문). 한국교원대학교, 서울.

4 박소정, 이동형, 박소영. (2018). 학급단위의 공감기반 독서치료가 초등학생의 공감능력 및 언어폭력에 미치는 효과. *교육혁신연구*, 28(3), 45-72.

5 고창수 외. (2016). 실천중심의 인성교육을 적용한 STEAM 프로그램이 초등학생의 STEAM 태도와 실천적 인성 함양에 미치는 영향. *초등교육연구*, 29(1), 1-22.

6 홍기천. (2019). 융합수업 모델로서의 노벨 엔지니어링. *한국질적탐구학회 2019년 추계학술대회 자료집*. 52-56.

7 김상한. (2012). 이야기 바꾸어 쓰기를 통한 서사능력 향상 방안. *한국초등국어교육*, 48(0), 35-61.

8 박미경, 김경선. (2018). 디자인씽킹(Design Thinking)기법을 활용한 인성함양 STEAM 교육 연구. *상품문화디자인학연구*, 55(0), 197-205.

09

1 이광원. (2013). 동화를 활용한 초등학교 경제 수업 실천 방안. *사회과교육연구*, 20(4), 81-96.

2 교육부. (2015). 초·중등학교 교육과정 총론. 교육부 고시 제2015-74호.

3 한국은행, 금융감독원. (2017). 2016 전국민 금융이해력 조사 결과. 한국은행 보도자료.

4 조지민 외. (2012). PISA 금융소양 평가와 경제교육과정의 연계성 연구. 한국교육과정평가원 연구보고서.

5 이광원. (2013). 동화를 활용한 초등학교 경제 수업 실천 방안. *사회과교육연구*, 20(4), 81-96.

10
∙∙∙∙∙∙∙∙∙∙

1 교육부. (2015). 초·중등학교 교육과정 총론. 교육부 고시 제2015-74호.

2 정효정, 전은화, 서응교. (2019). 진로 구성 이론에 기반을 둔 진로교육 MOOC 강좌 개발· 운영 사례 연구. *한국디지털콘텐츠학회 논문지*, 20(11), 2147-2157.

3 이지연. (2017). 4차 산업혁명을 대비한 청소년 진로교육의 방향. *한국진로교육학회 학술대회지*, 65-96.

4 정철영 외. (2015). 우리나라 진로교육 현황 및 발전 방향 연구. *진로교육연구*, 28(3), 155-171.

5 조지민, 송미영. (2013). OECD 국제 학업성취도 평가 연구: PISA 2012 결과 보고서. 한국교육 과정평가원

6 이지연. (2017). 앞의 논문.

7 Savickas, M, L. (2016). 커리어카운슬링 (김봉환, 김소연, 정희숙 공역). 서울: 박영스토리. (원서출판 2011).

8 김영미, 윤재성, 김봉환. (2020). 코로나 19 이후 시대를 대비하는 자기명료화를 위한 온라인 진로교육 프로그램 개발에 관한 탐색적 접근. *진로교육연구*, 33(3), 135-157.

9 Savickas, M, L. 앞의 책.

찾아보기